Q.M 学习型组织研修丛书

世界国体政体要览

SHI JIE GUO TI ZHENG TI YAO LAN

石国亮　编著

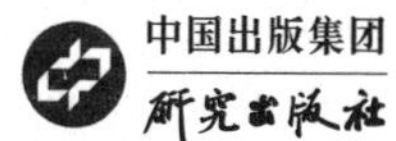

图书在版编目（CIP）数据

世界国体政体要览 / 石国亮主编.

北京：研究出版社，2010.12

ISBN 978-7-80168-611-4

Ⅰ.①世… Ⅱ.①石… Ⅲ.①政治制度—概况—世界 Ⅳ.①D521

中国版本图书馆CIP数据核字(2010)第227102号

出版发行 研究出版社

北京1746信箱（100017）

电话：010-63097521（总编室） 010-58815837（发行部）

010-64045699（编辑部） 010-64045067（发行部）

网址：www.yjcbs.com E-mail:yjcbsfxb@126.com

经　　销 新华书店

印　　刷 三河市金兆印刷装订有限公司

版　　次 2010年12月第1版 2025年1月第2次印刷

规　　格 787毫米×1024毫米 1/16

印　　张 13

字　　数 220千字

书　　号 ISBN 978-7-80168-611-4

定　　价 48.00元

前　言

纵观当今世界，高科技日新月异，新知识方兴未艾，知识总量呈几何级数增长，可谓瞬息万变。近50年人类社会所创造的知识比过去3000年的总和还要多。作为领导干部，如何应对目前多变的信息世界及信息爆炸带来的公共危机、信任危机和自身面对的庞大压力是亟待解决的重要课题。

我们国家历来讲究读书修身、从政立德。传统文化中，读书、修身、立德不仅是立身之本，更是从政之基。古人讲，治天下者先治己，治己者先治心。治心养性，一个直接、有效的方法就是读书。同理得证：读书学习亦是领导干部加强党性修养、坚定理想信念、提升精神境界的一个重要途径。

孔子曰："工欲善其事，必先利其器。"领导干部在党内和社会上处于重要位置，具有强大的行为导向和风气引领作用。领导干部既要做读书的自觉实践者，又要做学习型政党、学习型社会建设的积极倡导者，身体力行、率先垂范，并知行合一、付诸实践。当下，我们的各级领导干部承担着执政兴国、执政为民的重要职责，肩负着为官一任、造福一方的重要使命。因此，读书学习是领导干部胜任领导工作的必然要求。领导干部如果不加强读书学习，知识就会老化，思想就会僵化，能力就会退化，就难以担当领导职责，就会贻误党和国家的事业。

新的历史时期，领导干部若要不断提高自己、完善自己，经受住各种考验，就得坚持在读书学习中坚定理想信念、提高政治素养、锤炼道德操守、提升思想境界，坚持在读书学习中把握人生道理、领悟人生真谛、体会人生价值、实践人生追求。所以，读书是新形势下做一名称职的领导干部的内在要求和必经之路！

然而，建构合理的知识结构绝非读书数量的简单叠加，就像运动健将的体魄不是蛋白质与脂肪的综合一样，需要科学的、合理的“营养搭配”，要遵循知识的整体性、层次性、比例性及动态性的原则。基于这些原则，研究出版社出版了一套《学习型组织系列教程》系列，从知识的种类、内容的广度及深度做了科学的遴选。入选的内容都是与领导工作相关度较高的基础知识，是领导干部的知识结构中不可或缺的构件。因此，《学习型组织系列教程》应是一套“温故”并“知新”又系统规范的现代实用知识丛书。

这套《学习型组织系列教程》，包括《从政要论》《科技发展简史》《世界国体政体要览》《世界经济与国际贸易》《影响人类文明的主要学说导论》《中国法律知识释要》《电子政务管理》《现代金融理论与实务》《现代经济学理论》《中国历史文化通览》《逻辑思维训练》《领导干部压力缓解与心理健康调适》。内容涉及当下的理论热点、公共危机、地方经济、领导艺术等方方面面。从帮助领导干部提高理论水平，认清当前形势，综合提升施政的实践能力来说，此套丛书可视为重要的参考读物。

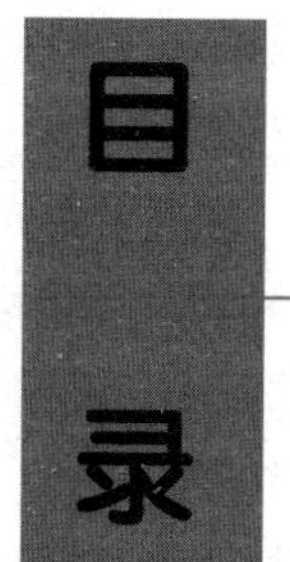

目录 CONTENTS

绪　论

国家与我们息息相关，我们每个人都生活在某个国度里。国家对我们学习、工作和生活的影响是不以人的意志为转移的。那么，什么是国家呢？按照马克思主义列宁主义的国家理论，任何国家都是有阶级性的，是统治阶级实现阶级统治的工具。恩格斯说："国家无非是一个阶级统治另一个阶级的机器。"列宁也说："国家是一个阶级对另一个阶级的统治的机器。"因此，国家从来就不是一般意义上的公共权力组织，而是"特殊的公共权力组织"，具有鲜明的阶级性、明确的使命和特殊的存在方式。从根本意义上讲，国家是由国家内容和国家形式构成的，也就是说本书所说的国体和政体。

一、国体和政体的区别

国体和政体，首先是两个不同的概念。

所谓国体，是指各阶级在国家中的地位，也就是国家的阶级性质。国家的阶级性质是马克思主义的概念，"国家无非是一个阶级统治另一个阶级的机器"，有了统治阶级就有了被统治阶级。统治阶级是民主的对象，被统治阶级是专政的对象，任何国家都是这种民主和专政的统一。按照国体，可以把国家划分为各种不同的历史类型，这是国家的基本分类。在人类社会发展的历史上，有过四种不同类型的国家，即奴隶主阶级专政的国家，封建地主阶级专政的国家，资产阶级专政的国家，无产阶级专政的国家。

所谓政体，有狭义和广义之分。

从狭义上讲，它是指国家的组织形式。它是国家生命的具体形态，以掌握全部国家权力的机构以及所实行的基本原则为代表，统一着整个国家各个构成环节的组织和活动，并成为一种确定的制度。所以，也有把政体叫做国家的基本制度或者称为国家的政治制度。在人类历史上，国家政体的形式是多种多样的，但最基本的只是两种：君主制和共和制。在君主制国家中，国家最高权力在形式上是由君主一人来行使，所谓"主权在君"。

君主一般是世袭的，终身在位，国家最高权力依照血统关系在一个家族中世代相传，在君主专制制度下，“君权神授”“君权至上”。君主被尊为神的化身，是臣民崇拜的偶像，是国家的象征。正如法国“太阳王”路易十四所言：“朕即国家”。在资本主义君主立宪制下，君主的权力受到宪法的制约，不再拥有“绝对王权”。共和制国家主张“主权在民”，无论在名义上或实际中，国家主权都不属于个人，国家元首代表国家，有一定任期，国家由普选产生的总统和议会治理。

从广义上讲，国家的组织形式这个概念通常还包括国家结构。所谓国家结构问题，就是国家整体与部分，中央政权与地方政权之间的关系问题，西方国家的国家结构，主要有单一制和复合制两种。

单一制国家就是统一的中央集权国家，它拥有单一的宪法，统一的国家最高权力机关，统一的国家立法、行政、司法体系。在对外关系方面，单一制国家就是国际法主体。按地域划分的地方行政单位不享有国家主权。现代国家大多都是单一制国家，例如中国、日本、英国、法国、意大利等。

复合制有邦联和联邦两种形式。第一，邦联是保留国家主权的几个独立国家，为了某种特定的目的（例如军事、政治、经济目的）而建立的国家联合。这是一种松散的联盟，邦联成员国除根据协约而明确表示让与或委托邦联机构的权力外，各自仍保留国家独立、主权和对内对外一切政府职能，并可自由退出邦联。邦联中央机构只是一种协商性的“邦联议会”或成员国“首脑会议”，在一般情况下，它没有统一的、强有力的中央政府、议会，没有统一的军队、赋税、预算、国籍。所以邦联不具有真正的国家性质，不是真正的国家。邦联多产生于西方资本主义发展的早期，例如 1781 ~ 1789 年期间的美国，1815 ~ 1846 年期间的瑞士，1815 ~ 1866 年期间的德国以及 19 世纪初的奥地利和匈牙利，都曾实行邦联制。当代世界上比较典型的邦联制国家是 1982 年成立的塞内冈比亚邦联（由塞内加尔和冈比亚结成）。第二，联邦是由联邦组成单位（例如邦、州等）组成的联盟国家，是国际法主体。联邦除设有在全国范围内活动的最高国家权力机关外，联邦组成单位也有自己的权力机关，中央政府和地方政府的权力范围由联邦宪法加以规定，一般讲，有关全国的立法、行政、司法，事关全国的政治、财经、军事、外交等事务由联邦政府管辖，在联邦宪法之下，联邦组成单位制定有自己的宪法、法律，管理本地的财政、税收、文化、教育、治安等方面事务。目前，世界上实行联邦制的国家有美国、加拿大、澳大利亚、德国、瑞士、俄罗斯和印度等国。

在不同的国家结构中，中央和地方政府的权力分配关系不同。单一制国家地方政府的权力是由中央授予、规定的，具有明显的中央授权性，中央也可以将权力收回或重新加以规定，甚至可以撤销地方区划、地方政府，中央政府和地方政府的相互关系是支配和从属的关系。在联邦制体制下，地方政府的权力来自宪法，不受联邦政府的任意支配，中央和地方的职权范围都由联邦宪法加以规定，中央政府无权随意撤销或限制地方政府的机构和权力。

二、国体和政体的联系

国体和政体又是紧密相联的。决定国家本质的是国体，政体是国家本质的表现形式，国体决定政体，政体为国体服务，一定的政体要和一定的经济基础相适应。哪个阶级在社会占统治地位，当时的生产方式如何，这是决定一个国家政体的主要因素。此外，政体还受一个国家的具体国情，受国内阶级力量对比关系、地理条件、民族特点、文化历史传统以及国际环境等多种因素的影响。

国体不同的国家，可能采取相似的政体。例如如古希腊共和国、古罗马共和国和现代法兰西共和国都实行共和制，但根本不可同日而语。当代资本主义国家大都实行共和政体，同社会主义共和国政体相似，但它们在国家性质上大不相同，从国体上讲是两种完全不同的历史类型。

国体相同的国家，可能采取不同的政体。例如美国和英国、日本同为资本主义国家，具有相同的国体，但美国是一个共和国，英、日却实行君主立宪制，政体完全不同。甚至同一个国家，在国体没有发生根本变化的情况下，在历史发展的不同时期，也可能采取不同的政体形式。例如德国，近100多年来，资本主义国体虽未根本改变，政体却多次变化，第一次世界大战前实行二元君主制，是一个帝国，大战中德国战败，战败国的政府体制被彻底推翻，德意志帝国变为魏玛共和国。1933年希特勒上台，在德国建立法西斯独裁统治，二战后，战败国德国再次被战胜国改造。西部被占领国美、英、法改造为资产阶级民主制，东部按苏联模式建立社会主义共和国，政体形式多次变化，但德国（不包括一度实行社会主义的东部）一直是一个资本主义国家，国体一直未变。

第一章

西方国体与政体（上）

自有国家以来，国体政体问题就一直是困扰人类社会的大问题。在西方，有关政体比较的传统由来已久、源远流长。

第一节　西方国体与政体思想概述

一、古希腊国体与政体思想

古希腊史学大师，有西方“历史之父”美誉的希罗多德（约公元前480～425年）首开政体划分之先河，希罗多德在他的经典之作《历史》一书中，第一次以国家最高权力掌握在一个人、数个人或多数人手中为标准，把古希腊城邦国家的政体分为君主制、寡头制和民主制三种类型。柏拉图（公元前472～347年）是苏格拉底的学生，是古希腊唯心主义哲学和贵族派政治思想最大的代表人物。他在其著作中，曾一再探讨政体的分类、比较。他认为有四种政制，即斯巴达和克里特政制、寡头政制、民主政制和僭主政制。在《政治家篇》中，柏拉图又指出：“政府有三种形式，即一人专制的政府，少数人统治的政府和多数人统治的政府。”而“一人专制的政府包括君主制和暴君制，少数人统治的政府包括有一个好名声的贵族政府和寡头政府”，而“多数人统治的政府”称为“民主（或平民）政府”，可分为“按照法律统治还是不按法律统治”。“哲学王”统治的独裁国，即由哲学家来当国王，实行“贤人政治”的国家，就是柏拉图心目中的“理想国”。

古希腊大思想家亚里士多德（公元前384～322年）是研究比较政治制度的奠基人。亚里士多德是西方学术史上一位重要人物，是大学问家，马克思、恩格斯对他有过很高的评价，称他为“古代最伟大的思想家”。

在哲学、逻辑学、历史学、社会学、伦理学、美学、物理学、解剖学甚至植物学等众多学术领域，他都作出了开拓性的研究和贡献，他还第一个创立了独立的政治学体系，他的《政治学》一书是这一领域的开山之作。他特别重视对古希腊城邦政体的比较研究，《雅典政制》是他写下的有关政治制度研究的名著，有关政治比较的理论是亚里士多德政治思想中的一个重要的组成部分。

按照亚里士多德的理论，政体划分的第一个标准是“最高治权的执行者”人数的多少，第二个标准是最高统治者统治的目的是否“旨在照顾全邦共同的利益”。按照第二个标准，统治目的是为了照顾全城邦共同利益的是“正宗政体”，若统治目的只为照顾个人或少数人的私利，则为“变态政体”。

这样，亚里士多德对政体的划分是：凡是由一个人统治的正宗政体，为君主政体，其变态政体为僭主（暴君）政体；凡是由少数人统治的正宗政体为贵族政体，其变态政体为寡头（财阀）政体；凡是由多数人统治的正宗政体为共和政体，其变态政体为平民（穷人）政体。亚里士多德认为最优良的政体就是君主政体和贵族政体，最恶劣的政体是僭主政体，以富人为主体的寡头政体和以穷人为主体的平民政体，分别代表了富人和穷人的偏见。

希罗多德、柏拉图、亚里士多德都是大师级人物，他们对政治制度比较研究的理论贡献有口皆碑，特别亚里士多德是西方政治学的开山鼻祖，是百科全书式的大师，是集大成的人物，恩格斯赞誉他是古希腊哲学家中“最博学的人物”，他的政治思想对后世西方政治思想、国家学说的发展影响极大。一直到今天，西方政治学著作中关于政体类型的划分，还在不同程度上沿用亚里士多德的概念、理论和公式。任何政治思想、学术思潮都不是无源之水，正如孔子被奉为东方儒家文化的圣人，亚里士多德这位历史老人在西方文化中是圣哲一般的人物，西方文化是从古希腊文化一脉相承而来的。20世纪60年代，希腊首相卡拉曼利斯访问美国，美国总统约翰·肯尼迪在白宫欢迎仪式上致辞时说：“就某种意义而言，我们都是希腊人。”此话不无道理，所谓“言必称希腊”，西方文化的源头之水就在古希腊，（古）希腊文化哺育了西方文化，（古）希腊文明滋润了西方文明，西方各国的文化、历史同古希腊都有着深厚的渊源，有着割不断的情结。

（古）希腊文化丰富了世界文化，影响了世界文化。

二、资产阶级启蒙思想家关于国体和政体的思想

自古希腊以来，对西方文化影响最大的时期，就是15、16世纪文艺复兴运动和18世纪资产阶级启蒙运动。文艺复兴运动是西方新兴资产阶级反对封建主义的政治思想文化运动，正如恩格斯所指出的："这是一次人类从来没有经历过的最伟大的、进步的变革。是一个需要巨人而且产生了巨人的时代。"资产阶级启蒙运动亦是一场具有进步意义的文化革命、思想革命，恩格斯在评论18世纪法国资产阶级启蒙运动的代表人物曾指出："在法国为行将到来的革命启发过人们头脑的那些伟大人物，本身都是非常革命的。他们不承认任何外界的权威，不管这种权威是什么样的。宗教、自然观、社会、国家制度，一切都受到最无情的批判；一切都必须在理性的法庭面前为自己的存在作辩护或者放弃存在的权利。思维着的悟性成了衡量一切的唯一尺度。"文艺复兴和启蒙运动的时代是人才辈出的时代，是各个领域中群星灿烂、成就辉煌的时代，在政治思想领域也是如此，涌现出许多杰出思想家，如马基雅弗利、霍布斯、洛克、伏尔泰、孟德斯鸠和卢梭等，他们对政体的划分，基本上都沿袭了亚里士多德的公式——传统的"三分法"。亚翁早已仙逝而去，但他的思想、理论却流传后世，影响深远，不愧为世界文化宝库中的宝贵财富。

代表近代资产阶级政治思想萌芽的马基雅弗利（公元1469 ~ 1527年）把西方政体分为君主政体、贵族政体和共和政体；霍布斯（公元1588 ~ 1679年）把政体分为君主政体、贵族政体和民主政体；斯宾诺莎（公元1632 ~ 1677年）把政体分为君主制、贵族制和民主制。

被马克思称为"一切形式的新兴资产阶级的代表"，18世纪欧洲资产阶级启蒙运动的先驱英国哲学家约翰·洛克（公元1632 ~ 1704年）在他的名著《政府论》中把政体分为君主制、寡头制和民主制。

孟德斯鸠（公元1689 ~ 1755年）根据国家最高权力掌握在哪些人手中和统治者对待法律的态度，把政体分为共和政体、君主政体和专制政体。他指出："共和政体是全体人民或仅仅一部分人民握有最高权力的政体；君主政体是由单独一个人执政，不过遵照固定的，确定了法律统治；专制政体是既无法律又无规章，由单独一个人按照一己的意志与反复无常的性情领导一切。"孟德斯鸠倾毕生心血写就的不朽之作——《论法的精神》，

被称为18世纪法国资产阶级启蒙运动政治、法律、哲学百科全书，是一部资产阶级政治法律学说的奠基性作品，有“理性的法典”之美誉。

18世纪启蒙运动杰出代表人物，法国思想家卢梭（公元1712～1788年）亦写出一部金石之作——《社会契约论》，他关于自由、平等、天赋人权、主权在民的思想为法国资产阶级大革命作了舆论准备，起了革命先声的作用，著名的《人权宣言》和1793年法兰西宪法都体现了卢梭的政治思想，卢梭的思想对1789年法国大革命起了重要的鼓舞作用。在雅各宾专政时期，雅各宾派著名领袖罗伯斯比尔自称是卢梭的学生，雅各宾派另一领袖马拉曾高举《社会契约论》走上街头，向群众热情宣传卢梭的政治主张。卢梭以国家主权归属为标准，将政体分成三类，即：民主制、贵族制、国君制。

西方资产阶级思想家们承继了古希腊传统分类法的原则和公式，从事政治制度的比较研究，考察、分析实际政治，使政治学由政治哲学变为政治科学，把政体研究提高到一个新的水平。但这些思想家们的研究都有一个共同的缺陷，即他们都偏重于从形式上去考察国家，偏重于对政体的分类比较，而忽略或规避了对国家的内容——国体的比较研究，不能从本质上去把握国家，西方思想家们都有他们自己的历史局限性和阶级局限性。

第二节　古典时期的政体

奴隶制国家是人类历史上最早出现的国家类型，在世界历史上，在奴隶制国体下最早出现的都是城邦国家，不论在古希腊、古埃及、古印度还是古代中国皆如此。古典时期西方最典型的政体形式是雅典的民主共和制、古罗马的贵族共和制和罗马帝国的专制君主制。

一、雅典的民主共和制

西方文明的发源地是古希腊，在西方古代文明中，第一代国家形态是公元前八世纪产生的古希腊城邦国家。在古希腊众多的城邦中实行的政体形形色色，其中最著名的是城邦国家雅典确立的奴隶制民主共和政体。

公元前6世纪，雅典首席执政官梭伦实行的改革是雅典政治制度民主化的重要一步，梭伦改革废除贵族寡头的统治，削弱了城邦最高权力机关——贵族院的权力，在新的政制下，公民大会成为雅典最高国家权力机关，执政官由公民大会选举产生，在公民大会休会期间，其常设机构“四百人会议”负责治理城邦，公民陪审法庭则是城邦最高司法机关。梭伦改革后，贵族院虽还保留着，但已失去传统的治国之权，掌管国家的最高权力已从贵族院转移到公民大会、四百人会议、执政官和公民陪审法庭手中。

公元前508年，首席执政官克里斯提尼又实行改革，使雅典政制进一步民主化。克里斯提尼以五百人会议代替四百人会议，创立十将军会，实行“贝壳放逐法”，以防僭主再起。

梭伦改革奠定了雅典民主共和的基础，克里斯提尼改革则确立了雅典民主政治，这两次改革使雅典城邦从一个由少数贵族统治的国家变为实行民主共和政体的国家，至公元前五世纪40～30年代，雅典的城邦民主政制达到鼎盛时期，直接民主发展到很高水平。

二、古罗马的贵族共和制

公元前60世纪的古罗马实行贵族共和政体。罗马共和国的最高官员是由百人团选举产生，任期为一年的两位执政官。在形式上，罗马的公民大会是国家最高权力机关。但实际上，国家实权掌握在元老院手中，元老院握有广泛的立法权和行政权，成员都是贵族，终身任职。元老院中名列第一的元老被称为首席元老。罗马共和国的共和政体，带有明显的贵族性质。

自公元前529～27年，罗马实行共和政体500年，自公元前27年～公元476年，为罗马帝国时期（公元4世纪，罗马帝国分裂为以罗马为中心的西罗马帝国和以君士坦丁堡为中心的东罗马帝国）。罗马帝国同罗马共和国最明显的区别是，国家最高行政首脑由两人（执政官）改为一人（元首），元首终身任职，元老院和公民大会权力削弱，共和政体变为君主专制政体。

到罗马共和国后期，国家出现严重危机，共和制不适应形势的需要，已名存实亡。公元前60年，恺撒和庞培、克拉苏结成反对元老院贵族的秘密同盟——“前三头”。15年后，恺撒控制整个罗马，实行独裁统治。用恺撒自己的话说：“共和国——这是空洞的话，没有意义，没有内容。”

公元前44年3月15日，恺撒遇刺，公元前30年，恺撒甥孙屋大维征服埃及，安东尼（执政官）自杀，屋大维逐一战胜政敌，一人执掌罗马大权，实行独裁，元老派死灰复燃的幻想完全破灭，罗马共和国最后倾覆。

三、罗马帝国的专制君主制

罗马帝国之初，还保有共和制的外形，帝国第一任统治者屋大维表面上拒绝与共和制不相容的任何称号，自公元前 27 年 1 月 13 日他大权独揽之后，他的称号不是君主、皇帝，而是“第一公民”，元老院表面上仍是最高国家机关，实际上已变成屋大维的忠实工具。屋大维是终身元首，元老院授予他“奥古斯都”（意为神圣的、崇高的、庄严的）和“祖国之父”的尊号。他的披着共和外衣的“元首制”就是专制君主制，屋大维未正式称帝，但他实际上是罗马帝国未加冕的皇帝，是罗马帝国的第一个皇帝。

罗马帝国的开山老祖屋大维留给罗马的，是一个没有皇冠和皇帝称号的世袭君主政体，屋大维的后继者们都称“奥古斯都”，实际就是披着元首外衣的罗马帝国皇帝。奥古斯都只从儿子或没有血缘关系的养子中挑选接班人，从第一任奥古斯都屋大维起，争夺“元首”宝座和“皇位继承权”的斗争就接连不断，你死我活，流血、阴谋、宫廷政变是罗马帝国政治的一大特点，自公元 217 ~ 270 年的半个世纪中，有 30 人先后登上奥古斯都宝座，他们杀人，也被杀，除一人外，皆死于非命，成为权力斗争的牺牲品。

罗马帝国历史上不乏“暴君”，例如公元 54 年至 68 年当政的尼禄，专横残暴、荒淫无度，是历史上有名的“昏君”，他大肆屠戮无辜，不仅毒死自己的异父兄弟，而且毒死了自己的生身母亲，杀人如麻，一次次把罗马城淹没在血腥之中。

从戴克里先（公元 284 ~ 305 年在位）开始，罗马帝国元首称号正式改为皇帝，共和制外衣被完全抛弃。皇帝被尊为神，至尊至贵，对臣民拥有生杀予夺之权，元老晋谒皇帝要卑贱地匍匐在地，吻皇帝的脚。这样，在罗马帝国历史上，正式建立了名副其实的君主专制政体。

四、其他国家的专制君主制

除了罗马帝国外，古代世界还有很多国家也实行奴隶制君主专制政体，例如古代东方的中国（殷商）、古印度（孔雀帝国）、古埃及、古巴比伦王国、新巴比伦王国、亚述帝国、波斯帝国以及横跨欧、亚、非三大洲的马其顿帝国等等。

古埃及的国王是国家最高统治者，被尊称为法老，法老就是法律，法老的话任何人不敢违抗。古埃及的法老们被奉为神来崇拜，被臣民们尊为“伟大的神”“善良的神”“太阳神之子”，甚至直接被称为“太阳”“神王”。法老的陵墓——金字塔成为绝对王权的象征，帝王崇拜已到登峰造极的地步。如今，公元前26世纪时建造的胡夫大金字塔和齐夫林金字塔仍巍巍屹立，巨大的狮身人面像——斯芬克斯历经沧桑，被岁月侵蚀得斑斑痕痕，却依然执着地面对世人，仿佛要述说一个谜，一个专制王权覆灭的谜。

古巴比伦王国国王汉谟拉比（约公元前1792～1750年）在位时，也是实行专制统治，国王是全国最大的奴隶主，地位至高无上。汉谟拉比被尊为“诸神所创造的帝王的后裔”“全权的王中之王”“辉煌的太阳”，国王的意志高于一切，一切臣民都是他的奴仆，都必须向他顶礼膜拜。

波斯帝国的一个国王泽尔士（公元前485～465年，大流士的儿子）一次远征希腊时遇到暴风雨，怪罪于大海，竟下令鞭笞大海300下，并命令给大海铐上镣铐，施以烙刑，不知他的手下是怎样执行圣旨的，不可一世的波斯国王们不仅要主宰人间的一切，而且妄想统治大自然，对大自然发号施令。

第三节　中世纪的政体

自公元476年西罗马帝国灭亡，西欧各国开始从奴隶社会进入封建社会，开始了长达10个世纪的“黑暗的中世纪”。中世纪时期典型政体是贵族君主政体、等级君主政体和君主专制政体。

一、贵族君主制

贵族君主制是封建社会初期的政体形式。

中世纪早期的欧洲曾有几百个公国、伯国、城邦和主教国，例如诺曼底、勃艮第、巴伐利亚、奥地利、萨克森、卢森堡、米兰等公国，巴黎、香槟、符腾堡等伯国，勃兰登堡等侯国，教皇国、科隆、美因兹、斯特拉斯堡等主教国，还有威尼斯、热那亚、佛罗伦萨等城邦，封建割据，虽然有一些大的国家如法兰西、德意志、意大利等，统治者称国王或大公，但各公国、侯国、伯国或主教国并不完全听命于他们，在国王和太公之下有着大大小小的封建主，如公爵、侯爵、伯爵、男爵，等等，各级大小封建主相互依存又相互独立，贵族君主制就是在封建割据这种历史条件下形成的一种政体。国王、大公是最大的封建主，其他大小贵族都臣属于国王、大公，但实际上，每一块领地都是一个小小的“独立王国”，每个封建主都是自己领地上的“君主”。

例如，基辅罗斯大公国，最高统治者称为大公，基辅罗斯国家政体实行贵族君主制。

公元10世纪建立的神圣罗马帝国，也是实行贵族君主制的典型。神圣罗马帝国皇帝是最大的封建主，在帝国境内，有10多个大诸侯，200多个小诸侯，上千个独立的帝国骑士，公爵、伯爵、教会主教等大大小小的诸侯、贵族，各据一方。1356年，哈布斯堡王朝时期，由于大封建主、大贵族的压力，神圣罗马帝国皇帝查理四世被迫颁布《黄金诏书》，正式同意诸侯在自己的领地上政治独立，拥有征税、铸币和司法权，规定神圣罗马帝国皇帝由勃兰登堡边地侯、萨克森公爵、捷克国王、莱因区的巴拉丁伯爵和美因斯，科伦、特里尔的大主教7个权势最大的诸侯组成选举团选举产生，7个“选侯”同皇帝一同组成帝国的中央政权。

《黄金诏书》实际上成为诸侯割据的正式法律依据。

大小领主封建割据，王权衰弱，是欧洲中世纪贵族君主政体的重要特征。

二、等级君主制

等级君主制是从贵族君主制向专制君主制过渡的中间阶段，在东方国家一般没有出现过这种政体，但在西方很多国家都经历了这一发展阶段。等级君主制的重要特征，在于等级代表会议的出现。

参加等级代表会议的通常为三个等级，第一等级是高级教士，第二等级是世袭贵族，第三等级是城市的富裕市民等级代表会议是君主用来加强王权，同贵族封建割据势力进行斗争的工具，具有近代“代议机关”的某些特征。

英王亨利三世（公元1216～1272年）时，国王和诸侯矛盾日烈，1258年，诸侯武装冲入王宫，武力逼宫。后贵族阵营内部分裂，内战爆发，以西门·孟福尔为首的一派联合骑士领主和城市市民，俘虏亨利三世，孟福尔成为英国统治者。1265 年，孟福尔召集有贵族主教、骑士和市民参加的首次等级代表会议，共商国是，这次三级会议成为英国议会的雏形。昙花一现的孟福尔像流星般迅速消失，几个月后就战死沙场，大部分贵族同王室联合，恢复王政，但孟福尔却为英国的君主制留下一份遗产 ——“孟福尔议会”。1295 年，继亨利三世之后即位的英王的爱德华一世（公元 1272 ~ 1307 年）召开国会，出席这次国会的代表成分和 1265 年三级会议的成分完全一样，这次国会被称为“模范国会”，成为以后英国经常召集国会 – 为维持稳定的封建统治所必需的国王、诸侯、骑士和城市富裕市民之间的政治联合的样板。

13 世纪末，法国国王腓力四世（公元 1285 ~ 1314 年）在位时，同罗马教廷发生对抗，新教皇克力门五世在法国国王压力下，被迫将教廷迁到法国阿维农城 70 年（公元 1308 ~ 1378 年），史称“阿维农之囚”。在和教皇抗争期间，为了加强自己在国内的地位，腓力四世于 1302 年召集了法国历史上第一次三级会议，参加会议的第一等级是高级教士，第二等级是世俗贵族，第三等级是城市富裕市民，三级会议使法国的政体发展到一个新阶段，演变为等级君主制。

15 世纪末，俄罗斯开始形成为统一的中央集权国家。从 16 世纪中叶起，伊凡四世（公元 1533 ~ 1584 年）加冕后，俄国君主从大公改称沙皇，伊凡四世是俄罗斯历史上的第一个沙皇。生性多疑、残暴的伊凡四世是历史上有名的暴君，他以极残酷的手段剪除反抗的贵族，强化王权，在他的统治下，全体臣民都不过是他的奴仆，伊凡四世怒戾恣睢，暴如雷霆，有一次在盛怒之下竟以手杖打死长子伊凡太子。由于他的专制暴虐，被称为“恐怖的伊凡”“伊凡雷帝”。但从整体上看，自 16 世纪中叶到 17 世纪中叶，俄罗斯尚未发展到君主专制统治，仍实行等级君主专制政体，沙皇权力受到等级代表会议的一定限制，至 17 世纪中叶，随着王权的日益膨胀，俄罗斯完全变为君主制国家。

三、君主专制政体

君主专制政体是封建社会之下最典型的政体形式，世界历史上的大多数封建国家都曾实行过这种政体。

世界历史上一些有重要影响的大国如拜占庭帝国、阿拉伯帝国、奥斯曼帝国、印度莫卧尔帝国等都曾实行君主制政体，帝王至高无上，国家最高权力完全集中在一个人手中，这个人通常是皇帝、国王、沙皇、哈里发、苏丹等君主，终身当政，皇位世代相传。

西方的专制君主制是在资本原始积累和封建社会解体的历史条件下逐步形成的，是在等级君主制的基础上进一步加强王权的产物，当时新兴资产阶级和封建统治阶级都要求建立一个强有力的中央政权，由此，君主专制政体应运而生。在欧洲，当封建君主专制政体确立时，资本主义的曙光已经不远了。

法国君主专制政体始于法国国王路易十一统治时期（公元1461 ~ 1483年），在专制君主制下，君主大权在握，排挤、打击贵族势力，由亲王、贵族参加的御前会议形同虚设，封建贵族世袭官职制度被废除，原来的三级会议停止召开，国王完全按个人意志统治国家。路易十四在位55年，残忍专横，声称只有无限的王权才能维护国家的巩固和尊严，公开宣称：“朕即国家”。

英国都铎王朝（公元1485 ~ 1603年）时，国王权力日益强化，封建贵族势力在红白玫瑰战争中已大大削弱，英王亨利七世打击贵族残余势力，平毁诸侯堡垒，解散封建贵族的家臣，并设立“星宫法庭”，严厉惩治不驯服的贵族，国王真正成为一国之主。

俄国彼得一世（公元1689 ~ 1725年）时，实行血腥统治，强化王权，使首都长时期处于大屠杀的恐怖和血雨腥风之中。马克思曾说：“彼得大帝用野蛮制服了俄国的野蛮”“使野蛮的俄罗斯仿效西方主义”，到女皇叶卡捷琳娜二世（公元1762 ~ 1798年）时，沙皇专制政权达到鼎盛时期，女皇手中握有无限的权力，法律规定沙皇神圣不可侵犯，一切企图夺取皇位，侵犯沙皇生命、名誉的人，都将被处以极刑。

神权政治的盛极一时，是中世纪西方政治制度发展的一个重要内容。

实行神权政治的教皇国在中世纪盛行一时。历史上有一个非常有名的故事，公元11世纪时，神圣罗马帝国皇帝亨利四世和罗马教皇格列哥里七世为争夺神职任命权而激烈对抗，皇帝自命不凡，宣布废黜教皇，教皇也不把皇帝放在眼里，以牙还牙，下令开除皇帝的教籍，将他逐出教门，解除臣民（教徒）效忠皇帝的誓约。结果，当时皇帝的天主教臣民都效忠教皇，不服从皇帝。面临丧失权力和帝国的威胁，亨利四世不得不屈服，来到教皇城堡外，赤足披毡、负荆请罪，冒着大雪哀求3天，请求教皇恕罪，最后才获准恢复天主教教籍。教皇格列哥里七世（公元1073～1085年）颁布《教皇敕令》宣称："教皇有权废黜皇帝"，"一切君主应亲吻教皇的脚"。教皇英诺森三世（公元1198～1216年）声称教皇至上，教皇是上帝在人世间的代表，世俗权力来自教皇，一切皇帝和国王都应向教皇称臣。他提出"太阳、月亮"理论，声称："教皇和国王，犹如太阳和月亮，月亮从太阳借得了光辉，国王从教皇手中获得了权力。"为此，英诺森三世曾多次发动十字军远征，八方征战，教皇的权势在英诺森三世时达到鼎盛时期。

奥斯曼帝国亦是实行神权政治的大帝国，帝国的苏丹查莱曼一世在给法国国王的一封信中自称是"苏丹们的苏丹，君主们的君主，是把王冠分配给地面上的国王的上帝，是上帝在大地上的影子……"，自封是世间"王中之王"。封建社会最常见的是形形色色的君主政体，共和政体并不多见，但作为一种特别的国家形态，它在中世纪的欧洲确实存在过，例如靠海上贸易和商业繁荣起来的威尼斯、热那亚、佛罗伦萨等城市共和国。这些富庶的城市国家的政权特征是国家最高权力并不掌握在一个世袭君主手中，而是由选举产生的机构掌握，例如威尼斯共和国，从12世纪起，就设立了"大议会"（议员480人，掌握威尼斯最高立法权和监督权）、"小议会"（即元老院，40人，由"大议会"选举产生，掌握威尼斯行政大权），总督和"十人委员会"（皆由选举产生）在"大、小议会"的约束下，直接治理城市国家。

共和制是封建国体下一种特殊形式的政体，在中世纪历史上，它没有普遍意义。

第四节　近现代国体和政体

16世纪（尼德兰革命后），世界上第一个资产阶级共和国诞生。18～20世纪以后，美国、法国、德国、意大利等西方大国先后建立共和政体，形成了世界资本主义体系。与奴隶社会、封建社会下的共和制相比，它要完备得多、成熟得多、进步得多，而且仍在不断完善和发展。孟德斯鸠说过：

共和政体的原则是品德，君主政体的原则是荣誉，专制政体的原则是恐怖。

一、君主立宪制

君主立宪制是近代西方国家政体的主要形式之一。同是实行君主立宪制的国家，由于各国国情不同，君主的权力、地位亦有很大差异，又可分为二元制君主立宪制和议会制君主立宪制。此外，还有一种君主专制。

1. 二元制君主立宪制

凡政府在形式上对君主负责，有“钦定宪法”的政体即为二元制君主立宪制。二元制君主立宪制的重要特征就是：君主的权力虽受到宪法和议会的限制，但国家实际权力并不在议会手中，而是掌握在君主手中，君主是国家真正的权力中心；内阁是君主行使行政权，治理国家的机构，首相由君主任命，内阁和政府按君主意志行事，只对君主负责，不对议会负责，君主大权在握。

1871 年至 1918 年的德意志帝国，1889 年至 1945 年的日本都是典型的二元制君主立宪制国家。19 世纪末的德意志帝国，俾斯麦曾任首相长达 28 年，名重一时，权倾一时，但德皇威廉一世死后，威廉二世即位，不能容忍俾斯麦功高震主、权倾朝野，“铁血宰相”不得不乖乖辞职，含泪隐退，下台后流亡伦敦，了其残生。1889 年，日本帝国宪法规定：“大日本帝国乃万世一系之天皇之一统天下”“天皇神圣不可侵犯”，从根本上奠定了天皇至高无上之地位。

日本帝国完全是天皇的帝国，天皇大权独揽，因此日本著名历史学家井上清曾断言：“立宪天皇制就是专制君主制”。目前，二元制君主立宪制在世界上已不多见，只有个别国家（例如尼泊尔、约旦和摩洛哥）仍在实行，基本上已成一种历史遗迹。

2. 议会制君主立宪制

凡政府在形式上对议会负责，君主受到“民定宪法”和议会约束的政体为议会制君主立宪政体。在议会君主制下，国家实际权力掌握在议会和政府手中，政府、内阁对议会负责，君主只是国家的象征，统而不治，君而不主。英国是实行议会制君主立宪政体的典型，当代实行君主立宪政体的国家，大多数是实行这种议会君主制。

无疑，同共和制相比，君主、王朝的存在，是封建社会遗留下来的尾巴。为什么一些比较发达的资本主义国家如英国、日本、荷兰、瑞典等国要实行带有浓厚封建色彩的君主立宪政体？这是资产阶级革命不彻底的产物。实行君主立宪制的往往是资产阶级革命不彻底的国家，当时由于资产阶级的软弱，无力建立自己独占统治地位的政权，不得不同封建势力妥协，1688年的英国“光荣革命”，1868年的日本“明治维新”都反映了这种革命（或改革）的不彻底性和妥协性。

那么，为什么君主立宪制保留到今天？这是因为，虽然资产阶级早已确立了自身的独家统治，但是为了避免国家制度发生剧烈变动，引起政治震荡，产生不利后果，便采取逐渐改造君主制的办法，限制君主的权力。事实上，随着资本主义的发展，君主政体名称虽没有变，但实际内容却在变化着，像目前英国、日本、荷兰等国那样，君主立宪政体只是形式，它丝毫不妨碍这些国家按资本主义方式向前发展，丝毫也不损害资产阶级的独家政权，西方君主现在都是“开明君主”。相反，一些西方国家资产阶级利用国民的君主崇拜心理，利用国家的历史、文化传统，以君主作为国家和民族团结的象征，对于巩固资产阶级的统治也是有益无害的。正因为如此，目前世界上还有相当数量的资本主义国家仍采用君主政体。

当代世界上有20多个国家实行君主立宪制。例如英国、日本、荷兰、比利时、瑞典、丹麦、挪威、卢森堡、西班牙、摩纳哥、列支敦士登以及泰国、尼泊尔、约旦、文莱、巴林、科威特、卡塔尔、阿联酋、马来西亚、摩洛哥、莱索托、斯威士兰、汤加和西萨摩亚等国。

英联邦一些成员国如加拿大、澳大利亚、新西兰等国也尊英国女王为国家元首。

梵蒂冈是一个教皇国，独具特色。

3. 君主专制

像沙特阿拉伯、阿曼、不丹等国实行君主专制，没有宪法，没有政党。另一些国家虽有宪法，但君主仍独揽大权，例如非洲的斯威士兰，在国王索布扎二世当政时，在国内依靠皇亲国戚实行专制统治，他的内阁完全是由其儿子、女婿、侄子、外甥等组成。索布扎二世雅号“雄狮”，娶有数以百计的后妃，有儿女500多人，1979年索布扎二世喜庆80大寿，由于王妃众多，王子、公主成群，小小的斯威士兰拿不出那么多高级轿车供王妃们使用，只好出动公共汽车接王族去参加庆典。“雄狮”索布扎二世一生专制，臣民们在他面前要“五体投地”，跪在他的脚下，嘴中还要喃喃自语：“我不是人，我是一条狗，一块木头。”

二、共和制

共和制是近现代西方国家普遍实行的政体。依议会同国家元首、政府的关系，资本主义共和政体又可分为议会制、总统制和委员会制三种类型。此外，还有法西斯主义的特殊统治形式。

1. 议会制

在议会制国家中，议会是最高国家权力机关，政府由议会多数党或多数党联盟组织，政府对议会负责，国家元首不掌握实权，只是名义上代表国家。在近现代历史上，西方很多国家实行议会制，如法兰西第三共和国、法兰西第四共和国，德国的魏玛共和国，当代的德国、意大利、芬兰、奥地利、希腊、冰岛以及印度、新加坡等国都实行议会制。

2. 总统制

总统制是西方资本主义国家又一种主要的政体形式。

在总统制下，总统是国家的政治中心，作为国家元首的总统同时任政府首脑，大权在握，以总统为首的行政机关独立于议会之外，不对议会负责，只对宪法负责，立法、行政、司法三权分立，相互制约平衡。

美国是世界上第一个总统制共和国，由于美国的成功，使美国模式为世界上很多国家所仿效，很多国家纷纷实行总统制共和政体。例如巴西、智利、阿根廷、墨西哥、哥伦比亚、玻利维亚、委内瑞拉、厄瓜多尔、埃及、利比亚、突尼斯、扎伊尔、尼日利亚、伊拉克、印度尼西亚、菲律宾、韩国，等等。在历史上，法国是一个传统的实行议会制的国家，但因为政局长期动荡不定，1958 年戴高乐上台后，制定了法兰西第五共和国宪法，采纳美国总统制的一些特点，又保留议会制一些传统，建立了一种带有法国特色的共和政体，政治学家们称之为“半总统制”。

3. 委员会制

（古罗马共和国和当代的圣马力诺共和国设两个执政官）手中，唯有瑞士，长期以来成功地实行一种委员会制，即国家最高行政权掌握在一个合议机构手中，既不同于议会制，也不同于总统制。当然，这是由瑞士的具体国情所决定的，委员会制政体不具有普遍意义。

三、法西斯主义的特殊统治形式

法西斯主义的兴起是20世纪国际政治中产生的一种特殊现象。一般认为，法西斯主义本身并不是一种政体，而是一种特殊的统治形式，是资本主义国体下一种特殊形态，它可以通过不同的政体来实现。法西斯国家可以实行君主政体，例如1945年以前的意大利和日本，也可以披上共和的外衣，元首终身当政，实行专制独裁统治，例如希特勒治下的德国和佛朗哥统治时期的西班牙。

法西斯一词，来自拉丁文“权柄”，源出于古罗马共和国，原指中间插有一把战斧的一捆束棒，它是古罗马执政官的标志，象征暴力和强权。1919年，墨索里尼在意大利创建“战斗的法西斯”组织，两年后，法西斯党向罗马进军，控制首都，意大利国王任命墨索里尼为总理。1924年，法西斯党成为议会中绝对多数党，次年议会禁止其他一切政党和社会团体存在，法西斯党成为唯一合法政党，法西斯在意大利全面夺取政权，国家最高权力完全集中到法西斯党党魁墨索里尼一人手中。

1929年，德国爆发严重经济危机，资本主义走上绝路。

1933年，在德国垄断资本支持下，纳粹党上台，德国资产阶级和反动军人把阿道夫·希特勒捧上总理宝座，寄希望于希特勒法西斯党能挽救处于严重危机中的德国资本主义制度，希特勒内阁宣布纳粹党为德国唯一合法政党，议会制名存实亡。后来，希特勒又自封为国家元首，解散国会，禁止所有反对派政党活动，实行法西斯专制统治，称德国为德意志第三帝国，由此开始了他反共、排犹的恐怖统治和大规模的对外侵略，以实现他称霸世界的野心。

20世纪30年代初，法西斯主义还从欧洲蔓延到亚洲。在世界性经济危机的沉重打击下，日本也陷入深度危机之中，政局极为动荡，为摆脱危机，在三井、三菱、安田、住友四大财阀及大垄断资本支持下，以东条英机为首的军部在日本攫取权力，建立了军国主义的法西斯独裁统治。德意日法西斯东西呼应，对内实行独裁统治，连资产阶级民主的遮羞布都不要了，对外疯狂侵略，挑起世界大战，妄图称霸世界。

法西斯独裁统治的特征可以归结为：法西斯头子具有无限权力，大权独揽，独断专行，一人统治国家，实行专制独裁；对外推行扩张主义、排外主义、战争政策，为争夺世界霸权大搞强权政治、疯狂侵略扩张；否定和剥夺公民基本人权，否定自由、民主，实行一党专制，疯狂反对马克思主义、反共、反社会主义；崇拜暴力，实行秘密警察恐怖统治，对政治反对派（即使是统治阶级内部的反对派）实行肉体消灭；否定法治，推崇人治，搞个人崇拜、领袖至上，元首决定一切。不论是借助君主制的神圣光圈，还是披着共和制的外衣，法西斯政权的实质是垄断资本的恐怖专制独裁政权。西欧有一个小小的安道尔公国，它的政体别具一格。早在公元1278年，安道尔就沦为两个强大邻国——法国和西班牙的保护国，这两国王室一直都想吞并它，最后斗争的结果是由法国和西班牙联合统治，由两国王子共同执政。历史演变至今，这一权力落在西班牙乌赫尔主教和法国总统手中，并称“双大公”。安道尔至今仍按传统向两国进贡，双数年份进贡给西班牙，单数年份给法国，当然所谓贡品只是象征性的，每两年给法国960法郎，给西班牙900比塞塔外加一份火腿和鸡。1993年3月14日，安道尔举行全民公决，通过这个国家历史上第一部宪法，新宪法规定安道尔为“议会制公国”，“双大公”为“宪法规定的国家元首”。

领土被意大利环绕的“国中之国”圣马力诺共和国的政体亦不同寻常。圣马力诺自15世纪时就建立了共和政体，现在仍沿袭这一古老的体制。圣马力诺国家政权机构由“大议会”、执政官、国务会议（相当于政府）和12人委员会（相当于最高法院）组成，国家实行双头元首制，颇有古罗马（共和国）的遗风。圣马力诺设执政官两名，同为国家元首和政府首脑，权力、地位相同，拥有相互的否决权，执政官由“大议会”选举产生，任期只有半年。这种双头元首制在当今世界上，也可说是独一无二的了。

第二章

西方国体与政体（下）

第一节　宪法

一、宪法概述

宪法是国家的根本大法，是统治阶级意志的体现。宪法规定了一个国家最根本的国家制度和政府制度，规定了国家机关活动的基本原则和公民的基本权利与义务，是统治阶级巩固其专政的重要工具。立宪，就是要解决国家面临的国体、政体等根本问题。

在古罗马帝国，它被用来表示皇帝的诏书；在中世纪，它被用来表示封建君主和教会的法令，例如英王亨利二世就曾于1164年颁布《克拉伦敦宪法》，以规定国王与教会的关系。

在古代，宪法一词都意味着一般的法令、规章，与现代意义上的宪法完全不同。

作为国家根本大法，现代意义上的宪法是资产阶级革命的产物。在世界各国中，最早出现的是英国宪法，其次是美国宪法（但作为成文宪法，美国宪法是人类历史上的第一部），第三是法国宪法。

宪法规定的内容和普通法律不同。宪法规定的内容都涉及国家最根本的问题，即国家制度、政府制度及宪政基本原则，而普通法律只规定政治制度及国家生活中某些方面的具体问题。

宪法的效力和普通法律不同。宪法是国家根本大法，是立法的基础，普通法律的条款若与宪法相抵触时，将会被认为违宪而失去法律效力，宪法至上。

宪法的制定和修改程序和普通法律不同。普通法律一般只要议会半数以上多数票通过，国家元首签署即算完成了立法程序，而宪法的制定、批准和修改都要经过特定的程序来进行，通常要由制宪会议等专门机构来制定，要经由公民复决批准等等。

二、宪法的分类

西方学者按照宪法形式上的特点，把宪法分为“成文宪法”和“不成文宪法”，“钦定宪法”和“民定宪法”，“刚性宪法”和“柔性宪法”几大类，以对宪法进行比较研究。

1. “成文宪法”和“不成文宪法”

按照西方政治家理论，凡是以一个或几个书面文体所形成的完整宪法，就是“成文宪法”；凡是以国家一般法律（含宪法内容的议会制定法）、重要历史文献、含宪法内容的判例和宪法惯例等形成的宪法，叫做“不成文宪法”。当今世界上，除英国、以色列等个别国家外，几乎所有西方国家的宪法都是成文宪法。

英国是实行不成文宪法的典型国家。英国的宪法体系极为庞大复杂，美国革命家托马斯·潘恩批评英国“拿不出一部宪法”，法国学者阿历克斯·德·托克维尔也说英国“没有宪法”，就是从法律形式上说的。

那么，英国宪法究竟是由哪些历史文献、议会制定法、宪法惯例等宪法性法律组成的呢？一般公认，英国不成文宪法主要由1215年的《大宪章》、1259年的《人民公约》、1628年的《权利请愿书》、1653年的《政府约法》、1679年的《人身保护法》、1689年的《权利法集》、1701年的《王位继承法》、1706年的《苏格兰联合法》、1911年的《议会法》、1918年的《国民参政法》、1928年的《高等法院法》、1928年的《国区参政法》、1931年的《威斯敏斯特条例》、1937年的《国王大臣法》、1949年的《人民代表法》、1968年的《贵族法》和1972年的《欧洲共同体法》等宪法性法律组成的。其中，1215年的《大宪章》（又称《自由大宪章》）是英国宪法的源头，它揭开了英国近代立宪的序幕。

另外，一些政治惯例。例如内阁由下院多数党领袖提出名单呈请英王批准；内阁失去下院信任后，必须辞职，或由首相奏请英王解散议会，重新举行大选；国王不得否决议会通过的法律等等。都被视为英国不成文宪法的重要组成部分。

1787 年，费城制宪会议制定了世界历史上第一部，也是最古老的一部成文宪法——《美利坚合众国宪法》，至今仍有效，在以后的岁月里，它又增加了 26 条宪法修正案。

欧洲大陆最早的一部成文宪法，是 1791 年制定的法国宪法，它以 1789 年的《人权宣言》作为宪法的序言。200 年来，由于法国政治风云多变，国家制度多次改变，其间经历了两次封建王朝复辟，两次实行帝制，5 次实行共和，先后颁布了 13 部宪法，即：1791 年宪法、1793 年雅各宾宪法、1794 年宪法、1799 年宪法、1802 年宪法、1804 年宪法、1814 年宪法、1830 年宪法、1848 年宪法、1852 年宪法、1875 年宪法、1946 年宪法和 1958 年宪法，宪政制度极为混乱。

2. “钦定宪法”和“民定宪法”

按照西方学者观点，凡是基于君主主权思想，由国王自上而下“钦赐”给臣民的宪法，叫做“钦定宪法”，例如 1814 年法国国王路易十八钦定宪法，1871 年的德意志帝国宪法，1889 年大日本帝国宪法。凡是基于人民主权原则，由议会、制宪会议或公民投票方式通过的宪法，叫做“民定宪法”，例如美国宪法和 1958 年由公民投票通过的法兰西第五共和国宪法都属“民定宪法”。

3. “刚性宪法”和“柔性宪法”

西方学者认为，凡是要经过特定程序（例如必须召开制宪会议或改宪会议，表决时需要三分之二或四分之三多数票通过，或提交公民复决等程序）才能修改的宪法，叫做“刚性宪法”，凡是和一般法律一样，按照普通立法程序就可以修改的宪法，叫“柔性宪法”。这种根据修宪程序的简易或严格对宪法进行分类，是英国法学家詹姆斯·布赖斯首创的，故又称“布赖斯分类法”。

刚性宪法注重宪法和国家制度的稳定性，强调使它不易被修改。例如美国宪法自制定以来一直有效，宪政制度极为稳定，自 1789 年以来提出的宪法修正案有 4000 多件，但至今能获批准的只有 26 件。当今世界绝大多数国家的宪法都是刚性宪法。

柔性宪法的典型是英国宪法。柔性宪法注重宪法的“弹性”“灵活性”，认为这样可以使统治阶级根据时代的需要，根据不断变幻的国内外形势来调整、变换统治手法，更好地维护自身的统治。例如英国下院的任期在1694年为3年，1716年改为7年，1911年改为5年，第一次世界大战期间改为无限期延长，战后又改为5年，变来变去，目的只有一个，即为了适应统治阶级的需要。英国一向以它的“不成文柔性宪法”而自豪，认为它的宪政体系是最优良的，是“有生气的”，是“活的宪法”，是“全世界羡慕的目标”。

西方学者关于宪法的分类，有助于对宪法的比较研究，但这种分类只比较了形式上的差异，并不能揭示宪法的实质。

二、宪法的基本原则

宪法的基本原则就是指贯穿在宪法中的基本精神、基本指导思想。这是宪法的灵魂。任何一部宪法都不是凭空产生的，它必然要反映一个国家当时占统治地位的政治思想、阶级力量对比、社会经济条件和历史文化传统等等，这一切决定了一个国家的宪政应遵循的最基本的原则。

西方资本主义国家的宪法有五条基本原则：

1. “人民主权”原则

所谓“人民主权”，亦称“主权在民”，和主权在君相对立。指的是：社会、国家是人民自身之间的一种契约，国家主权属于人民，政府权力来自人民，政府、政府官员应向人民负责。

“人民主权”原则起源于17、18世纪资产阶级革命时期，其思想、理论基础是资产阶级启蒙思想家所主张的自然法、理性、自然权利说和社会契约论。

资产阶级的宪法中标明“人民主权”原则，将资本主义国家说成是“全体人民”的国家，政府权力“属于全体人民”。

1776年7月4日，美国第二届大陆会议通过著名的《独立宣言》，宣言阐述了资产阶级革命时期新兴资产阶级一些最激进的政治原则，宣称是人民设立了政府，政府的权力来自“被统治者的同意”，如果政府损害了人民利益，人民有权改变或废除这一政府，另立新政府。宣言庄严宣告北美13个殖民地独立，在人类历史上，第一次将“人民主权”原则写入正式的政治文件。美国宪法的序言，一开始，就开宗明义地宣告“我们人民……制定了这部美利坚合众国宪法。”美国总统亚伯拉罕·林肯声称美国政府是“民有、民治、民享的政府”，更是对“民主政府”的精辟诠释，成为千古名言。

法国《人权宣言》第三条宣称：“整个主权的本原主要是寄托于国民”。1958年法兰西第五共和国宪法宣称：“国家主权属于人民，人民通过自己的代表和通过公民复决来行使国家主权。”1958年法国宪法第二条还规定：“共和国的原则是：民有、民治、民享的政府”。

西方宪法的“人民主权”，把资本主义国家说成是“全体人民”的国家，政府的一切活动都是秉承人民的意志，西方民主是最高的、最完全的民主，事实虽不尽如此，但与封建专制统治相比，西方资产阶级民主在历史上还是具有进步作用的。

18世纪下半叶美国立国、法国制宪之际，正是西方信奉“君权神授”，在这种情况下，美国、法国资产阶级奋起革命，成立资产阶级民主共和国，宣告“人民主权”，人民推选代理人管理国家，是对“主权在君”“君权至上”的勇敢挑战，对旧的封建专制制度的勇敢挑战。在当时的历史条件下，立宪、共和符合人类社会发展的规律，是历史的一大进步。

2. 分权制衡原则

“权力的分立”或称“三权分立”，也是17、18世纪资产阶级启蒙思想家中广为流行的学说。分权学说最早是由约翰·洛克提出来的，洛克反对君主专制、反对独裁暴政，他曾说：“对人类的缺点来说，权的诱惑是太大了”。18世纪中叶，法国学者孟德斯鸠系统地阐述了这一学说，他指出：“当立法权和行政权集中在同一个人或同一个机关之手，自由便不复存在了……”。“如果司法权不同立法权和行政权分开，自由也就不存在了。”他说：“如果同一个人或……同一个机关行使这三种权力……，则一切便都完了。”孟德斯鸠还说：在“一切权力合而为一”的地方，“虽然没有君主制的外观，但人们却时时感到君主制的存在。”孟德斯鸠主张“以权力制约权力”，奠定了“三权分立”学说的基础。

资产阶级启蒙思想家鼓吹的“分权制衡”学说也为西方国家普遍接受，成为资本主义宪法的基本原则之一。根据洛克和孟德斯鸠的分权学说，国家权力主要应该分为立法权、行政权和司法权三部分，由不同的国家机关分别行使，三种权力之间必须相互制约以保持平衡。“分权”是为了“制衡”，要“制衡”就必须“分权”，分权与制衡是统一原则的两个方面。资产阶级启蒙思想家认为，实行分权与制衡的目的是避免统治者的专横与暴政，保障公民的权利与自由。

在当今西方各国中，美国是实行“三权分立”最典型的国家。美国制宪者们对孟德斯鸠的“三权分立”学说深信不疑，詹姆斯·麦迪逊曾说：“如果人都是天使，就不需要任何政府了。如果是天使统治人，就不需要对政府有任何外来的或内在的控制了。”遗憾的是，人和政府，被统治者和统治者都不是天使，特别握有大权的政府不是天使，因此，“野心必须以野心来对抗”，必须“以权力来制约权力”。托马斯·杰佛逊告诫，不仅要注意行政长官篡夺大权的危险，而且要防止立法机关篡夺大权，立法机关总揽一切大权同样能形成暴政。他说：“政府的一切权力——立法、行政和司法，均归于立法机关，把这些权力集中在同一些人手中，正是专制政体的定义。这些权力将由许多人行使，而不是由一个人行使，情况也不会有所缓和。173 个专制君主一定会像一个君主一样暴虐无道。”

在启蒙思想家中，对美国革命影响最大的人物，首推约翰·洛克，第二位影响最大的人物就是孟德斯鸠。洛克对美国开国元勋们的影响主要表现在政治哲学方面，孟德斯鸠的影响主要表现在政府体制、权力结构的设计上；洛克激励人们去破坏一个旧世界，孟德斯鸠则引导人们去建设一个新国家。

美国政府体制实行“三权分立、相互制衡”，宪法规定全部立法权属于国会，行政权属于总统行政当局，司法权属于最高法院及由国会随时规定和设立的低级法院，三个独立的权力中心相互制约平衡，国会、总统行政当局和最高法院都不享有绝对的、不受限制的权力。总统行政当局独立于国会，总统有权否决国会通过的议案，但国会也有权在一定条件下推翻总统的否决；国会亦有权对总统行政当局进行监督、制约，并在一定程序下弹劾总统；司法独立，国会和总统都不得侵犯法院的权力，不得干涉法院办案，以后又发展成司法审查制度，最高法院掌握解释宪法的权力，有权宣判国会法律和总统行政命令违宪而无效。美国政治制度最基本的特征，就是以总统为中心的“三权分立”资本主义共和国。

“分权制衡”原则维护了资本主义的政治民主，有利于资产阶级的根本利益。当然，“三权分立”也在不断发展演变，如果说在立宪初期分权主要出自防止专制的民主考虑，那么到现代总统权力日益膨胀已完全是为了适应垄断资本的需要，是要加强资产阶级的统治。目前，美国政府权力结构已远不同于制宪初期的“三权分立”，但是200年来，美国政府一直保持着“三权分立”这种基本的权力格局。分权制衡成为美国政治的一大特色。因此，难怪美国宪法学权威爱德华·柯文在他的金石之作《宪法及其在今日之意义》中称：“‘三权分立’是美国政府制度的‘基本框架’。”而美国“宪法之父”、美国第四任总统麦迪逊早就断言：“在我们的宪法中，在任何民主的宪法中，最神圣不可侵犯的立宪原则莫过于立法权、行政权和司法权分立的原则。”

3. “法治”原则

亚里士多德很重视法律和“法治”的作用，他认为“法治”包含立法、守法双重含义，他说：“我们应该注意到邦国虽有良法，要是人民不能全部遵循，仍然不能实现法治。”亚里士多德推崇“法治”，反对“人治”，他说：“政治最重要的规律是‘一切政体都应制定法律……，使执政者和官员不能假借公职，营私求利’。”可见亚里士多德认为“法治”也包含了统治者必须遵守法律、依法办事的思想。

亚里士多德在划分、比较政体时曾着重提出：“由最好的一个人或由最好的法律统治，哪一方面较为有利？”这也就是“人治”还是“法治”，君主制还是共和制的问题。

卢梭认为，在资本主义共和国中，“法治”起主导作用，他说：“凡是实行法治的国家——无论它的行政形式如何——我就称之为共和国。”

“法治”这个概念有很多含义。一般认为，“法治”就是要依法办事，犯了法就要受到法律制裁，正像中国一句古话，所谓“王子犯法，与庶民同罪”，不允许任何人凌驾于法律之上，或站在法律之外。这是最一般的理解，它强调了“治”。

还有一种观点认为，“法治”就是保障公民个人自由。只要法律上无明文禁止，任何人有权自由行动，不受阻碍，不算犯罪，所谓“法治”，其精髓是保障公民基本权利不受侵犯。这种观点认为“法治”不仅是以法律统治老百姓，更主要地是以法律约束统治者，“法治”就是对权力的限制，宪法至上，一切政府权力都受宪法、法律的制约。

显然，所谓“法治”是相对于“人治”的，“法治”还是“人治”的争论由来已久。

“法治”原则在西方各国宪法上的具体体现，就是明文规定：

宪法本身是国家最高法规，任何法律、法令、政府规章皆不得违反宪法。其基本点是：以宪政取代君主专制，以民主政治取代个人独裁，以“法治”取代“人治”。

政府是“受限制的政府”，政府的权力不是绝对的，政府不得违反宪法、滥用权力。

法律面前人人平等。例如法国《人权宣言》第六条明确规定：“法律对于所有的人，无论是施行保护或处罚都是一样的，在法律面前，所有公民都是平等的。”依法审判，犯了罪要根据法律来审判，实行“罪刑法定主义”，不能依个人意志定罪。

公民人身自由和基本权利受法律保护。《人权宣言》第七条规定：“除非按照法律手续，否则不得控告、逮捕或拘留任何人。”实行“无罪推定论”，“任何人在其未被宣告为犯罪之前，应被推定为无罪。”

4. “私有财产神圣不可侵犯”原则

在西方国家宪法中，私有制原则是一条必不可少的原则。它是资本主义的柱石，宪法是国家根本大法，一切国家的资产阶级在掌握政权以后，都要在宪法上公开宣布“私有财产神圣不可侵犯”。

早在18世纪法国大革命时，法国资产阶级就在《人权宣言》中宣布：“财产是神圣不可侵犯的权利，除非当合法认定的公共需要显然必需时，且在公平而预先赔偿的条件下，任何人的财产不得受到剥夺。”

美国宪法第五条修正案规定：“凡私有财产，非有相当赔偿，不得占为公有。”1866年制定的第14条宪法修正案又规定：“非经正当法律程序，不得剥夺任何人的生命、自由或财产。”再次重申这一神圣原则。

1919年德国魏玛宪法规定：“所有权，受宪法之保障。”

1946年日本宪法规定：“不得侵犯财产权”。

1946年德国基本法规定：“财产权和财产继承权受法律保护”。

1947 年意大利宪法规定："法律承认并保障私有财产"。

1950 年印度宪法规定："除法律准许外，任何人之财产不得予以剥夺"。

每个国家都有自己特定的国体和政体，如果说宪法的前几条基本原则规定了一个国家的政体形式，规定了它是实行君主制还是共和制。是总统制还是议会制的话，那么这一条原则便规定了一个国家的国体，规定了一个国家政权的资产阶级性质，规定了一个国家是否是资本主义国家。

"私有财产神圣不可侵犯"原则实为资本主义宪法的核心和灵魂，实为西方宪法中最具实质性的原则。

5. "自由、平等"原则

在反对封建主义的斗争中，自由、平等是资产阶级高举的一面大旗，是新兴资产阶级对付封建专制的一柄利剑。

在自由问题上，西方思想家曾经有许多精辟论述。

17 世纪荷兰思想家斯宾诺莎说。正像鱼儿生来就有游水的能力，人类也享有天赋人权，有享受自由、平等生存的权利。他特别强调言论、思想自由，他认为自由思想、自由发表意见是每个人天赋的、不可转让的权利，人类的自由是任何政府都不能剥夺的。每个人是他"自己思想的主人"，他说："如果人的心也和人的舌头一样容易控制，每个国王就会安然坐在他的宝座上了。"

针对封建君主的高压专制统治，西方思想家们曾大声疾呼自由、平等、人权。英国哲学家洛克曾指出："人类天生都是自由、平等和独立的。"

法国启蒙思想家卢梭有一句名言："人是生而自由的，但却无往不在枷锁之中。"他指出："放弃自己的自由，就是放弃自己做人的资格，就是放弃人类的权利……"

美国政治家本杰明·富兰克林满怀激情地呐喊："哪里有自由，哪里就是祖国！"

帕特里克·亨利慷慨激昂地高呼："不自由，毋宁死！"美国《独立宣言》的作者托马斯·杰佛逊也是一个终生为自由而奋斗的资产阶级革命家，为美国独立作出过很多贡献，是美国资产阶级民主的奠基人。杰佛逊特别注重人的精神自由、思想自由，他的名言是："我已经在上帝圣坛前发过誓，永远反对笼罩着人类心灵的任何形式的暴政。"这段话被镌刻在华盛顿市杰佛逊纪念堂的大厅中，当来自世界各地的游客来到这座圣殿，怀着景仰之心，瞻仰杰佛逊铜像，读到这句名言时，都会为它内含的力量所深深震撼。

西方资产阶级在反封建的斗争中，也不失时机地把他们的主张写入宪法。

1776 年 7 月 4 日，北美第二届大陆会议在费城通过大名鼎鼎的《独立宣言》，宣言宣称“人人生而平等”，享有天赋人权，其中包括“生命权、自由权和追求幸福的权利。”这些激越的文字当时传遍北美大陆，如黄钟大吕，在北美轰鸣，成为美国独立革命的旗帜和号角，马克思称之为“第一个人权宣言”。

1789 年，法国《人权宣言》提出公民享有“自由、财产、安全和反抗压迫”的权利，法国人主张“自由、平等、博爱”，《人权宣言》第 16 条还宣称：“凡权利无保障和分权未确立的社会，就没有宪法。”

这两份历史文献都强调公民基本人权，在西方资产阶级革命史上占有重要地位，以后西方国家颁布的宪法大都遵循这一精神，明文列举公民的各项基本权利，强调这些“生来就有的自由和平等”受到宪法和法律的保护。

那么西方公民可以享有哪些自由和权利呢？西方各国宪法规定的不尽一致，一般包括政治、经济、社会文化等方面的权利。

以标榜最自由、最民主的美国宪法为例，美国宪法规定的公民基本权利大致包括：公民人身自由、集会和请愿自由、言论和出版自由、宗教信仰自由、公平参政、法律上的平等保护、财产不受侵犯等等。

然而，西方民主是“残缺不全”的民主。其实，所谓自由、民主都有其特定内容，从来就没有抽象的自由、平等。美国总统林肯曾说：“我们大家都疾呼自由，但是对这同一个字眼，我们说的并不都是一回事。”林肯曾通过一个通俗的小寓言来说明这一点。他说，牧羊人把扑在绵羊脖子上的狼赶跑，对此，绵羊感谢牧羊人把它救出狼口，使它自由，而狼则指责牧羊人剥夺了它的自由。林肯通过朴素的语言说明了一个简单的真理：对于自由的定义，狼和羊永远也说不到一块儿。美国也不能提供狼和羊共享的自由。

孟德斯鸠指出；“自由是做法律所许可的一切事情的权利；如果一个公民能够做法律所禁止的事情，他就不再有自由了。”

伏尔泰也曾说："自由就是服从法律"。

法国《人权宣言》第四条也指出："自由就是指有权从事一切无害于他人的行为。因此，各人的自由权利的行使，只以保证社会上其他成员能享有同样的权利为限制。"

1787 年美国制宪时，中国和欧洲大陆都还是封建专制的一统天下，在那样的黑暗时代，美国人独树一帜，主张"法治"而不是"人治"，提出政府的权力是受限制的，政府不能侵犯人民的基本权力，特别是注重法律程序上的权利，强调非经正当法律程序，不得剥夺任何人的生命、自由和财产；强调法律面前人人平等，保障公民人身自由和基本人权，实行公开审判、陪审制度，公民享有辩护权、上诉权，等等，这些都是封建社会所没有的，是"资产阶级时代最宝贵的成就"之一。较之封建专制下的芸芸众生，西方公民享有较多的自由，这也是不争的事实。

第二节　议会制度

一、议会制度概述

资产阶级国家的政权组织形式可以通称为议会制。议会制是以资产阶级所谓的"国民主权"原则为基础的。首先假定国民享有主权，然后才有由国民通过选举产生的代表组成议会，并议论国家大事，制定法律实行统治，也才有议会制。与资产阶级议会制同时存在的往往还有所谓的"直接民主制"，包括公民投票等。但那只是议会制的补充。特别是在大国里，所谓的"直接民主制"很难认真地实行，因此，算不上一种独立的政权组织形式。代议制实际上就是资产阶级的议会制度。它的建立，是资产阶级获得政权的标志。

资产阶级的议会制并不是按照一个模式建立起来的。在各个不同国家，与其民族特点和历史条件相适应，在基本原则一致的基础上，又都互有差别。根据建立议会和组织政府的不同方法，以及政府同议会的不同关系，可以大致分为两类：议院内阁制和总统制。

由议会中多数党的首领组织内阁，内阁（政府）对议会（主要是对下院）

负责的叫议院内阁制。它的具体特点可以归纳为：（1）议会监督政府，政府对议会负责；（2）国家元首临朝而不执政，不负实际责任；（3）政府成员是议会议员，政府首脑是议会中多数党的领袖；（4）政府可向议会提出立法议案，并参加法案的讨论；（5）议会不信任政府时，政府要立即辞职，或者解散议会，由选民重新选举议会。采取这种议会制的有英国、日本、意大利等国。此外，由选民选举总统组织政府，总统不直接向议会负责的叫总统制。美国是这种制度的典型国家。

它的主要特点是：（1）总统不对议会负责，直接对选民负责；（2）总统独揽行政大权，集国家元首与政府元首于一身；（3）政府成员不得同时为议会议员，由总统在其同党中选任；（4）总统不是直接向会议提出法案，也不参加法案的讨论；（5）总统不必取得议会的信任，也不能解散议会。同是议院内阁制或者同是总统制，具体情况也不一样，而且有介于两者之间或偏于某一方面的。如法国本来属于议院内阁制，但总统权力较大，就这一点来说，又与总统制相近。同是议院内阁制，也有保留君主和设置总统的区别。英国、荷兰、日本等国都实行议院内阁制，但英国、荷兰有女王，日本有天皇。同时保留君主的国家情况也不一样。而且这种分类也只有形式上的意义，只是资产阶级议会制的表现不同而已。

议会制的组织原则主要是权力分立制。贯穿于议会制的权力分立制由洛克首创，由孟德斯鸠进行完善。权力分立制主要是三权分立，即将国家权力分为立法、行政、司法三权，分别由议会、政府和法院行使。他们认为这样可以在不同的国家机关之间建立一种互相制约和互相均衡的关系，以保证所谓“国民主权”原则，保证“人民自由”得以实现。

资产阶级的议会制建立起来以后，在历史上曾经起过巨大的进步作用。它的最大成绩是以不可比拟的优越性取代了封建社会以及奴隶制社会长期形成的顽固的君主专制制度。它比较适应资产阶级专政的国体，适应资本主义社会的经济需要，从而在当时条件下最大限度地实现了社会解放，推动了社会生产力的发展，带来了社会的巨大而迅速的进步。但是，它毕竟是资产阶级专政的组织形式，其发挥作用的范围只能被限制在资产阶级根本利益所容许的限度，议会制度是资产阶级民主制度的核心，西方国家自称“民主国家”。把它们的议会称为“民意代表机关”，“政府第一机关”，也把它们的民主称为“议会民主”。议会制度是资本主义国家制度的重要组成部分。

议会政治对于巩固资产阶级的统治有着重要意义。

西方国家的议会在历史上曾经起过非常进步的作用。是资产阶级反对封建专制主权的重要阵地，资产阶级革命胜利之后，议会又成为统治阶级维护其阶级利益的工具。西方各国宪法对议会的法律地位作了不尽相同的规定，有的国家称为“议会王权”“议会至上”，规定议会是最高国家权力机关；大多数国家规定议会是最高立法机关；还有的国家，不论在法律上或事实上，议会都仅仅只是一个咨询机关，没有什么实权。

二、议会制度的产生与发展

在不同的国家，议会有不同的名称，在英国人们称之为 Parliament，在美国人们又叫它 Congress，德国和丹麦都称 Diet，荷兰则称 States General。议会最早起源于英国，英国议会历史最悠久，经验最丰富，因此被誉为西方“议会之母”。

英国议会的前身是 13 世纪时的封建等级会议。中世纪时，英国是一个实行等级君主制的国家，国王与封建领主之间存在着激烈的斗争，公元 1215 年，英王约翰在与封建领主的斗争中败北，被迫签署《自由大宪章》，大宪章限制了王权，规定国王在征税前必须召开“大会议”，为议会的产生奠定了法律基础。1264 年，大封建主西门·德·孟福尔伯爵依靠贵族、骑士和市民的支持战胜国王，上台执政。1265 年，孟福尔根据《自由大宪章》的规定，召集了有贵族骑士（中小封建主）和市民参加的等级会议（也称三级会议），这次会议被认为是英国议会的最初形态。

从 1343 年起，在等级会议内部逐渐形成两派势力：一派势力由大僧侣、大贵族组成，另一派势力由市民（新兴资产阶级）和资产阶级化贵族组成。到 14 世纪中叶，这两派势力演变成两个院，即贵族院和平民院。至此，英国逐渐形成带有浓厚封建色彩的两院制等级会议。

同英国一样，法国议会也是从封建时代的等级会议演变而来的。法国的第一次等级会议是在 1302 年法王腓力四世时召开的，法国的等级划分比英国还要严格，第一等级是僧侣，第二等级是贵族，第三等级是市民，三个等级的代表各自组成一院，分别召集会议，三院意见不一致时举行联席会议投票，每院只有一票的权利。法国的等级会议也是时断时续，何时召开，完全由国王决定。

但是，西方议会不是中世纪等级会议的简单继续，它经受了资产阶级革命的洗礼，在资产阶级革命的血与火中诞生。

随着历史的发展，议会成为资产阶级和封建王权斗争的主阵地，议会内部新旧势力的斗争愈演愈烈。新兴资产阶级本身还没有力量夺取政权，就寄希望于议会，企图通过议会来限制王权，为发展资本主义创造条件，进而确立资产阶级的全面统治。封建王朝当然不会自动退出历史舞台，没有一个专制君主愿意自动放弃权力，当时，斯图亚特王朝的查理一世公开声称“君权神授”“君权至上”，不当“议会恩赐”的国王，资产阶级和封建势力的矛盾激化。

1642 年，查理一世公开向资产阶级和新贵族占优势的议会宣战，英国内战爆发。

经过六年的浴血奋战、生死斗争，君主专制政体终于被推翻，英国成为一个“共和国”。此后，从 1649 年至 1688 年，英国资产阶级同封建势力又经过 40 年的激烈搏斗、反复较量，1688 年，资产阶级和新贵族发动政变，史称“光荣革命”。全副武装的荷兰执政者为英王，即威廉三世。

“光荣革命”之后，英国议会于1689年通过《权利法案》，1701年通过《王位继承法》，这两项宪法性法律废除了“君权神授”“王权至上”，确立“议会至上”，议会是国家最高权力机关，是唯一立法机关，享有立法权及决定王位继承等重大权力，奠定了英国立宪君主政体和议会制度的宪法基础。“光荣革命”是英国历史上的重要里程碑。

“光荣革命”诞生了英国的君主立宪制，现代意义上的英国议会可以说由此而开始。

现代法国议会的诞生也经历了资产阶级大革命的疾风暴雨。1789 年法国大革命爆发，市民（资产阶级）同王权发生冲突，自行组成国民大会，这是法国现代议会的开端。

1795 年以后，法国议会采用两院制，由国民议会和参议院组成。

西方议会是资产阶级革命的产物，西方各国资产阶级同封建势力经过多次流血或不流血的殊死斗争，把封建统治阶级赶下历史舞台，建立了本阶级的专政。

在资产阶级同封建势力进行的阶级大搏斗中，议会曾起过非常积极的作用，资产阶级取得政权后，继续利用代议制这一形式，标榜资产阶级民主。巩固资产阶级统治，对促进资本主义发展起过很大作用。

随着资本主义的发展，不同的历史时期，不同的国家，议会的法律地位、作用和权力都发生了不同的变化。总的来讲，可以说19世纪是议会的“黄金时代”，有的西方学者把19世纪称为“议会的世纪”。19世纪是自由资本主义发展、兴盛时期，在政治上极力宣扬“议会民主”，加强议会权力，主张“议会至上”“议会万能”，有“英国的孟德斯鸠”之称的狄龙甚至说：“议会除了不能使一个女人变成男人和使一个男人变成女人之外，能够做一切事情。”

进入垄断资本主义时期后，西方国家国内政治、经济情况发生了很大变化，帝国主义列强之间瓜分世界、争夺霸权的斗争愈演愈烈，与经济上垄断代替自由竞争相适应的是资产阶级在政治上要求加强国家权力、加强政府权力，以维护资产阶级在国内外的统治和利益，行政权力日益扩充成为西方政治制度演变的主要趋势，议会地位日益下降，政府实际上起着主导作用，成为西方各国政治的中心。但是，这并不是说议会可有可无、它还拥有相当大的权力，依然在政治上起着重要作用。

英国下院议长席高高设在大厅一端正中间的位置上。

议长席正下方是演讲台，在演讲台左右两边各有八排笔直的长靠椅。右边由政府大臣和执政党议员就座，左边是反对党议员的议席，左右两边面对面，这样安排席位是为了便于双方辩论，两军对阵，可大大增加论战气氛。整个下院议员中只有四个人有固定的座位，议长席由下院议长专用，另设有一个“下院之父”席。为在下院中任期最长的那个议员专设，是“荣誉席”，另外两个专座由首相和反对党领袖享有。内阁大臣可以坐在右边的前排，反对党的资深头面人物在左边前排就座，两党资历浅的议员则分别到后面几排去找座位，人称“后座议员”。

英国议会开会，最神圣的是两党要进行没完没了的辩论。议员们的本事首先表现在演说、辩论上。当有人问丘吉尔是如何取得战争胜利的，他幽默地回答：“是靠耍嘴皮子得胜的”。工党领袖托尼·本说：“通过说话，我们驯服了国王、约束了暴君、避免了革命。”英国人崇尚绅士风度，特别是议员们，都是上层社会有教养的人士，即使在议会辩论中争得面红耳赤，也总是彬彬有礼、温文尔雅，君子动口不动手。当然，在西方资本主义发展的早期阶段，议会中的暴力事件层出不穷。

议会政治是西方政治的缩影，议会民主是西方民主的橱窗。

三、议会的构成

1. 一院制和两院制

西方国家议会的组织结构，基本上有两种，即一院制和两院制，目前，在设有议会的大约150个国家中，实行一院制的有90多个国家，实行两院制的大约有50多个国家。一般来讲，一些大的、发展较早的西方国家，多实行两院制，例如英国、美国、法国、德国、日本、意大利、加拿大及墨西哥、巴西、阿根廷等国，在实行两院制的国家中，议会的两院分别是上议院（或叫贵族院、参议院、联盟院等）和下议院（或叫平民院、众议院、人民院、国民议院、联邦议院等）。实行一院制的国家，在欧洲有丹麦、芬兰、瑞典、挪威、葡萄牙等国。此外，亚洲有20多个国家，美洲有10个国家以及非洲绝大多数国家实行一院制。

有的国家议会的构成中还包含了国家元首，例如英国议会由英王和上议院、下议院三部分组成，所谓“女王君临的议会”，女王、上院、下院三位一体。但同是君主立宪政体的日本，天皇就不包含在议会中，日本国会由参、众两院组成。国家元首包含在议会中的还有荷兰、澳大利亚、爱尔兰、加纳、马来西亚等国。

在历史上，有些国家的议会还实行过三院制或四院制，例如20世纪三四十年代的德国，议会实行三院制，1866年以前的瑞典和1906年以前的芬兰曾实行四院制议会。

目前世界上，南非议会实行三院制。议会是南非的国家最高权力机构，像英国一样，每当议会开幕时，都要举行传统的仪式，一支仪仗队沿着一条只有两把剑宽的地毯列阵缓进，古色古香，议长手执一根4.5英尺长的权杖号令一切，这根权杖金光闪闪，是用纯金制作的。与世界上其他国家不同，南非政府分设在三个省的省会，行政部门设在约翰内斯堡以北的比勒陀利亚。最高法院设在南非中部的布隆方丹，而议会设在开普敦。南非是一个臭名昭著的实行种族隔离制度的国家，在1984年以前。南非议会一直为白种人所垄断。1984年为印度人和混血的有色人种设立了两个互不相干的，没什么太大权力的议院，从而产生了目前南非的三院制议会——白人议院、有色人议院和亚洲人议院，不用说，这三个议院的地位、权力是不平等的。

它是种族主义的产物，更不用说，即使这三种人的人数加起来还不到这个国家人口三分之一，而占人口总数三分之二的黑人更是处于社会的底层，在议会中没有一个代表。

西方主要资本主义国家的议会大都实行两院制，但两院的名称各不相同，例如英国议会的两院叫上议院、下议院。美国、日本国会的两院叫参议院、众议院，法国议会的两个院叫参议院、国民议会。而德国议会的两个院叫联邦参议院和联邦议院。

两院的产生不尽相同。下院（众议院）一般按人口比例原则由公民选举产生，实行普选，而上院（参议院）就不全是由选民普选产生，即使是普选产生的，有的国家也不是按人口比例原则选出，而是按地区原则或混合原则（即人口比例原则和地区原则相结合）选举产生。

现在在西方国家中，上议院（参议院）的产生方式主要有以下几种：

①上院议员通过世袭制产生，根本不需由选民选举，例如英国上院又称贵族院，由王室后裔、世袭贵族、终身贵族、上诉法官、大主教等贵族组成，现大约有100多人。英国上院平均每年开会约110天，每星期开会3天，每天3小时。因为上院议员多为世袭贵族、终身贵族。并非职业政治家。上院会议的法定人数为3人，通过议案的法定人数为30人，英国上院共有议员上千人，但经常出席会议的不过百人左右，最多时也没超过300人。

②上院议员部分或全部由国家元首任命产生。例如意大利总统有权任命5名参议员为终身议员，总统下台后亦为终身参议员。爱尔兰总理可任命11名上院议员。加拿大参议员由总理根据地区原则推荐，由总督任命。约旦王国全部参议员（20名）均由国王指定。

③上院议员由间接选举产生。例如法国参议员由选举团选举产生，选举团由市镇议员（或市镇议会代表）、省议员和国民议会议员组成。

④按地区原则或混合原则由选民直接选举产生。例如美国参议院共有100名议员，每个州可选出两名参议员。日本参议员共有252各参议员，其中100人由全国选区产生，152人由46个县选举产生。

⑤上议员由选民普选产生，例如冰岛、挪威等国。

两院的职权不尽相同。作为立法机关的组成部分，两院的权力在一些方面是相同的，例如两院都有立法权，议案必须经两院都通过才可能成为法律，但两院的权力也有若干不同，例如在很多国家，下院对财政、经济事务的权力更多一些，例如在美国，预算案和拨款案都只能在众议院首先提出，这是众议院的特权；而参议院拥有国际条约的批准权，总统对高级官员的任命也必须要得到参议院的批准，这又是众议院所没有的权力。日本参议院可以否决众议院通过的议案，但众议院如以出席议员三分之二以上多数再次通过时，则参议院不得再次否决。

两院的地位亦不尽相同。在有的国家，参议员的地位和声望比众议员似乎更高一些，例如美国。而在另一些国家，下议院地位显然更高，例如在英国、日本、法国都是由下院（众议院、国民议会）多数党组织政府。

2. 议员、议长和议会党团

议员的资格，一般国家只规定年龄及居住年限的限制。

例如美国参议员年龄资格是30岁以上，成为美国公民已满9年；众议员必须是25岁以上，成为美国公民已满7年，当然，当选时，他们必须是本州或本选区的居民。法国参议员年龄资格是35岁以上，国民议会议员年龄资格是25岁以上。

议员的任期，除了终身议员和世袭贵族议员外，一般都是固定的。例如美国众议员任期2年，到期后全部改选，参议员任期6年，每两年改选三分之一；法国国民议会议员任期5年，任期满后全部改选，参议员任期9年，每三年改选三分之一；日本众议员任期4年，任期满后全部改选，参议员任期6年，每三年改选半数。

当然，议员是可以连选连任的，实际上可以终身任职，例如在美国，当议员已成为一种职业，而且美国国会实行“资历制”，即国会重要领导人（议长、多数党领袖、少数党领袖、委员会主席等）皆由资历最老的议员即连续在国会中当议员年头最长的人来担任，而不管你是否真有才干，只要你有本事总是当选为议员，就能在国会中逐步升到高位。在美国国会历史上，当议员时间最长的人是一个叫卡尔·海登的人，他一连在国会干了58年，其中当了16年众议员，42年参议员。现在，一旦当上议员，几乎都可以稳稳当当、舒舒服服在那里呆上一辈子。自1966年以来，除了一届（发生水门事件的1973～1974年那一届）外，每一届众议院中议员重新当选率都超过90%。

议长是议会的主持人和议会对外的代表，议长通常从议员中选举产生，一般都是在议会任职多年，经验丰富的政客。议长选出后，在一些国家，例如英国，议长要退出政党活动，以示中立和公正。

一般情况下，少数党会接受多数党提出的议长人选，而且按照惯例，议长本人只要一直能当选议员，议长所属的党只要一直是多数党，那么议长可以连任议长而不被反对。

有的国家规定议长可以从议员之外产生，例如美国宪法规定参议院主席由副总统兼任；阿根廷参议院议长和印度联邦院议长亦由副总统兼任。有的国家议长由国家元首任命：加拿大参议院议长由总督根据总理的建议任命；西班牙、泰国议长由国王任命；奥地利联邦议会议长由九个州任命的成员按姓氏字母顺序轮流担任。

议长的权力很大，西方议会一般都规定议长对外代表议会，对内主持议会，决定议事日程、主持议会辩论，议长有权解释和适用议会的议事规则，可宣布议会停止质询、停止辩论和休会。

一些国家规定，当国家元首缺位时，议长可代行元首职权。例如美国法律规定，当总统去世、辞职、被弹劾或失去行使职权的能力时，由副总统、众议院议长、参议院临时主席、国务卿等人依次序递补。法国没有副总统，当总统因故缺位时，由参议院议长代行总统职权。

各政党在议会中都有自己的议会党团，在两院制下，同一政党在议会的两院中分别建立本党的议会党团。议会党团不是议会的正式领导机构。而是政党在议会中的组织，议会党团，特别是多数党的议会党团对选举议长、规定议会的议事日程等起重要影响，议会党团还决定、协调本党议员对议会重要立法的立场。

一般而言，在议会制国家，例如英国；政党的纪律比较严，议会党团的决定本党议员必须服从，如果议会党团决定对某一议案投赞同票或反对票，本党议员不得违背、各行其是，若议员对议会党团的决定严重不满，可以找个借口不出席议会会议，躲开投票，但一般不敢公开采取敌对立场，否则将因违反党纪而受到严厉制裁。

在总统制国家，政党的纪律比较松一些。例如在美国，在国会两院中，议会党团虽然也就各项立法，特别是一些重要立法协调本党议员的立场，但议会党团的决定对本党议员的约束力不大，特别是参议员们的独立精神较强，每面对一项议条，议员们在投票时往往考虑自身的利益，掂量是否会引起本选区选民的不满，是否会影响在下一次国会选举中得到足够的选票，筹到充足的竞选资金。

西方议会中各政党的议会党团都推选自己的领袖，这些领袖或称执政党领袖、反对党领袖，或称多数党领袖，少数党领袖，这些人都是议会中最有影响最有权势的人物。

参议院主席由美国副总统兼任，但副总统只是主持一些重要会议，并无表决权，除非参议院表决时出现平局，副总统才一锤定音，投上决定性的一票，但这种情况很少出现，一般一年难得碰上一次。参议院中的实权人物是多数党领袖。其真正控制参议院，在参议院中的地位如同众议院议长在众议院的地位，参议院的议事日程、立法程序、重要人事安排，都由多数党领袖一手控制，只不过在形式上由参议院主席或临时主席去执行罢了。当然，按照美国的惯例和传统，多数党领袖在安排这一切时，事先都会同少数党领袖协商。在程序上，在国会内部权力分配上，两家很默契，所谓“多数人的统治，少数人的权利”，少数党如果对多数党不满，那只有在下次选举中击败对方，使自己上升为多数党，那两党的地位就换了位置，开启新一轮多数党与少数党的关系。

在西方议会中，在政党领袖之下，议会党团还设有督导员，督导员一般由有前途的政治新星担任，职责是执行本党领袖的命令，协助本党领袖规划党的立法战略，分析议会中两党力量对比和投票形势，劝说本党议员采取和党一致的立场。议会开会时，督导员是本党的现场指挥官，也是议会党团中的重要人物。

3. 议会的委员会制度

西方议会实行委员会制度，一般都设有很多委员会，有的在委员会下还设小组委员会，因为随着议会制度的发展，随着西方社会、经济的发展，立法工作越来越复杂，议会工作量也日益繁重，例如美国，现在每届国会一般要提出大约2500项议案，最后通过的法律和决议一般达800项左右，国会要举行无数次会议来完成这些工作，虽然美国国会议员都是专职，且常年开会，但要完成这样巨量的工作也还是不可能的。为了保证议会能正常运转，行使议会的宪法职能，西方议会一般都建立了较完整的委员会制度，委员会成为议会得以正常运转的“齿轮和发条”，西方议会的大部分立法活动实际上都是在各个委员会中完成的，所以议会委员会一向被称为“小议会”，美国众议院托马斯·里德曾说委员会是“议会的眼睛、耳朵、双手甚至头脑”，西方各国议会的委员会一般可分为四种，即：常设委员会、特别委员会、联合委员会和协商委员会，其中常设委员会是最重要的委员会，常设委员会的主要职责是审议议案，一般议案都先送常设委员会审议，只有通过常设委员会的议案才能送议会全体会议讨论。

常设委员会通常是专门化的委员会，在多数国家，例如美国、加拿大、日本、荷兰、西班牙等国，常设委员会的职责范围与相关政府部门一致，主管诸如军事、外交、司法、财政等事务。在有些国家，委员会的专门化不是那么明显，每个常设委员会的职责范围同两个或更多的政府部门一致，或专门处理特殊问题。例如英国，有的常设委员会有专门名字，例如苏格兰委员会、私议案委员会等，其他常设委员会的名称一律以A、B、C、D等字母来表示。

各国议会常设委员会数目不一，这同各国议会大小及传统有关，例如法国议会两院的常设委员会都不超过6个，英国上院仅1个，下院有8个，美国参议院有16个，众议院有22个常设委员会。

常设委员会主席一职十分重要，西方议会的大部分立法工作实际上都是在常设委员会中完成的，委员会对一项议案能否成为法律影响极大，常设委员会的反对几乎意味着一项议案被判“死刑”，而得到常设委员会主席和委员会全力支持的议案一般都会被议会接受，所以常设委员会主席是议会中的重要人物。

西方议会委员会主席在形式上是由委员会或议会选举产生的，个别国家由议长任命，但实际上是由各政党按议席多少的比例来分配的，因此在大多数国家，几乎所有委员会的主席均由多数党议员担任，如美国国会所有委员会均由多数党议员任主席。但有些国家虽然多数党占有大多数委员会主席职位，可是仍然有一些委员会的主席由一些主要的少数党议员出任，如在英国、爱尔兰和加拿大，公共簿记委员会主席职位不归执政党所有，英国下院法律文体委员会、欧洲第二立法委员会主席职位也如此。

四、立法程序

制定法律是议会的主要职责，议案是法律的原型，从一件议案的提出到最后成为法律，要经过一套复杂的程序和活动，西方议会的立法程序主要包括立法的创制（即议案的提出）、审议、法律的通过、批准和颁布这几个阶段。各国议会的立法程序、议事规则极为复杂，有关立法的具体制度、规矩各不相同，主要有：

1. “三读”程序

西方议会审议和通过议案的程序，通常可分为“一读”通过程序、“二读”通过程序和“三读”通过程序。所谓几读，其原始的意思是指一个议案在议会中最终表决时被宣读了几次，但目前西方议会立法过程中的“几读”一般只是在大会投票前对议案讨论的次数，并不是真正把议案从头至尾宣读几遍。

目前，西方议会实行“一读”程序的国家有法国、挪威、瑞典、西班牙、日本等国；实行“二读”程序的有荷兰、希腊等国；英语和日耳曼语系国家大都采用“三读”程序，例如英国、美国、加拿大、澳大利亚、爱尔兰、新西兰、德国、奥地利、丹麦等国家。

英国议会是典型的实行“三读”程序的立法机构，这种“三读”程序源起中世纪，当时认为每件议案宣读三次再表决是一种严肃、庄重的做法。到16世纪时，这种“三读”程序被作为一种制度确立下来，一直延续至今，并被其他西方国家所效法。

英国下院“三读”程序的具体做法是：“一读”只宣读议案名称，确定“二读”的日期；“二读”是将议案逐条宣读，并就其内容和原则进行讨论，然后送有关常设委员会审议，委员会要就议案及修正意见向议会大会提出报告，大会对议案展开辩论；最后是“三读”，除非有6名以上议员要求辩论，一般大会对议案不再辩论而直接投票表决。

在英国（以及其他实行两院制的国家），下院“三读”通过的议案必须送交上院审议（反之亦然），两院一致通过的议案，最后呈送英王（国家元首）签署，经过特定的法律颁布程序（大多数国家的法律公布在《法律公报》或《政府公报》）上，方能生效，正式成为国家法律。

2. 委员会审议阶段

在西方议会整个立法过程中，常设委员会起着十分重要的作用，特别是实行“一读”程序和那些先将议案送常设委员会审议，再由议会大会辩论的国家，例如美国、德国，加拿大、澳大利亚、意大利、日本等国，常设委员会的作用更是不可低估，议案的审议、修改主要是在委员会中进行的，美国国会中，一般只有10%的议案能闯过常设委员会这一关，一项议案如果不合委员会主席的口味，那就没有什么希望了，委员会主席可以用种种办法让不满意的议案胎死腹中，没有出头之日。

正因为常设委员会有这么大的权力，委员会对任何议案都是一道生死关卡，所以议长接到一件议案后，是颇费心机的。议长有权决定将议案送某个常设委员会，但到底送哪个委员会，对议案的最后结果，可能大相径庭。

一般通过公开了解和私下交谈，议长对各委员会主席的观点、才干，对各委员会中政党力量对比，各党议员对各种问题的态度了如指掌，而且议长本人并未超脱于政治之外，对各种问题有鲜明的倾向性。

总之，一件议案要想成为正式法律确实不易，在议会内部要过五关、斩六将，最后议会通过了，还可能被国家元首否决，国家元首即使签署了，正式成为法律，还有个司法审查制度，还有可能被最高法院（或宪法法院）宣判违宪而无效，所有这一切，目的都是为了保证国家立法最后要符合整个统治阶级的根本利益，同时又维护资产阶级民主，在这方面，从政府制度的设计上，西方资产阶级是煞费苦心的。

3. “马拉松演说”和“牛步战术”

西方议会的大会辩论，是整个立法过程中的重要阶段，现在很多国家对议会全院大会进行电视实况转播，万众瞩目，大会辩论是西方议会“立法交响乐”中的“华彩乐章”，高潮迭起，举国关注。

关于议会的大会辩论，西方议会有形形色色、各不相同的议事规则，从议事日程的安排、议员发言的认可（发言时间、顺序、次数）到休会、闭会，西方各国都各有一定之规。例如“马拉松演说”就是美国参议院独具特色的辩论程序。

“马拉松演说”（又称“冗长演说”“疲劳轰炸演说”）是美国参议院引以为自豪的辩论制度。美国参议院议事规则第八条规定，参议院辩论时，如果参议员中有人反对某一议案，则他的发言不受时间限制，可以一直讲下去，别人不得阻止其发表意见。1917 年，参议院又制定第 22 条议事规则，规定参议院如果要限制“马拉松演说”，必须要由 16 名以上参议员联名提出书面要求，如果得到出席会议议员三分之二以上多数（后又改为五分之三以上多数）同意，则发言者的发言限定不得超过 1 小时，否则可以无限制地讲下去。美国参议院认为这一规则体现了美国民主的传统，保护了参议员的言论自由。

在这一议事规则之下，少数议员为了阻挠多数议员同意的议案被参议院通过，在大会辩论时，往往采取轮番演说的办法，长篇大论地讲下去，导致议案得不到表决的机会。

所以现在每当一些参议员准备进行“马拉松演说”，讲台上一般总是堆满书籍，以供广征博引。演说的发言时间没有限制，但在演说过程中他人可以提问题，同他一伙的参议员往往在适当的时候站起来提问，问的也都是滔滔不绝的大问题，以使他疲惫不堪的同伙得以喘息。

当然，熬不住的议员可以提出动议；暂缓表决辩论中的议案。如有这类动议提出，大会辩论暂停，先就此进行表决，如果通过，则立即休会。

无独有偶，大洋彼岸的日本国会也有一种独特的“牛步战术”，与美国参议院的“马拉松演说”异曲同工、相映生辉。

“牛步战术”指日本国会中少数议员为阻挠大多数议员同意的议案通过，在投票时像老牛一样缓慢走向投票箱，以拖延时间，这是具有日本特色的议会战术。

日本《国会法》第 68 条规定了“会期不继续”原则，即在会期内未获通过的议案即为废案，不得延至下一届国会继续审议，因此一些在野党议员以此相要挟，逼迫担心自己的议案成为废案的议员让步。另外，根据日本国会的议事规则，在国会进行记名投票时，采取议长点名，议员们逐个走到投票箱前投票和在野党先投票的方式，但对每位议员走向投票箱的行进时间并未限制，于是，“牛步战术”成为在野党议员抵抗多数党的合法手段。

日本国会中的“牛步”现象始于1946年召开的第90届帝国议会，当时在野党首次采取这种做法，一个个议员走三步、退两步，缓缓走向投票箱。后来，1947年日本新宪法诞生后召开第一届国会时，在野党方面把“牛步战术”作为一种“抵抗战术”正式确定下来，当时日本舆论称之为“山猫投票”。

在野党的“牛步战术”令执政党大伤脑筋，为了提高效率，消除“牛步”现象，自民党曾多次试图修改《国会法》的“会期不继续”原则，也有人主张以按电钮投票方式取代步行前去投票，但均因在野党方面的强烈反对而未能实现。看来，日本国会中的“牛步”，还将缓慢而坚定地一直走下去。

五、议会的权力

权力问题是政治学的核心问题，也是实际政治中的根本问题。在西方不同国家，由于议会的法律地位不同，议会的权力也不尽相同。有的国家标明“议会主权”“议会至上”，议会是国家最高权力机关，其法律地位高于行政和司法部门，政府对议会负责，议会权力很大，例如英国、德国、日本、澳大利亚等国议会。有的国家实行三权分立，议会同行政、司法部门地位平等，相互制约平衡，不是国家最高权力机关，只是国家唯一的立法机关，政府不对议会负责，这样议会的权力就小一些，例如美国。还有的国家只规定议会是立法机关，既未点明“最高”，也未规定“唯一”，这样的议会权力就更有限了。

一般而言，议会制国家的议会同总统制国家的议会相比较，地位较高、权力较大，但不论何种政体，根据西方宪法，议会最基本的权力都是立法权和对政府的监督权。

1. 立法权

立法权是议会的基本权力、传统权力，就程序而言，立法权包括：立法创制权，审议、修改、通过或不通过议案的权力，但就权力范围而言，各国宪法对议会立法权范围的规定是各不相同的。

在议会制国家，议会的立法权范围几乎不受任何限制，议会可以就任何领域、任何问题制定法律，例如英国。英国一向标榜“议会主权”，英国议会由女王、上院、下院三部分组成，议会至高无上，从理论上讲，英国议会可以就英国面临的一切问题立法，它可以通过修改任何一项法律，可以改变其他国家机关的决定，也可以改变议会过去所作的决定，议会过去通过的法律只有议会本身才能予以修改或撤销，议会的权力从法律上讲是没有限制的。英国议会的这种至尊地位，美国国会是不享有的。美国标榜宪法至上，美国宪法规定："全部立法权"属于国会，同时又规定了国会立法权的范围，明确规定国会有 17 项权力，即：征税、借款、铸币、管制贸易、宣战、招募和保持陆海军，等等，又明文规定："凡本宪法未授予联邦或未禁止各州行使的权力，皆由各州和人民保留。"显然，美国国会的立法权不是无限的，是受到明确限制的。

法国宪法第 34 条也明确规定了议会立法权的范围，规定制定有关公民权利和义务、国籍、婚姻制度、刑罚、刑事诉讼程序、大赦、司法制度、税收和货币制度、选举制度、公共机构的设立，企业国有化等方面的法律，属议会专有权限，其他机关不得染指。此外，议会对国防体制、地方体制、工会、财政和计划等事项可以法律确定基本原则。

宪法又规定，议会均不得立法，皆属于政府管辖范围。法国议会立法权范围也受到明确的限定。

就议会立法权的实质性内容而言，财政权是议会手中握有的最重要的权力。当然，关于议会财政权的内容，各国的规定不尽一致，但主要包括批准政府的预算和决算，议会掌管着国库。根据宪法，政府每年的预算案、决算案都必须向议会报告，只有经议会审议通过才能付诸实施，议会握有拨款权——"钱袋的权力"，在内政外交方面，政府不论要干什么，在国内实施某项发展计划也好，对外国提供经济援助、军事援助也好，在海外从事战争也好，都需要钱，政府要花钱必须征得议会的同意，议会不拨款，政府什么事情也干不成。此外，征税、举债、发行货币等等经济大权通常都由议会掌握，议会通过在财政、经济领域握有的权力，可以有效地治国理政、参与国家决策。

在议会实行两院制的国家，审议财政议案的权力主要握在下院手中，例如英国，上院无权否决下院通过的财政议案，至多只能拖延一个月，日本宪法规定预算案必须首先在众议院提出，如果参议院与众议院有不同意见，且在 30 天内两院协商仍不能取得一致意见，则以众议院的决议作为国会决议。美国宪法规定，所有征税案都必须先由众议院提出，参议院只有复议之权，根据惯例，拨款案也由众议院首先提出，两院共享财政权。

2. 监督权

监督权就是议会对政府进行监督的权力，也是西方议会一项基本的、传统的权力。从分权制衡学说出发，立法、行政、司法部门分别掌握立法权、行政权、司法权，相互制约平衡，议会立法权本身就是对政府行政权的一种监督、牵制，但除此之外，议会还握有一些更加直接的监督权力和手段，使分权制衡更加完善。

在西方不同国家，监督权的行使是不尽相同的，一般说来，议会制国家议会对政府的监督权更大一些，而在非议会制国家议会的监督权力就要小些（例如非议会制国家的议会对政府不能投不信任票，也没有质询之说）。

西方议会监督权的内容、手段方式多种多样：

（1）倒阁权

倒阁权亦称不信任投票权或通过谴责案权，是议会制约、监督政府的有力手段。在实行议会制的国家，议会如果不同意政府（内阁）的施政纲领、一般政策，可以提出不信任案，如果这一不信任案获议会多数通过，或者议会通过对政府的谴责案，那就表明政府失去议会多数的支持，那么政府必须总辞职，或者提请国家元首解散议会，举行新的大选，由新选出的议会决定政府的去留。

例如法兰西第五共和国宪法（1958 年）规定，政府总理应就政府的施政纲领或政策方针向国民议会承担政府责任，如果在大政方针上，国民议会对政府投以不信任票，总理必须向总统提出政府总辞职，或者，当总统同总理和议会两院议长磋商后，也可宣布解散议会，重新举行议会选举。宪法还规定，议会提出对政府的谴责案，至少必须有十分之一的国民议会议员联署，谴责案必须在提出 48 小时后才能进行表决，表决时只计算谴责案的赞成票，弃权或缺席的议员都算支持政府。

德国基本法对联邦议院的不信任投票也做了规定，联邦议院有权对政府总理表示不信任，但联邦议院不能像一般议会制国家那样只要通过一项不信任案就可迫使总理下台，还必须同时以多数票选出一个新总理，才能使现任总理下台，这被称为“建设性不信任投票”。在实行多党制的国家中，议会要通过一项不信任案相对来讲还比较容易。因为为了共同对手，几个在野党有可能联合起来，超过议会半数，但要同时选出一名新总理却比较难，因为这时几个在野党之间往往矛盾重重，达不成一致，如果推不出更好的总理人选，不信任案就不会被接受。

从西方国家议会政治的实践来看，议会对政府表示不信任可以采取以下几种不同的方式：

①议会通过对内阁或内阁中某一成员的不信任案；

②议会拒绝通过有关政府重要决策的议案、政府的预算案、财政案，或与政府缔结的国际条约；

③政府就某一重大决策主动向议会提出要求信任表决，但在表决中失败；

④议会通过一项反对政府提案的反提案；

⑤议会通过对政府的谴责案。

对政府提出不信任案，迫使政府总理辞职，或由国家元首解散议会以及随之而来的重新举行大选，诉诸选民公断这一整套做法，被西方政客和学者们认为是议会监督政府最有效的手段，被称为西方“议会民主”的最佳体现。对执政党来说，每一次信任投票都是一次严峻的考验，每一回倒阁运动都是一场激烈的战斗。

当然，倒阁并不是一件简单事，首先，在西方国家，内阁一般都是由议会下院多数党或多数党联盟组成，执政党本来就已控制了下院的多数，除非执政党内部发生分裂，在野党一般很难在议会内凑成倒阁所必需的多数票。其次，按照西方国家宪法或宪法惯例，得不到议会多数信任的政府也可以不辞职，而由政府总理（首相）请求国家元首解散议会，提前举行大选，如果在大选中原执政党仍然获胜，政府可以继续执政，否则才真正下台；所以，议会对政府表示不信任意味着首先自身面临被解散的危险。

解散议会，重新举行大选，对许多议员来说并非好事，因为在西方国家，竞选议员要筹措一大笔竞选资金，绝非易事。另外，反对党也会考虑到，议会解散后，在大选中或新政府组成问题上，也可能会出现对本党更不利的局面，所以各政党在议会中虽然经常发生激烈争吵，但在倒阁问题上，一般都持慎重态度，不敢贸然尝试倒阁。

而另一方面，政府倒是经常主动提出信任问题要求议会表决，要求议会就政府决策进行信任投票。政府这时打的算盘是这样的：如果议会通过了对政府的信任案，那你们这些反对党议员就不要再吵吵嚷嚷挑剔政府的毛病了，因为你们议会自己已投票支持政府，即使政府有什么差错，大家都有责任；如果议会拒绝通过对政府的信任案，那么结局只有两个，或者政府辞职，或者解散议会，政府料定议员们投票时都要考虑后果，所以看得出；在信任问题上，政府往往主动出击，以攻为守，逼迫议会就范。

有时还会出现这种情况，有的政府估计，如果按时举行大选，根据形势的发展，估计到时可能对政府不利，比如目前国家经济状况还不错，选民口袋中都有钱，对政府还比较满意，再过一些时候经济可能要进入萧条、衰退期，周期性的危机快要到了；或者内阁干出一些政绩，在选民中声望正在上升，如果提前举行大选对执政党有好处，会扩大执政党在议会中的多数，这时执政党可能会找机会挑起信任问题，以达到解散议会、提前大选的问题。所以倒阁问题极为复杂、微妙，对政府表示信任与否不仅是议会监督政府的一种手段，有时也是政府要挟议会，维护执政党利益的武器。

倒阁是一柄双刃剑，政府不一定就注定处于被动挨打地位，但倒阁权不失为西方议会监督政府的有力手段，它是实实在在起作用的，不能认为它在政治上毫无意义。

（2）质询权

在议会制国家，议员有权对政府大员进行询问或质询。也就是说，议员可以口头或书面方式向政府总理（首相）和部长（大臣）提出问题，并要求答复,政府对议员的质询必须回答,质询也是议会监督政府的一种方式和手段，质询最早始于英国议会，英国议会规定质询时间已有150多年历史，英国下院规定，每星期一至星期四下午2：45 ～ 3：45这一小时为议会口头或书面提出问题时间，每星期二、星期四下午3：15开始为首相口头答复质询时间。

自1990年开始实行电视转播实况以来，每次质询时间吸引大约80万电视观众。任何政府官员对回答质询都不敢掉以轻心。质询时，议员可以提出问题要求当场答复，也可以要求以后答复，如果议员想尽快得到答复，可以在问题表上作一个星标，这叫“星标质询”，但每个议员每次提问不得超过三个“星标质询”，经议长批准的“星标质询”必须在3天之内予以答复，其他问题一般在7天之内答复。一般来讲，口头问题每人每天最多可提3个，书面问题不限，据统计，议员们每天提出的问题大约有70到100个。

当然，并不是所有问题都会得到答复。首先，议长有权撤销他认为属于“被禁止的问题”，凡属“带有讽刺和侮辱意味的形容词”，“包括对众议院决议的批评”，“过于冗长”之类的问题，皆在被禁之列，对于被允许提出，但是又极不好回答的问题，挑战性极强的问题，首相（大臣）们又可以事关“国家安全”“国家机密”为借口拒绝回答，无可奉告。

日本国会规定，议员如果要质询政府，必须向议长提交书面质询材料，由议长阅后转送内阁，内阁接到书面材料后，必须在7天之内作出答复。法兰西第五共和国规定，议员可以口头或书面形式，向政府总理和部长提出质询，书面质询一般应在1个月之内答复，口头质询限期答辩，答辩时双方唇枪舌剑，火药味极浓。在西方议会制国家，质询是朝野双方都极为重视的一场斗争，是“真刀真枪”的政党政治。

在西方国家，议员一般都热衷于质询，一个议员如果老是给政府唱颂歌容易招致选民们不满，因为选民们在实际生活中遇有种种问题，希望政府帮助解决，选民们投票选你，就是希望你为选民们说话，你老是给政府歌功颂德，选民们会认为你不为他们的利益着想，只图谋取私利，那下一次大选就不选你了，谁能更好地维护选民的利益，下次就选谁。相反，一个议员如果老是跟政府、跟总理部长们过不去，老是挑剔政府的刺儿，提一些挑衅性的问题，就容易得到选民的好感，选民们会认为他是在全心全意维护选民们的利益，是在为民请命，很负责任，下次大选还选他，这样议员可以捞到政治资本。不用说，西方新闻媒体对这样的议员也最感兴趣，会重点采访报道，使他有很多出头露面的机会。另外，议会也将议员们提出的问题汇编成册，广为散发，议员质询的问题往往成为第二天报纸上的大标题。一个议员的名字如果经常在报刊、电视中出现，如果记者老是追在后面问这问那，可以大大提高他的知名度，而西方议员一般都是很重视知名度的。

当然，也有一些询问者是由执政党授意出面的，政府有时有些得意之作要说说，有些政绩要表一表。于是事先安排好让本党议员专往这方面来问，这样政府就可乘机大谈特谈所取得的成就，以抬高本届政府的声望，同时也可占用质询时间，一讲讲到质询时间“结束”，堵住其他议员的嘴。

总的来说，质询也是议会监督政府的一种有效方式，特别是一些反对党议员的质询，往往政府怕什么就偏问什么，渲染政府的失误，从而为本党上台执政创造条件。

（3）调查权

调查权即议会对政府行为是否违法进行调查的权力。亦称“国政调查”，是西方议会监督政府的重要手段。为了保证调查的顺利进行，一般西方国家法律皆规定议会有要求得到证言和有关记录、文件的权力。

议会对政府进行“国政调查”起源于17世纪时的英国，现在西方国家普遍认为议会的调查权是确保对政府的监督、制约所必不可少的，因此大都在法律上或实际上承认议会有这种权力。

调查权的大小在各国不尽相同，“国政调查”的内容也不尽一致，一般包括，围绕行使立法权进行的调查（政府是否切实负起执法责任保证法律的实施）；选举调查（选举中是否有违法、舞弊行为）；政治调查（政府执政时是否有违法行为）；人权调查（政府及政府官员是否侵犯公民基本权利）。

调查的方法一般是由议会各委员会举行各种听证会、调查会，议会有权传唤证人，要求有关政府官员或公民个人在听证会上公开或秘密地提供证词和记录，提供伪证的要承担法律责任，被传讯者如果拒绝出席作证，将以“藐视议会罪”由同法机关起诉。

（4）任命批准权

任命权是项重要权力，一般是由议会和政府共享的，当然各国规定不一，一般有以下三种方式：

第一种方式是由议会将内定官员人选提交国家元首，由国家元首任命。国家元首只能在议会推荐的基础上加以任命。如荷兰、奥地利、比利时等国皆如此。奥地利总统根据国民议会的提议任命1名宪法法庭法官，根据联邦议会的提议任命3名宪法法庭法官。比利时最高法院法官由国王根据参议院和最高法院推荐的两张名单加以任命，国务委员则从两张推荐名单中选定：一张由国务委员会提供，另一张由参众两院轮流提供。

第二种方式是由议会直接选举和任命官员。如法国高等法院的法官，半数由国民议会选出，半数由参议院选出；德国联邦宪法法院的法官，也是一半由联邦议院选举产生，一半由联邦参议院选举产生。

第三种方式是由政府任命高级官员，但必须要得到议会的批准。如美国、日本、菲律宾、巴西、阿根廷等国皆如此。如在日本，各类官员，特别是高级官员的任命，都需得到国会两院的批准。在美国，根据宪法，总统有任命高级官员之权，政府各部部长，独立委员会主席、驻外使节、最高法院法官等都由总统任命，据统计，由总统提名任命的官员大约有 1 万人左右，但这些官员的任命都必须得到参议院的批准。而且在这种批准程序中，还有一种惯例叫“参议院的礼貌”，即如果来自某州的参议员与总统属于同一政党，那么总统应懂得一种“礼貌”，即当他提名来自该州的人士出任要职时（美国最高法院法官的提名和任命不受此限制），必须事先与这位参议员磋商，获得认可，这是参议员的特权，是参议院公认的准则，参议员们对此都很熟悉、默契。如果总统违反此道，这时，参议员们便会不分党派地团结在一起来维护对同事的“礼貌”和“参议院的团结”，否决总统提名的人选。

当然，一般而言，总统提名的人选绝大多数还是会得到参议院批准的，但是参议院同总统闹翻，否决总统提名的官员人选的情况亦时有发生。

国家元首提名，议会批准，这是西方国家任命高级官员的最普遍的方式，议会参与官员任命程序，是议会监督、制约政府的又一重要手段。

（5）外交监督权

20 世纪以来，西方政治的基本发展趋势是政府权力日益扩充，议会权力逐步削弱，在内政外交方面都是如此，特别在外交领域，因国际关系复杂多变，外交活动本身具有高度敏感性、机密性，而议会是一个公开的论坛，它的庞大性、分散性决定它不能果断决策，不能应付来自外部的突然挑战，外交要求集中统一的领导，要求决断、迅速的反应。因此政府外交权增强，议会保留一种监督的作用，双方以此方式共享外交权。

西方议会的外交监督权主要表现在国际条约的批准权，即政府同外国缔结的条约一般都要获得议会的认可方能生效，具体方式又有两种不同情况：一种是政府对外缔结的一切条约都必须经过议会批准，例如英国、美国、日本等国；一种是政府对外缔结的条约，仅限于重要的条约或某些特定的条约，才必须经过议会同意。例如在意大利，有关规定仲裁或司法调整，领土改变，引起财政负担或修改法律的各种政治性国际条约，必须由议会两院批准。法国宪法规定“共和国总统谈判及批准条约”，但“和约、贸易条约、关于国际组织的条约或协定、涉及国家财政的条约或协定、关于个人身份的条约或协定，以及有关领土割让、交换或合并的条约或协定，若无法律依据不得批准或通过”。

虽然有的国家由政府首脑全权负责对外条约的缔结，一切国际条约都不必经过议会批准，例如新西兰等国，但在大多数西方国家，外交权还是由政府和议会共享，议会通过条约批准权，来监督政府的外交决策。

例如美国宪法规定，总统有权同外国缔结条约，但总统缔结的条约必须要经过参议院(出席参议员)三分之二以上多数的批准,国会享有条约批准权。

（6）弹劾权

弹劾是西方议会对政府高级官员犯罪或严重失职进行控告和审判定罪的一种制度。弹劾起源于14世纪爱德华三世统治下的英国，到斯图亚特王朝时期（1603 ~ 1714），弹劾逐渐作为一种制度确立下来。1644年以后，由于责任内阁制的形成，弹劾程序逐渐为倒阁——提出不信任案程序所代替，而1805年以来，英国就再也没有执行过弹劾。弹劾制度在英国实际上被废除了，但后来西方许多国家却纷纷效仿英国建立起自己的弹劾制度，特别在没有“倒阁”一说的总统制国家，弹劾更是成为议会监督政府的不可或缺的一种制度。

西方各国议会的弹劾程序不尽相同，大致有以下几种方式：

一种是由众议院提出弹劾案，由参议院审判定罪，例如美国。当众议院提出弹劾案并由众院（出席议员）半数以上多数案通过后，弹劾案就成立了，转送参议院审判，参议院审判总统时由美国最高法院首席法官任审判长，众议院代表7人为检察官（原告），总统为被告，参议院全体议员为陪审员，若参议院（出席议员）三分之二以上多数通过，则弹劾成功，总统被定罪。

另一种方式是由议会两院共同组成特别机构来行使弹劾权,例如日本。日本国会从参众两院中各选出20名议员组成诉追委员会，负责调查追究被弹劾官员，又从两院议员中各选7人组成弹劾裁判所，负责弹劾的审判。

第三种方式是由议会通过弹劾案，由宪法法院或普通法院进行审判，例如德国、意大利、比利时等国。德国规定要弹劾总统，须由联邦法院或联邦参议院四分之一的议员提出弹劾案，三分之二以上多数议员通过后，由联邦宪法法院进行审判，三分之二以上多数法官的赞同才能弹劾成功；意大利对总统、总理和政府各部部长进行弹劾，由议会两院联席会议通过弹劾案，然后进宪法法院审判；比利时宪法规定，凡弹劾案一律由下院过半数通过，由最高法院审判。

弹劾是议会对犯有叛国罪、贿赂罪或其他“重罪、轻罪”的政府官员的严厉惩治，西方学者声称弹劾是资产阶级民主的体现。应该说，弹劾确实体现了议会对政府的监督，它是一种剧烈的手段，它虽不常用，但它的威慑力是巨大的。弹劾是一种严厉的惩治手段，在西方国家并不经常发生，英国法学家詹姆斯·布赖斯曾说：“弹劾是议会军械库中的一件重武器，正因其重，所以不宜常用。”它是西方议会一件“备而不用”的“重火器”。

六、议会民主的不同表现

议会民主是西方民主的核心和主要标志，英国人认为他们的议会和君主立宪制是“世界的楷模”，是世界上最优良的政体，日本人自诩“大和议会”是“世界上最完美的议会”，美国人则认为美国是“人类的希望”“世界的希望”。

美国参议员爱德华·肯尼迪则称美国政治制度是“世界上最伟大的政治制度”。

不过，西方议会民主也存在着以下一些现象：

（1）“金钱政治”

美国加利福尼亚州众议院前议长杰斯·昂曾有一句名言：“金钱是政治的母乳”，西方政治是典型的“金钱政治”，政治日益金钱化，竞选要花费巨额竞选经费。

日本政治也一向被称为“金钱政治”，1980 年日本国会选举，众议院全国 130 个选区平均每名候选人花去竞选经费 1430 万日元，参议院全国选区平均每个候选人花去 3800 万日元。

1978 年法国议会选举，平均每个候选人的竞选费用为 13.2 万法郎，1989 年联邦德国议会改选一共花去 5000 万美元，所以竞选在西方被称为是“富人的游戏”。因此人们就不难理解为什么常说西方议会是“富人的俱乐部”。

（2）“鬼投票”

1962年，美国前总统卡特初入政界，当他竞选佐治亚州参议员时，在乔治城（一个小镇）投票站，这个选区只发出333张选票，但最后却计算出433张选票，而且其中有126张是按投票人姓氏的字母顺序排列的，有些选票4到8张折叠在一起的，这个投票箱显然作弊。原来监督投票的官员是卡特竞选对手的朋友。这种违法、舞弊、多让选票之事，在美国政治中就叫“鬼投票”。最后在整个选区卡特以仅几票之差落选。卡特到法院去控告这个投票站，但当法官下令重新计算选票时，那些多出来的选票已统统不见了，所有对被告不利的证据都不翼而飞。后来法官裁决这个投票站的投票无效，选举结果由这个投票站以外的其他投票站的投票情况决定，于是卡特当选。但卡特的对手又提出上诉，并宣布为胜利者。卡特不服，再提出上诉，几经周折，最后才获得胜利。

（3）院外游说

院外游说是西方议会政治的一部分，西方社会中各种利益集团都极为重视通过游说、笼络议员来维护本集团的利益。

美国国会大厦的会议大厅外有一条走廊被称为“院外游说的圣地”，不同利益集团的说客们皆是各个领域具有真才实学的专家，他们不仅向议员们提供必需的情报、信息、专门知识，而且以宴请、高酬金邀请演讲、资助竞选等手段取悦议员。

不仅是美国，在英国，一些利益集团会聘请一些保守党或工党议员担任集团的议会顾问或名誉主席，帮助集团在议会中维护自己的利益。利用院外游说影响立法，是西方议会政治的一大特色。

（4）“政治捐款”

“政治捐款”是一种权钱交易，就是一些财团为获得不法利益而给参竞人选“捐献”巨款，并将之作为“竞选的慰劳”。

（5）“透支丑闻”

所谓“透支丑闻”，即指众议员们滥用特权，向众议院银行大开空头支票，而不付一分钱利息。

第三节　政府制度

一、政府制度概述

政府制度是西方政治制度的重要支柱。政府这个概念有广义、狭义两种解释，广义的政府泛指整个国家机器，包括立法、行政、司法机关，狭义的政府仅指中央（或联邦）行政当局。

例如在英国，广义上的英国政府，根据《1973年英国（官方手册）》介绍，包括：立法机关——“女王亲临的议会”；行政机关，由内阁和政府各部组成，目前，英国政府设有17个部，即：财政部、外交和联邦事务部、内政部、国防部、农业渔业和粮食部、文官部、教育和科学部、就业部、能源部、环境事务部、卫生和社会保险部、工业部、北爱尔兰事务部、苏格兰事务部、威尔士事务部、贸易部和运输部；司法机关，由中央法院（包括最高法院、枢密院司法委员会和上议院）和地方法院组成。狭义上的英国政府则特指中央行政机关，根据英国《下院每周议事录》公布的政府名单，英国政府是由全体大臣（包括国务大臣、政务次官）、执政党督导员以及王室官员共约100人组成，平常所谓“撒切尔政府”“梅杰政府”，指的就是这狭义上的政府，英国人自己也称“女王陛下的政府”。

广义上的美国政府包括美国国会、总统行政当局和美国最高法院（联邦司法体系），所谓美国政府三权分立，这分立的三权即立法、行政和司法部门都是政府不可缺少的组成部分。狭义上的美国政府就是指总统行政当局，平常所说里根政府、布什政府指的就是狭义上的政府。

政府（狭义上）是资产阶级专政最重要的工具，政府握有政治、经济、外交、军事大权，掌握军队、警察、特务、监狱等暴力工具，直接控制着庞大的行政官僚机构，利用这些工具来制定政策、实施统治，它在西方国家机构中居于主导地位，是权力中心，西方国家实行统治主要是由政府来实现的，考察政府制度，是考察西方政体的重要内容。

二、国家元首

西方国家的国家元首在形式上是国家的首脑人物，是国家的最高代表。

在西方，元首一词最早见于宪法者，为19世纪的德意志帝国宪法，指德国皇帝，当然，元首的存在，是比德意志帝国宪法要久远多了。从人类社会发展史来看，国家在产生之初便有自己的首脑，国家元首是最早产生的国家机关。在奴隶制、封建制国体下，国家最高权力由世袭君主握有，西方的“君权神授”，意思就是君主是国家至高无上的统治者。

进入资本主义时代后，在新的国体政体之下，国家权力不再集中在君主一人之手，而是转由议会、政府、法院来行使，所谓君主立宪制，君主的权力现在也由宪法来加以规定，绝对王权已风光不再了。更多的国家则干脆废除君主制，立宪共和，由普选产生，有一定任期的国家元首取代世袭君主，共和制国家元首的权力，也由宪法加以规定，实行法治而非人治，这在历史上是一大进步。

国家元首制度的演变结果，使西方国家元首的名称、权力、法律地位大不相同，目前世界上由国王或其他世袭君主担任国家元首的国家大约有20多个，其余多由总统（或革命委员会主席、执政委员会主席等）任国家元首。有一些英联邦国家名义上由英王任国家元首，但实际上行使国家元首职能的是英王任命的总督。

西方宪法一般规定一个国家只有一个国家元首，但也有的国家有两位国家元首。例如圣马力诺有执政官两人，同为国家元首；安道尔公国有两个大公，通称为“安道尔王子”；正像古罗马共和国有两个执政官，罗马帝国曾实行“四君共治”一样，日本历史上（1336 ~ 1392）也曾有过两个天皇。也有一个君主同时担任两个以上国家的元首，例如英国女王不仅是英国的国家元首，同时还是其他10个英联邦成员国的国家元首。

无论在何种政体中，国家元首都是统治阶级专政的重要工具。

三、君王

君主政体的国家元首统称君主，但在不同国家，君主的称号也形形色色，各不相同。目前世界上大部分王国的君主称国王，例如英国、荷兰、丹麦、挪威、比利时、泰国、尼泊尔、沙特阿拉伯、约旦、摩洛哥等国。伊斯兰国家称君主为苏丹，意为“统治者”；卢森堡称君主为大公；科威特、卡塔尔称君主为埃米尔；日本君主历来称为天皇。

在当今世界上，还有不少国家实行君主政体，在君主制下，君主终身在位，根据世袭的原则代代相传，世袭一般是按严格的长子继承制进行。有的国家规定君主的后代不论是男女均可继承王位，因此这些国家有时就是由女王即位，例如目前的英国、荷兰。有的国家规定国王的长子或长女来继承王位，如瑞典。英国的规定则是男孩有优先权，老王死了由王子继位，王子死了轮到王孙，子孙皆无才轮到女儿。

若没有后代，就由皇家亲戚的后代来继承王位。

英国社会等级观念极重，所以王储或王位的女继承人要从欧洲其他王国（甚至是一些小王国）的王族中去挑选配偶，即王储或王位的第一号女继承人的配偶通常不是本国人，但必须是贵族、世家。国别可以不论，大小都行，但要门当户对，血统必须讲究。

美国人就没那么多讲究，没那么多森严的等级。今日选举获胜，上台当政，明朝大选落败，回去还当平民百姓，美国人强调自由竞争、机会均等，推崇个人奋斗。

英国社会等级观念虽强，但在王位继承上还不算太苛刻，还不完全排斥王室女性后代的继承权，但有些国家就很重男轻女了，规定只有君主的男性后代才能继承王位，例如比利时、日本。日本是王子继位，长子优先，如明仁天皇是裕仁天皇的长子。而裕仁天皇是大正天皇的长子，是明治天皇的长孙。

沙特阿拉伯是世界上少有的以家族命名的王国，沙特的王位继承别有特色。沙特家族史上划时代的人物叫阿卜杜勒·阿齐兹·伊本·沙特，他于1932年创建沙特阿拉伯王国。沙特阿拉伯实行政教合一政体，没有宪法，没有立法机构，国王是国家元首，又是教长，伊斯兰教《古兰经》就是法律，严格的教规成为人们行动的准则，也是沙特王室实行统治的重要工具。

沙特阿拉伯实行多妻制，开国君主伊本·沙特以联姻为手段，先后娶下全国各个部落300多个女子，以巩固王国的统一。

伊斯兰教规定穆斯林只能拥有4位妻子，他就随休随娶，身边始终保留 3 位妻子，第 4 位妻位总是空缺，以等待适当人选。如今，沙特王室已是拥有男性亲王 5000 多人的世界上最庞大、最显赫的王室。沙特王位不是按世系相传，而是兄终弟及，在兄弟之间“横传”，老王死后，长兄先继位，兄弟们都有继承权。

从古至今，血缘关系是王位继承的基础，这几乎是所有君主政体共同的特点。正因为如此，古今中外王位继承问题一直是君主制国家最重要的问题，君主有无后代承继大统，被君主视为有关王朝生死存亡的头等大事。

20 世纪 70 年代时的中非帝国亦实行君主专制政体。

原中非共和国首脑博卡萨在 20 世纪下半叶废弃共和，加冕称帝。

但很快被推翻，中非帝国只存在了 3 年。

作为一个教皇国，梵蒂冈的君主政体又别具一格。天主教皇实行终身制。但不搞世袭，由来自世界各地的枢机主教（红衣主教）组成枢机主教团（共 138 名枢机主教）选举产生，以三分之二以上多数票当选。一旦当上教皇便到死为止。教皇拥有梵蒂冈最高立法、行政、司法权，自称“基督在世上的代表”，教皇一词意为“爸爸”，教皇是世界天主教徒崇拜的偶像，是“神”一般的人物，梵蒂冈虽小，但非常富有，教廷拥有大量财富，因此，教皇宝座是红衣主教们人人向往的梦，可望而不可即。所以每当老教皇一死，枢机主教团立即要在宫廷之内召开秘密会议，选举新教皇。因事关教廷和天主教世界最高权力问题，任何外人不得参加，红衣主教们只在“锁闭的房屋”中闭门秘商，作不出决定就一直不出来，有时开几天会都选不出合适的教皇，外面的人就从一个打开的小窗口送进水和食物。选举时，厅内不得随便走动，不得交谈，必须保持种神圣的气氛，让红衣主教们在“心底充满圣灵”的心态下投票。若一轮选举无人获三分之二以上多数票，按传统就把选票同早就准备好的湿麦秸一起烧掉，然后进行下一轮投票，从烟囱中冒出的股股浓烟告诉外面的人们，新教皇还在“难产”之中，一旦在投票中有人获得三分之二以上多数票，烧选票时就不再加湿麦秸，这时，烟囱中冒出一缕缕青烟，守候在外面的天主教徒们见之则高呼万岁：一个新教皇就“诞生”了。

约翰・保罗二世是历史上的第 266 代罗马天主教皇。

四、总统

共和制国家的国家元首，多称总统（也有的国家称国家主席），共和政体下的国家元首一般都是由选举产生，有固定任期，这同世袭君主制截然不同，虽然也有个别是自封的，这往往是通过军事政变等法律以外的手段上台的铁腕人物，自封或指定代理人为总统，但这种情况是暂时的、不正常的，在尘埃落定、政局趋稳后，往往都要经过所谓的合法选举程序重新选一下，以披上一件合法的外衣，粉饰民主。

在不同的国家，国家元首产生的程序、任期、权限、地位都不尽相同。

一些国家的总统，由选民直接选举产生。例如法国、奥地利、冰岛、墨西哥等国。

一些国家的总统，通过间接选举产生。例如美国、芬兰等国。

一些国家的总统，由议会选举产生。例如土耳其、以色列、新加坡等国。

一些国家的总统，由特定的选举团选举产生。例如德国总统由联邦议院全体议员和同等数目的各州代表组成的联邦大会选举产生。意大利总统由议会两院议员和各省议会选出的代表联合选出。印度总统由议会两院议员和各邦立法会议议员选出的代表组成选举团选举产生。

各国总统的任期长短不一，但一般均有一定年限，终身任职的总统极少（例如 1973 年赞比亚宪法规定对总统任期不加限制，1980 年 5 月埃及修宪后，总统亦可终身任职）。总统任期一般是 4 ~ 7 年为一任，例如法国（7 年）、意大利（7 年）、土耳其（7 年）、爱尔兰（7 年）、奥地利（6 年）、芬兰（6 年）、德国（5 年）、美国（4 年）、冰岛（4 年）。圣马力诺执政官任期为半年。当然，也有的国家宪法虽未规定，但亦不禁止总统终身任职，例如芬兰，1956 年 2 月 15 日吉科宁当选芬兰总统后，多年来一直连选连任，当了 25 年总统，到 81 岁高龄才因病退休，实际上亦是终身总统。

对总统连选连任问题，多数国家是认可的，但有的国家对连任次数有明确规定。例如德国、奥地利等国都规定总统可连选连任，但只能连任一届，墨西哥、委内瑞拉等国规定总统不得连任。美国宪法对总统连任问题本来没有规定，但由于开国总统乔治·华盛顿和第三任总统托马斯·杰佛逊都不贪恋权力，民主精神较强，连任两届以后主动退职，从此形成政治惯例，美国总统都是两届而退。

以华盛顿、杰佛逊之崇高威望，本都可当终身总统，但他们担心无限期的连任会破坏民选制，杰佛逊称那将导致“实际上的终身任职”，并“退化为世袭”，而那样无疑将“打开通向独裁之门”。因此，华盛顿和杰佛逊都是在当政八年后主动让权解甲归田，为美国资产阶级民主奠定了一个良好的传统。直到20世纪30～40年代第二次世界大战时期，富兰克林·罗斯福任总统，他主张美、英国联手抗击纳粹德国的侵略。出于担心他退下后，反对美国卷入国际事务的孤立主义新总统上台，罗斯福打破惯例，于1939年第三次竞选总统。由于罗斯福施行的“新政”，领导美国度过30年代的经济大危机，在普通选民心目中有很高声望，所以他竞选成功（1944年他又第四次竞选总统）。

罗斯福是美国历史上唯一一个连续四次竞选总统并都获得胜利的人。罗斯福是民主党人，他连续四次当总统，引起共和党的不满，共和党人指责他独裁。战后，1951年美国通过了宪法第22条修正案，明确规定连选连任不得超过两届，把开国以来这一不成文的宪法惯例，以明确的文字，正式写入宪法。

由于大选中表现出来的是宪政、法治，是公平竞争、机会均等，是“多数统治、保护少数”等民主政治的原则，由于人们希望，并虔诚地相信一切问题都可以在神圣的投票站中解决，由于人们认为他们可以通过手中的选票来表示对政府的赞同或不满，可以通过民主选举来选出一个代表“人民利益”的“好政府”，并把“坏政府”赶下台，因此他们就不必费劲儿再去诉诸什么暴力手段去推翻政府，一切都可以在合法的范围之内，通过手中选票来圆满解决。在西方民主之下，统治阶级中各个派别、集团也把上台执政的希望寄托于赢得选举这种和平、民主的手段，而不是政变或其他极端手段上，这有利于维持政权的稳定。

美国资产阶级革命时期的思想家托马斯·潘恩在谴责世袭君主政体专制暴政的同时曾指出：“把代议制与民主制结合起来，就可以获得一种能够容纳和联合一切不同利益……的政府体制。”普选意在容纳社会上的各种利益和力量，扩大资产阶级统治的社会基础，是西方国家最大的“社会安全阀”。

在西方不同国家，总统的地位、权限及在本国政治中的作用大不相同。

在总统制国家，总统既是国家元首，又是行政首脑，直接掌握政府，握有巨大权力，在本国政府中居主导地位。而在议会制国家，议会和内阁是国家的政治中心，国家元首——总统不掌握行政权，只履行一些程序上、礼仪上的元首职责，统而不治，是“虚位元首”，在政治生活中的实际作用，远远不如政府总理。

例如意大利就是一个议会制国家，1947 年意大利宪法规定，共和国总统可以向议会两院提出咨文，总统有权决定议会选举和新议会开幕日期，有权批准政府提交议会的法律草案，公布法律、颁布政府法令和决议，宣布举行公民复决，任命国家公职人员，接受外国使节，根据议会决定可以批准国际条约和宣战，还有赦免和奖赏权。从法律上，总统是武装部队总司令、国防最高委员会主席、最高司法会议主席。但总统不是政府首脑，总统行使的职权只是通常由国家元首行使的权力，意大利宪法规定，总统颁布的法令必须由总理或有关部长签署，否则无效。除叛国或违宪行为外，总统对其政治行为不负责任，总统干的一切事，实际上都是由政府安排的，因为不论对错，责任完全由总理和政府承担。政府对议会负责，政府首脑指导政府并对政府政策负责。

德国、奥地利等国总统都属于这一类型。

印度也是一个实行议会制的国家，在印度，掌握政府的是总理，而不是总统，印度宪法第 75 条第 3 款明确规定：“内阁会议对人民院集体负责”，这突出地表明印度是一个议会制共和国。在这种政体下，政府、总理握有大权，直接治理国家，不过一切都“以总统之名义”罢了。

在总统制国家，总统的权力、地位就大不一样了。总统制是美国的发明，根据美国宪法，总统是国家元首、行政首脑、武装部队总司令，大权在握，是第一号实权人物，是资产阶级在政治上的主要工具。

罗伯特·达尔说：“决策是行政的心脏”，总统握有行政权，直接掌握行政体系来治国理政。美国政府一切重大决策完全由总统拍板。作出决定的地方是在总统的办公桌上，而不是在内阁的会议室中，庞大的行政体系完全对总统负责。

总统的权力还深深影响到国会立法。总统每年向国会提出的国情咨文、预算咨文就相当于一个全面的立法方案，是国会立法的基础，被称为总统的“一揽子”立法计划。

总统对国会立法议案还有否决权，这也日益成为总统控制立法的重要手段。从历史上看，早期的美国总统们很少行使否决权，有 7 位总统从未行使过否决权。行使否决权次数最多的总统是富兰克林·罗斯福，他共行使否决权 635 次，否决被国会两院（以三分之二以上多数）推翻的仅 9 次。

总统的外交、军事权力更是日益膨胀，美国宪法规定“宣战”权属于国会，但总统往往不宣而战，造成战争事实，使国会不得不拨款，让总统把已经打起来的战争打下去。自 1789 年以来，美国武装力量在海外卷入军事冲突多达 160 次以上，然而经国会正式宣战的仅仅 5 次。特别 20 世纪以来，美国总统权力越来越大。

法国总统的权力同美国总统又不太一样。从 1958 年起，法国实行“半总统制”，吸收总统制一些做法，总统虽然不兼任政府总理，法国国民议会多数党组阁，但总统亦不是“虚位元首”，总统在行政、立法、司法方面都握有重要的权力，拥有内政、外交、军事大权，是法国政治的中心。

自 1958 年以来，法国这一套体制还没出什么大问题，因为总统、总理都出自一个党，因此配合尚好，没什么大摩擦，总统是法国的第一号人物，是执政党当然领袖。1986 年上半年在法国国民议会选举中，社会党失利，社会党总理下台。这样，总统还是社会党的弗朗索瓦·密特朗，而总理却是国民议会中新的多数党——右翼联盟的雅克·希拉克。在法兰西第五共和国历史上第一次出现左翼联盟总统和右翼联盟总理、政府“共处”的政治格局，总统总理不属同一党，政见不同，党争激烈。

在有的国家，例如现代的伊朗伊斯兰共和国，宪法规定“神权统治”原则，实行“政教合一”“神权高于一切”，宗教领袖至高无上，总揽国家大权，主宰一切，在霍梅尼统治下，不论总统还是总理都只能屈居其下，宗教领袖才是伊朗真正的政治中心。

不同的国家都有自己不同的元首制度，国家元首制度是西方政府制度的重要内容。

五、政府和内阁

政府是资产阶级专政最重要的工具，是资产阶级行使其统治权力的核心机构，在西方国家还有内阁，但在实行不同政府制度（例如议会制和总统制）的国家，内阁的权力和法律地位不大相同。

在议会制（责任内阁制）国家，内阁是政府内部的领导核心，有时，人们把内阁也称为政府，但严格地讲，政府和内阁是两个不相同的概念。例如英国政府，根据英国《下院每周议事录》公布的政府名单，包括全体大臣（阁员大臣、非阁员大臣、国务大臣、政务次官），执政党督导员以及王室官员，共约 100 人左右，据《大不列颠政事 1900 ~ 1979 年》所列各属政府成员基本上也是 100 人。政府的组成并无法律明文规定，但基本上就是 100 人左右，除王室官员外，政府成员皆与内阁共进退，而内阁只是由某些大臣组成的政府内部的决策核心，现在一般只有 20 余人。

内阁一词源于法文，原文是指“内室”或“密议室”。内阁最早出现于英国，其前身是枢密院。公元 11 世纪诺曼底王朝时，英国为了加强统治，设立了御前会议，这是英国最早的中央政府机构，英王亨利六世（1422 ~ 1461）时，由于御前会议人员过多，不便集会，国王召集最亲信的一部分官员聚会商议国事，即枢密院，枢密院是中世纪英王殿前最高行政机关。17 世纪时，英王遇有重大国事，常召集亲信枢密官到王室议事堂内室密商，查理一世（1625 ~ 1649）时，枢密院外交委员会最受英王宠信，权势最大，对国家大事几乎无所不问，国王与外交委员会的亲信枢密官经常聚在一起密商国事，委员会虽名曰外交委员会，实际上内政外交无事不谈，成为决策核心。英国内阁即由枢密院外交委员会演变而来，而它的前身——枢密院则逐渐成为没有实权的空架子。到 17 世纪末的威廉三世时，枢密院外交委员会已有“内阁”之称。

一般认为，英国第一个正式的内阁于 1721 年在乔治一世时成立的，第一个“首相”是罗伯特`沃尔波爵士，但沃尔波爵士拒绝“首相”的头衔，到 1770 年第 12 任“首相”诺思勋爵时他仍不允许人们称他为“首相”，因为诺思勋爵说这一职位是宪法中所没有的。“首相”的名称于 1878 年才第一次见于正式公文，1905 年英王正式给首相颁委任状。在 1900 年以前，“内阁”一词也从未出现在正式文件中，1900 年才第一次见之于议会的布告。根据 1973 年《国王大臣法》，“内阁”“首相”的地位才算正式有了议会法律依据。

自从内阁出现之后，枢密院成为“历史陈迹”，但在名义上，它仍是英国的最高行政机构。现在的枢密院除了英王加冕或大婚盛典举行全体会议外，平时主要任务是颁布“枢密院公告”或“枢密院令”。议会的召开、休会和解散以及对外宣战、讲和等重大事项，均以枢密院的名义正式发布公告，内阁大臣也在枢密院会议上宣誓就职，内阁的许多重要命令都以“枢密院令”的形式公布，枢密院开会的法定人数是3人，现在一般只在英王加冕、大婚或新内阁宣誓就职时才举行全体会议。枢密院会议都是站着开的，会议时间很短，一般由枢密院院长宣读有关文件的标题，再由英王说“已批准”，然后枢密院顾问们互相握手道别，就散会了。现在英国枢密院共有枢密院顾问约300多人，枢密院顾问主要是一种荣誉职位，并无特别的权力，但根据法律，只有在当了枢密院顾问后才能在政府中担任要职，枢密官员都是由首相提名，由英王颁以特许状任命，终身任职，被尊称为“大人阁下”。目前枢密院顾问除现任内阁大臣外，其余皆为历届内阁大臣、王室贵族、大法官、大主教、政界显贵和社会名流。

内阁是英国政府的决策核心，是“行政之巅”，政府受内阁领导，一切重要决策都由内阁作出，议会和英王也受内阁牵制，内阁是英国整个资产阶级国家机器的主轴，是政府的心脏。按照惯例，英国内阁由下院多数党组成，每次大选后，英王照例授权多数党领袖组阁，并根据首相提出的名单任命阁员和政府成员。在英国历史上，除有过几次是由几十政党共同组成联合内阁以外，绝大多数情况下都是由多数党单独组成一党内阁：在18、19世纪组阁的主要是保守党和自由党，20世纪以来，保守党组阁的次数最多，其次是工党。

首相是内阁的首脑，实际高居政府第一位。在英国历史上，首相有来自上院的，也有来自下院的，在内阁制形成初期，首相多由贵族担任，随着上院的衰落，下院成为党争的主战场，成为“政党主力交战的地方”。

首相官邸在伦敦唐宁街10号，这新房屋原来是乔治一世赐给第一位“首相”沃尔波爵士作私人宅用的，以后就成为首相官邸，历任首相上台后都搬进这里，内阁会议亦在首相官邸举行。唐宁街是一条支街，在白厅街及其附近还有外交和联邦事务部、国防部等很多重要的政府机关。因此，在政治术语中，人们常用白厅来作为英国政府的代称，而以唐宁街10号来代表内阁——首相府。英国议会自古以来都是在一座古老的建筑——威斯敏斯特宫开会，威斯敏斯特宫原是国王的夏宫，国王常在这里召集议会开会，1512年时一场大火烧毁了王宫，英王亨利七世不得不把王宫搬到白金汉宫，但议会的会议按习惯还在这里举行，因此威斯敏斯特宫演变成议会的永久地址。所以一提起威斯敏斯特，人们就知道这是在说英国议会，因为白金汉宫是英国王宫，所以白金汉宫成为英国王室的代称。

首相是内阁的灵魂，是英国第一号实权人物，首相有组阁权。根据《1973年英国官方手册》介绍，“首相的任务是：向英王通报政府工作概况，主持内阁会议，对各部进行总的指导，解决各部之间的争端以及批准各部不需提交内阁讨论的重要事务。首相在下院中就最重要的问题为政府辩护，并答复对政府一般行政所提出的质问。”首相是内阁与英王之间的中间人，内阁大臣虽可晋见英王，但实际上，各部的重要事务和内阁的重要决定，都是由首相向英王通报的，首相凭借这种特殊地位，可以为其行使大部分王权寻到合法依据。

按照惯例，每届议会大选后，即由英王召见多数党领袖，任命其为首相，授权首相组阁，多数党领袖同党内其他领导人协商后，即提出组阁名单，提请英王任命，首相有组阁权。

根据1937年《国王大臣法》，英国的大臣分为阁员大臣和非阁员大臣两类，参加内阁的就是阁员大臣，不入阁的是非阁员大臣，两者在职责上的区别是：非阁员大臣一般只负责一个部门的事务，而阁员大臣除主管部门外，还要参加内阁讨论和决定整个国家的大政方针。

首相组阁时，一般执政党内各派重要领袖人物都会被邀入阁，提任政府重要职务，除首相外，外交大臣、国防大臣、财政大臣、内政大臣、贸易大臣、大法官、枢密院长、掌玺大臣等主要大臣由于职务重要，通常是内阁阁员。为了表示对苏格兰、威尔士和北爱尔兰利益的重视，苏格兰事务大臣、威尔士事务大臣和北爱尔兰事务大臣通常也是内阁阁员，其他大臣中，哪些人入阁，哪些人不入阁，并无一定之规，要由首相裁定。首相除考虑大臣主管部门的重要性，大臣本人在党内国内的地位声望外，还同执政党的政治策略有关，如卫生和社会保险大臣一般不参加内阁，但每逢工党执政时，为了表示对人民福利的关心，把卫生和社会保险大臣也包括在内阁阁员之中。

非阁员大臣又可分为三类：主管大臣、国务大臣和政务次官。政务次官通常被称为“低级大臣”，他们不能被称作“英王陛下的大臣”，因为他们不是由英王而是由首相任命的。

大臣都由议员担任，这是18世纪以来的惯例，首相如果想让一个人当大臣，而这个人不是议员，就必须首先取得议员资格，这有两个办法：一是由首相提名，由英王授予贵族爵位，这样此人就可进入贵族院；再就是在执政党有获胜把握的选区让原来本党的议员辞职，再通过补缺选举使此人当选，成为下院议员，这样资格也就够了。

阁员大臣和非阁员大臣的总数，在英国各届政府中是不同的，例如1974年威尔逊政府时曾达115人，希思政府时有99人。

在内阁制下，内阁通常都是由议会中的多数党组成，即多数党内阁，但有时还会出现“少数党内阁”或“联合内阁”。“少数党内阁”是在大选后因没有任何一个党获得议会（通常是下院、众议院）多数席位，不能组成多数党政府，在这种情况下，通常就由获得相对多数席位的政党（或在得到其他个别政党的支持下）出来组阁，这就叫“少数党内阁”，这一般多发生在多党制国家。或者由几个政党联合组成内阁，叫“联合内阁”，“联合内阁”多出现于战时，多出现在多党制国家，多出现于需要举国体制的非常时期。当国家出现政府危机，原来的内阁提出总辞职，而新的政府尚未产生出来，或旧的议会解散，而通过新的大选选举新议会、组成新内阁又不能顺利实施时，在新议会、新内阁产生前，往往就由原内阁继续留任，或由旧内阁成员组成临时政府，负责处理日常政务，包括筹备下一届大选，这时的内阁就叫“看守内阁”，也可叫“过渡内阁”或“临时内阁”，在新内阁组成后，“看守内阁”使命即告终结。在英国等国还有所谓“影子内阁”，又叫“在野内阁”，实际上并不是真正的政府，而是议会中的反对党为准备上台执政而设立的整套班子，一旦反对党在议会中取得多数，随时可以上台，班子是现成的。

内阁的人数不是一成不变的，第二次世界大战后，西方国家一般都采用中型内阁，例如英国内阁一般由20名左右阁员大臣组成（如撒切尔内阁有22人）。日本国内阁由总理大臣和国务大臣组成，阁员人数一般不超过

21 人。法国政府由总理、国务部长及国务秘书等组成，具体人数法律上并无明文规定，一般是在 25 人至 40 人之间，由每届总统决定。

美国也有内阁，但不像实行议会制的英国，内阁是政府的决策核心，美国宪法根本没有提到内阁，行政各部首长组成内阁，完全是在实际政治中形成的惯例。美国联邦行政体系不仅包括 13 个内阁级部，几十个独立机构，而且包括一个以白宫办公厅、国家安全委员会、行政管理和预算局为核心的总统办事机构，白宫办公厅是总统办事机构的中心，是总统的左膀右臂，完全由总统的亲信、顾问组成，辅佐总统主政。

行政各部首长完全对总统负责，总统主持内阁会议。在内阁会议上，只有总统有权作出决定，总统不受内阁会议的约束。林肯总统在一次内阁会议上发现，他的一项决定即颁布解放黑奴的《解放宣言》遭到其他全体内阁成员的反对，却依然宣布："7 票反对，1 票赞成——赞成票通过"只有总统的 1 票，才是真正有意义的 1 票，能算数的唯一表决，是总统自己的表决，总统的权威是无可置疑的。

总统还可以不召集内阁开会直接下令。

在美国历史上，在内阁之外，杰克逊总统又有一个非正式的"厨房内阁"，由其亲信密友组成，影响权势远在正式内阁之上，西奥多·罗斯福有他的"网球内阁"，哈定有"扑克内阁"，胡佛有"重皮球内阁"。杜鲁门的"厨房内阁"则由他的"密苏里帮"同乡至交组成，这些"内阁"虽非正式内阁，但在总统眼中却比正式内阁更重要。在当代，这种"内阁"一概以白宫班子的面貌出现，白宫班子被总统视为决策内圈，而内阁只是政府的执行机构。白宫班子是离决策中心（总统）最近的人。他们决定谁可以见到总统，什么事情可以摆到总统的办公桌上，他们对总统的影响远非内阁可比。1939 年，富兰克林·罗斯福颁布行政命令，创建总统办事机构，1943 年时他的白宫班子才 51 人，到 1971 年，尼克松当政时他的白宫班子已达 583 人。

六、立宪君主制

立宪君主制，是西方政体的主要形式之一，在当今实行立宪君主政体的国家中，以英国最为典型。

英国女王伊丽莎白二世，她是英国历史上第 42 代君主，温莎王朝第 5

代君主，她的称号是：蒙上帝恩惠，大不列颠及北爱尔兰联合王国与其他国土和领地之女王，英联邦元首，基督教的保护者伊丽莎白二世（1953年《女工称号法》）。根据英国宪法，女王是英国世袭的国家元首，立法机关的组成部分，法院首领，英国武装部队总司令，英国国教的世俗领袖。女王有权任免首相、大臣、高级法官，有权召集、停止和解散议会，批准、公布法律，册封贵族，授予荣誉称号，有权统率军队、宣战和讲和。从理论上，女王是“一切权力的源泉”，是“国家的化身”，英国政府被称为“女王陛下的政府”，英国武装部队是“皇家”部队，英国所属的领地是“女王陛下的领地”，甚至下院中的反对党也被称为“女王陛下忠诚的反对党”，大有普天之下莫非王土，率土之滨莫非王臣的气势。从法律上看，英王大权在握，是权力最大的统治者，但实际上，法律规定的许多王权都不由女王本人而是由她的“臣仆”——议会和内阁来行使，女王的权力只是虚有其表。

那些所谓“王权”，英王也只是在形式上“批准”而已。

例如解散议会，英王只能根据首相的建议采取行动。根据宪法惯例，英王只能任命下院多数党领袖组阁并担任首相，实际上不存在什么选择问题，英王的一切政治活动完全由内阁安排，甚至英王在议会开幕时的演说词也要由内阁来拟定，英王任何带有政治性质的演说或答辞都要由内阁来草拟，英王接见国内外要人都由内阁来定。英王批准法律，也只是履行一下手续，任命高级官员只能按首相和内阁的意见行事。也就是说英王只能对议会、内阁、首相起某种影响作用，而不能起决定作用。

从理论上讲，首相、内阁都是英王的仆人，他们行使的都是王权，是在英王许可下行使的，他们只能向英王提出“建议”，建议英王该干什么，不该干什么。不能“命令”英王，但这种“建议”的含义，正如一位英国学者说的那样：把你“从四层楼的窗子里扔下去，并且建议你落到地上。”但尽管如此，并不是说英王在英国国家制度中无足轻重，可有可无，恰恰相反，英国的议会制度，英国整个一套政治制度，如果脱离了君主制，是不可想象的。

英国的政治体制与王权都是紧紧连在一起，密不可分的。

在这种君主立宪政体下，英王在英国政治中的地位，作用主要表现以下几点：

1. 国家的象征

作为“国家统一”和“民族团结”的象征维系整个英国的存在，作为“国家的化身”代表国家，是英国统治阶级赋予英王的重要使命。

英国统治阶级认为英王不谋私利，没有党派偏见，是全体人民的君主，目的就是让人民服从英王、效忠英王。

当统治集团内部在一些问题上出现严重分歧时，英王可以出面以其声望、影响化解矛盾、消除纠纷，从而使英国统治阶级的整体利益能更好地得到维护。所以英国人认为，由一个超阶级、超党派的君主做国家元首，是英国国家制度优越性的体现。

当然，英王不可能是“超阶级”的，女王本人就是英国最大的地主，王室在英格兰拥有土地18万英亩，在苏格兰拥有土地8.5万英亩，据《泰晤士报》报道，女王拥有财富66亿英镑，是“世界上最富有的女人”。女王还拥有大量股票，收藏有无数稀世珍宝和价值连城的艺术品，当然，报界有关女王财富的报道都是估计，议会禁止讨论女王的财产。女王及王室的豪华生活开支全部由国库支出。

西班牙国王卡洛斯，丹麦女王玛格丽特二世、比利时国王博杜安……西方国王、王室都是生活优裕、奢华的一族，西方一些国家花费巨款供养一个国王、王室，绝非要添置一个毫无用处的摆设，君主自有君主的价值。

2. 英联邦的“纽带”

英联邦是英国及其原自治领、殖民地和其他成员国的集合体，英王是英联邦元首，也是某些成员国的元首，目前英联邦共有50个成员国，除英国外，加拿大、新西兰、澳大利亚、格林纳达等10个国家也尊女王为它们的国家元首，英国驻各自治领、殖民地的总督都由英王委派。

英国曾是一个老牌殖民大国，如今，大英帝国虽然没落了，不再具有昔日“日不落国”的威风，但英国统治阶级还是把英王当成维系英联邦各成员国的纽带，以此来显示“大英帝国”的“统一”，从而维护英国残存的海外殖民利益。英王和王室成员经常到英联邦成员国作亲善访问，接见当地上层人物和社会名流，参加各种社交、礼仪活动，由于英王同时还是加拿大、新西兰、澳大利亚等国的国家元首，所以英王经常在这些国家议会开幕时前去访问，在议会开幕式上致辞，还直接对当地人民发表电视演说。

英联邦各成员国同英国之间并没有其他什么太多的法律关系，因此，共同拥立英王为元首就成为联系英联邦的纽带，英王的生日被当作“联邦日”加以庆祝。

既然是“纽带”，就要在英联邦内起一定的联系、平衡作用。南非是一个英联邦成员国，20 世纪 80 年代，南非实行的种族主义政策在国际引起公愤，绝大多数国家要求对南非实行经济制裁，迫使它放弃种族隔离政策，而英国是英联邦中唯一反对制裁南非的国家，赞比亚、印度等国一怒之下扬言要退出英联邦，除非英国同意对南非种族主义政府实行经济制裁。

在这种局势下，英国女王在会晤英国首相撒切尔夫人时告诫她应同意制裁南非。这是女王在位 30 多年来第三次对政府政策表示不满。

女王敦促撒切尔夫人应不惜一切代价避免英联邦破裂。

3. “咨询·鼓励·警告”

英国宪法学权威沃尔特·巴奇霍特曾说：英王有“三种权力——被咨询权，鼓励权、警告权。”英王虽不亲自治国理政，但其同首相保持着密切的联系，经常听取首相就重要问题向其进行汇报。英国历代君主同首相之间的密谈，无论是有关政治的，还是其他方面的事务，一律严格保密。

伊丽莎白二世自 1959 年登基以来，历任首相都是每周一次向她通报国情。每星期二晚上，首相们都要到白金汉宫晋谒女王，共商国家大事。撒切尔夫人是女王登基以后每星期二与她密谈的第 8 位首相，前 7 位首相与女王关系都不错，特别是丘吉尔，盛赞女王“极有智慧”，他曾说：“我们不可能再找到一位比现在这位女王更好的国王了。”按说，撒切尔夫人同女王关系应该更好，因为两位都是女性，谈起来应该更融洽、更随和，然而两人关系一向不和睦，女王接见撒切尔夫人时气氛非常冷淡。

1983 年的一天，当撒切尔夫人来向女王通报美国侵占格林纳达一事时，女王十分生气，因为撒切尔夫人支持美国这一行动，而格林纳达是一个英联邦国家，而且在名义上尊女王为国家元首，就是说，英国首相、内阁带头支持外国武装入侵了一个以女王为国家元首的国家。一气之下，女王竟没有请撒切尔夫人入座，任她一直在那儿站着（在英国，按照礼仪，没有女王的允许，任何人不得在女王面前坐下）。

由于对撒切尔夫人拒绝制裁南非（种族主义）不满，女王与撒切尔夫人之间的关系一时弄得很不愉快。当时《星期日泰晤士报》发表文章，历数女王对首相的不满之处，说女王"对政府使英联邦的存在本身处于危机状态表示惊讶"。透露这一消息的是女王的新闻秘书迈克尔·谢伊，当时政府发言人严厉斥责谢伊。很多人都预测谢伊可能会辞职或被女王解职，但女王表示，她根本无解除谢伊职务之意。

女王同首相每星期二晚上在白金汉宫会谈时，不允许一个外人在场，甚至女王的丈夫菲利普亲王也不例外，这已成为一个重要惯例。

作为一国之君，内阁和内阁各委员会的决议、报告都必须呈递英王过目，因为英王终身为王，在位较久，有的长达数十年，而且英国王室有一个传统，对王位（第一号）继承人从小就进行治国理政的最好的教育，上最好的大学，使之深通"帝王之道"，所以英王的政治经验，英王对内政外交的了解并不比那些匆匆来去、任职几年甚至几个月的一些政客逊色。因此在一些重要问题上英王往往可以提出一些很好的意见甚至警告，20世纪80年代中期，女王就制裁南非问题向撒切尔夫人提出的忠告，就属这一类性质。所以巴奇霍特称英王有"被咨询权、警告权"，英王可以就重大问题向首相和内阁提出自己的意见，接受他们的咨询。

英王的"鼓励权"表现在英王可以册封贵族，授予各种荣誉称号，虽然这些都必须根据首相的提名，按照内阁的安排进行。

伊丽莎白二世女王每月要在白金汉宫封授爵位至少一次，凡被授予爵位的人（包括英国各界名流和作出特殊贡献的人）都要在女王面前单膝跪下，然后女王手持宝剑在此人肩上轻轻一按，于是那个人就摇身一变，从平民变成贵族。这是个很古老的传统下，这一规矩在几百年前君主专制时期就已立下，一直延续至今，被册封者（即使是研究现代尖端科学的专家或者是刚下野的前首相）都要遵照这一规矩，在女王宝座前单腿跪下，好像没有人以拒绝向女王下跪的方式拒绝女王的册封。

4. 统治阶级的"后备武器"

英国宪法上有"国王无错误"之说，这一方面说明英国资产阶级用心良苦，有意培植对英王的崇拜——"英王绝对正确"的神话，以愚弄广大人民。另一方面也说明，正是因为英王不理政务，不参与具体决策，不负实际政治责任，一切责任、一切错误都由内阁、首相和大臣们承担，英王什么事也不管，当然无错误可言。

英国法律规定的王权，实质上都操纵在对下院负责的内阁手中，由首相和大臣来行使，但在特殊情况下，在非常时期，英王根据形势的需要，从资产阶级根本利益出发，可以打破惯例，直接干预重大政治事务。

例如，当首相辞职或逝世而下院的多数席位仍由执政党掌握时，由于这时多数党领袖没有了，英王便不能援引任命下院多数党领袖为首相这一宪法惯例，而只能从多数党的领导成员中另行选定一人为首相，随后多数党再选举新首相为党的新领袖。显然，这时英王如何选择关系十分重大，这是英王保留的一项重要权力。当然英王在作出决定之前一定会听取统治集团的意见，不会草率行事。如 1957 年 1 月 9 日首相安东尼·艾登因健康原因辞职，以往当艾登不在国内时，都由巴特勒代理首相，长期以来，人们都预料早晚有一天他会成为艾登的政治继承人。女王伊丽莎白二世征询了英国大垄断资本和大地主的代表索尔兹伯里侯爵和丘吉尔的意见，索尔兹伯里侯爵 1895 年时任英国首相，是由贵族担任首相的最后一位，是当时英国政界最德高望重的元老；丘吉尔是二战时的首相，资格、地位不可动摇。

女王征求了这两位元老重臣及内阁大臣和保守党领导人们的意见，最后任命麦克米伦为首相，保守党——下院多数党自然接受了女王的这一选择，并随即选举麦克米伦为保守党领袖，首相缺位问题顺利解决。

英国学者们认为，一旦需要，英王还可以打破解散下院必须根据首相建议的惯例，直接解散议会合并宣布举行大选，可以不等首相提出就要求内阁辞职；也可以打破自安妮女王以来沿袭了 250 多年的惯例，拒绝批准议会通过的法案。

总之，把英王作为一种“后备武器”，符合英国统治阶级的根本利益，可以适应非常时期的需要，英王这种政治地位有利于英国政局的稳定，一旦统治集团内部发生严重分歧，英王可以利用其崇高威望出面调解纠纷，这是英国政治体制的一种自我调节机制，有着丰富治国经验的英国自称君主立宪制是世界上最优良的政体，立宪君主也是英国社会一道“安全阀”。

所以，英王在英国政治中仍起重要作用，英王“至高无上”，却临朝而不理政；“统而不治”，却一刻也不能离。这是英国君主立宪政体的一个重要特点。

日本天皇制的演变，也反映了日本统治阶级利用天皇作为一种“精神崇拜偶像”的意图。

战前，日本实行专制君主制，天皇不仅是日本人绝对崇拜的神圣偶像，而且是大权独揽的专制君主，是日本统治阶级意志的主要代表者和执行者。1889年大日本帝国宪法曾规定：“大日本帝国乃万世一系之天皇之一统天下”“天皇神圣不可侵犯”“天皇为国家元首总揽统治权”。

天皇意为：“统治上天的皇帝”，据说天皇是统治“天国”的太阳——天照大神的子孙转世，生来就是创建并统治日本的，自有文字记载以来，天皇统治的历史已有1400多年。天皇被神化为不食人间烟火的神，天皇本人及皇室都被抹上一层厚厚的神秘色彩，与凡夫俗子不同。天皇甚至不能露出笑脸，以显示帝王的高贵与尊严。

第二次世界大战中，日本成为战败国，无条件投降，被美军占领，美军司令道格拉斯·麦克阿瑟成为日本太上皇。

战后日本国内阶级关系和力量发生变化及国内民主运动的不断高涨，美国占领当局对日本天皇制进行改革，在麦克阿瑟主导之下，日本制定了新宪法，绝对专权的天皇制受到重大打击和削弱。战前，日本天皇是昭和天皇裕仁，战后还是由裕仁在位，人还是同一个人，但天皇已失去昔日的权势和地位，不再是一个“专制君主”。1946年日本国宪法规定，天皇只是日本国的象征，只能参与有关“国事行为”，没有行使“国政”（治国理政）的权力，天皇走下了神坛，由神被还原成人，也成为“临朝而不理政”的英国式“虚位君主”了。

在战后的日本，天皇制并没有被废除，虽然天皇不再握有实权，不再是日本资产阶级专政的主要工具，但仍是一个重要工具，利用天皇作为“日本国民整体”的象征，利用历史上遗留下来的“天皇崇拜”心理，可以淡化日本社会的阶级矛盾。

西方各国的君主们都是像英王那样“深受爱戴”而又不理政事的“虚位君主”。随着人类文明的发展，君主制已越来越不时兴了，在1993年澳大利亚大选中获胜连任的工党总理基廷在大选中就公开说在2000年以前澳大利亚要废除君主制，实行共和，成为一个完全独立的共和国。

但在英国，君主制还远未到消亡的时候，女王现在仍是她的绝大多数臣民非常爱戴并乐于效忠的君主。如果有一天，英国人民决定不再需要君主政体，女王将如何顺应这一潮流，为英国作出“最后的贡献”？对此，女王总是幽默地回答：如果那一天到来，“我们将悄悄地走开”。但目前还远不是这一时刻到来的时候，目前英国的君主立宪制不仅还能存在下去，而且还能兴旺。

七、议会制和总统制

西方国家的政府形式多种多样，但最主要的就是两种，即议会制（又称责任内阁制）政府和总统制政府。

议会制政府是当代西方国家（最典型的如英国、日本、德国、意大利等国）普遍实行的一种政府制度，它的主要特点是：

（1）政府通常由议会（下院、众议院）多数党或多数党联盟组成，以表示政府必须取得议会多数的支持。大选中获得下院半数以上席位的政党或政党联盟的领袖，照例被国家元首（君主或总统）任命为政府首脑（首相或总理）。被委以组阁之权。

（2）内阁对议会负责。政府首脑（首相或总理）和内阁成员（大臣或部长）应定期向议会报告工作，接受议员们的质询，并在国家元首颁布的法律和命令上联署其名，议会是国家最高权力机关，内阁负责具体治理国家。

（3）内阁成员通常必须都是议会议员，“议行合一”，而不是典型的“三权分立”，内阁成员本身既是立法者，又是执法者，内阁一方面指导立法，另一方面又负责保证法律的实施，这种权力关系是强调立法和行政的紧密配合，而不是相互对抗。

（4）内阁全体向议会（下院）负“连带责任”。当政府决策失误，内阁全体共同承担政治责任，如果议会通过对内阁的“不信任案”，内阁应总辞职，或提请国家元首下令解散议会，举行大选，由新选出的议会，决定原内阁的进退。

所谓“责任内阁”——“连带责任”，这种“责任”通常表现在三个方面：

首先，内阁全体成员必须就政府（内阁）总政策和各部政策向议会（下院）负“连带责任”，内阁在其总政策或各部政策失去议会多数支持时，必须集体辞职，或呈请国家元首解散议会，诉诸选民。这种“连带责任”

是一种政治责任，不是法律责任，即内阁的责任与某个阁员个人是否违法无关，而是关系政策是否失误，若政府政策出现重大失误，整个决策机构——内阁要共同负责。

其次，内阁成员彼此之间互相负责，内阁是集体的决策机构，政府重大政策必须由内阁集体讨论、集体决定，在决策过程中，阁员有不同意见可以提出，可以投反对票，但一旦作出决定，内阁成员对外必须采取一致行动，互相支持，不得暴露内部分歧，不得互相拆台，违背这一原则是不允许的。当然，这种阁员间的彼此相互负责也是一种政治责任。

再次，内阁对国家元首的行政行为负责。在内阁制国家，国家元首的行政行为（例如签署、颁布法律、命令）必须经总理（首相）或主管部长（大臣）副署才能发生法律效力，未经副署的不合法律程序，内阁成员必须为其副署的法律、命令负责任，若出了问题，副署者应承担全部政治责任，而国家元首没有责任，国家元首“没有错误”。

当今世界上，实行总统制的国家也不少，总统制政府的主要特点有：

（1）总统任国家元首、行政首脑，掌握行政权，大权在握，是国家的政治中心。

（2）总统选举和议会选举分别举行，政府由在大选中获胜的总统组织，总统的党是执政党，一个党是执政党还是在野党，不取决于它在议会中获得议席的多少。

（3）三权分立，“议行分离”，政府与议会是完全分开的，政府成员不得兼任议员，议员若想到政府任职，也首先必须辞去议员职务，立法、行政、司法三机构分立，相互制约平衡。

（4）政府不对议会负“连带责任”，政府只对总统负政治责任，总统对选民负责，或者说，总统、议会、最高法院都对宪法负责，宪法至上。议会不能对政府投不信任票，总统也不能解散议会。

美国是世界上第一个实行总统制的国家。由于美国总统制的成功，总统制被世界上很多国家所采用。法国在传统上是一个实行议会制的国家，但在法国历史上，在多党政治的背景下，政治动荡，政局极为不稳，不断出现政府危机，例如在法兰西第三共和国时期，从1873年到1926年间，法国先后出现25届内阁，在法兰西第四共和国时期（1946～1958）的12年，法国政府走马灯似的换了20届，平均每届政府寿命不过半年，其中上台时间最长的有一年多，最短命的葛义内阁只存在两天就夭折了。意大利也是一个典型的议会制国家，自战后到1992年4月，47年间换了51届政府，每届政府平均寿命只有10个月，其中最短命的是1972年2月17日上台的安德雷奥蒂政府，仅执政9天就寿终正寝。政治动荡，是议会制（不论在君主立宪政体还是共和政体下）难以避免的现实，特别在实行多党政治的议会制国家中更是如此。

政局不稳，政府更迭频繁不符合统治阶级的根本利益，在经历了历史上长期动荡之后，1958年，法国制定第五共和国宪法，借鉴美国总统制的经验，加强总统权力，使总统成为国家政治中心。而不像在议会制下，总统只是“权力装饰品”，是“宪法上的残废者”（法兰西第三共和国总统庞卡莱语）。法兰西第五共和国的政体既保留一些议会制的传统特点，例如政府由国民议会多数党或多数党联盟组成，政府总理由总统任命。政府对议会负责，议会可通过对政府的不信任案迫使政府辞职。总统有权解散国民议会等等；又采纳总统制的一些因素，例如总统由普选产生，总统虽不兼任政府首脑，但握有行政权，内阁会议由总统而不是总理主持，内阁会议决定的法令和命令由总统签署，总统不对议会负责，不是“虚位元首”。法兰西第五共和国这种新的政府体制，被称为“半总统制”。

总统制和议会制是当代西方国家普遍实行的政府体制，除此之外，瑞士联邦的政府体制可谓独树一帜，瑞士实行委员会制，瑞士委员会制政府的主要特点是：

（1）国家的最高行政机关不是掌握在一个人手中，而是由7人组成的联邦委员会，集体委员会设主席、副主席各1人，任期1年，不得连任，实际是由7名委员按进入委员会的先后顺序轮流担任。委员会主席即瑞士国家元首兼行政首脑，但职权有限，委员会实行集体领导，主席虽主持委员会会议，但7名委员权力平等，联邦委员会的决议以多数票（至少4票）才能生效，一旦委员会作出决定，全体委员共同负责。

（2）联邦委员会由联邦议会两院按多数比例制产生，7名委员均从议会议员中选举产生（一旦进入委员会，在议会中就不再享有表决权），对议会负责，立法机关高于行政机关，是国家的权力中心，这些都具有议会制特点，但国家元首无权解散议会。这又同一般议会制国家不同。

第四节　法律制度和司法制度

一、法律制度和司法制度概述

英国、美国、法国、德国、日本等国，同属西方资本主义国家，它们的司法制度，就其目的和本质来讲，也属于同一类型——资本主义国家类型，都是资产阶级用来维护其统治的精巧工具。所谓西方国家的司法机关，一般就是指法院（广义上的司法机关还包括检察机关），法院所行使的权力即为司法权。西方各国司法体制大都很复杂，法院权限不一，司法程序也极为繁复，诉讼、审判各有特点，下列介绍一些富有特色的制度、原则和审判活动。

二、法律制度

由于历史渊源、社会经济文化发展水平、风俗习惯、民族传统等等的差异，西方各国的法律制度、法律体系呈现出各不相同的特点。

西方国家主要有两大法系：一是大陆法系，又称民法系；一是英美法系，又称普通法系。此外，在资本主义世界，还有穆斯林法系、印度法系、犹太法系等，但这几种法系反映的多是宗教上的教义、教规，不像两大法系具有世界影响。

大陆法系又称罗马——日耳曼法系，或民法系、成文法系，它的渊源可追溯至古罗马，是法国等欧洲大陆国家在奴隶制罗马法的原则和形式的基础上，以法国《拿破仑法典》为样板而形成、发展起来的一种资本主义法律体系。

法国资产阶级在大革命后取得政权，根据本阶级的利益和需要，在罗马法的基础上，形成和发展起一套以《拿破仑法典》为支柱的法律体系，这套法律体系影响到整个欧洲大陆以及全世界。

《拿破仑法典》是波拿巴·拿破仑上台后，运用自己的政治权力，下令制定的《法兰西民法典》（1804 年颁布）、《民事诉讼法》（1806 年）、

《商法》（1807 年）、《刑事诉讼法》（1808 年）、《刑法》（1810 年）等一系列法典。这些法典吸取了罗马法和日耳曼人习惯法，强调了所有权的绝对性、契约自由等原则，对调整资本主义社会的财产关系，维护资本主义私有制起到重要作用，它的基本原理为西欧大陆国家和拉美国家所采纳，成为它们制定民法典的样板，影响极为深远。当今世界上，凡是日耳曼语系、拉丁语系的国家，以及日本、印尼等很多亚非国家的法律制度，基本上都属于这个法系。

1807 年 9 月 3 日，由拿破仑签署公布实施的这一套法典正式改称为《拿破仑法典》，拿破仑以他的法典而自豪，把法典的制定称为他毕生的“第一光荣业绩”。后来，拿破仑打了败仗，被囚禁在圣赫勒拿岛，壮士暮年，总结自己的一生说：“我真正的光荣并非打了 40 次胜仗，滑铁卢之战抹去了关于这一切的记忆。但是有一件东西是不会被人忘却的，它将永垂不朽——那就是我的民法典。”历史证明，拿破仑的自信是站得住的，《拿破仑法典》代表自由资本主义民事立法的高峰。

英美法系又称普通法系，或称英国法或判例法，它最初只适用于英格兰和威尔士（就法系而言，苏格兰至今仍属于大陆法系），所谓“普通法”，是指它不同于早期封建领主割据时各自为政，搞的一套套地方习惯法，从 13 世纪起英国就有了全国统一的法律，“普通”有“普遍、通行于全国”的意思。如今，几乎所有英语国家都属这一法系，甚至一些非英语国家也深受这一法系影响。美国独立后，继续沿用、发展英国法，所以这一法系被称为英美法系。

从渊源上看，与大陆法系热衷于固守罗马法和编纂法典不同，英美法系注重法院办案遵循先例，法官在某一判决书中阐述的法律原则，不仅适用于该案，而且起着宣示法律原则，解释制定法的作用，成为一种先例，成为以后法院判案必须遵循的“法官法”，“遵守先例”原则是判例法的基础。

“制定法”亦称“议会法”，是英美法另一个要素和来源，判例得随时被议会肯定、修正和补充以制定为成文法律，即所谓“制定法”，所谓英美法系就既包括普通法院的“判例法”，又包括议会的“制定法”，远不如大陆法系国家的法律简明、单纯。

“判例法”法律数量巨大，内容极为繁杂、混乱，以美国为例，虽然立国只有200多年，美国最高法院的判例就有400多卷宗，仅1887年以来，联邦与多数州最高法院的判例就有5000多卷，每卷平均厚达1000页以上，更不要说历史比美国长得多的英国。据统计，自1235年至1965年，英国公布作为判例的判决书多达30多万件，其中很多内容是前后矛盾的、对立的。除了律师，没有人能弄得清英美法，所以英美"普通法"一点也不"普通"。法律复杂，是英美法系的显著特点。

英美法系是英国、美国在法院办案遵守先例的基础上，广泛吸取日耳曼法律和习惯以及罗马法和教廷法的原则和思想，逐步形成起来的一种独特的法律体系，同大陆法系一样，英美法系也是在私有制的基础上，继承古代西方的法律传统，适应新的、资本主义的生产方式而确立起来的，但由于英国、美国同欧洲大陆国家在社会历史条件、文化传统上的差异，两大法系在法律结构、技术风格上有很大的不同。

三、司法机关和司法审判活动

1. 司法独立

"司法独立"源于资产阶级分权学说，从历史上看，它的提出是具有进步意义的，它是新兴资产阶级为对抗封建帝王的专制统治，特别是反对专制君主控制司法机关，随意逮捕、审讯甚至处死臣民而进行的一种抗争，是资产阶级反对王权专横暴戾统治的一面大旗。"司法独立"原则主张司法权必须同行政权和立法权分立，非经司法机关，非经正当司法程序，不得剥夺任何人的生命、自由和财产。

"司法独立"是西方国家司法制度的第一大特点，西方各国都把这一原则写入宪法，明确规定司法权由法院独立行使。例如美国宪法第三条明文规定："合众国之司法权，属于最高法院及国会随时制定与设立的下级法院"。德国基本法规定："司法权赋予法院"。日本宪法规定："一切司法权属于最高法院及由法律规定设置的下级法院"，"所有法官依良心独立行使职权，只受本宪法及法律的约束"。意大利宪法规定："法官只服从法律"。

从"司法独立"，又引申出"法院独立""法官独立"，西方国家认为，只有确保法院（法官）独立，才能免除专横与暴政，才能保障"一切人的人身权利和自由"。在"司法独立"制度下，西方法院独立行使司法权，独立办案，不听命于政府和议会，不受任何人干涉；法官只服从宪法和法律，而不是政府、议会任意支使的橡皮图章。

为了保证“司法独立”“法官独立”，西方国家又规定一系列具体制度，如法官“终身任职”“不可更换制”，法官“高薪制”等，以塑造一个“独立的”“公正的”“不偏不倚”的法官形象。

“司法独立”标榜的是法治，而不是人治，法官只服从法律，法律是唯一准绳，“法律面前人人平等”。西方国家还规定了一系列司法民主原则与制度，例如：公开审判、辩护、陪审、回避、上诉、“正当法律程序”等一整套诉讼、审判程序。作为国家三大权力机关之一，法院同政府、议会并无实质性区别，但由于法院是以的公断人身份出现的，因此它在维护国家统治方面，往往更显得大公无私。

西方人把它们的法院描绘成一种“超阶级”“超党派”，不问政治的“纯司法机关”，把法院当作无私的“护法机关”。“在这种情况下，公正是判决的形式，但不是它的内容。内容早被法律所规定。”

2. 法院的种类

西方国家的法院组织严密，体系庞杂，种类很多，可以按照不同的标准来分类。

如以法系为分类标准，便有大陆法法院和英美法法院之分；如以审级为分类标准，有初审法院、上诉法院和终审法院之分；如以国家结构为分类标准，有单一制和双轨制法院之分；如以诉讼案性质的分类标准，有民事法院和刑事法院之分；此外，还有普通法院与专门法院之分，西方国家在审判民事、刑事案件的普通法院外，还设有审理各类特殊案件的专门法院，如军事法院、行政法院、宪法法院等。

审级制度是西方法院实行的基本制度之一，它是指高一级法院对低一级法院的判决，经过上诉程序，有权维持、改变或撤销原判的制度。

西方各国的审级制度一般都实行三审制，例如美国联邦法院系统由地区法院、上诉法院和最高法院组成，全美共有 94 所地区法院，全国划分为 11 个司法巡回区，设立 11 个上诉法院，美国最高法院是终审法院。法国的普通法院也是实行三个审级，由基层法院、中级法院和最高法院组成。

有的国家的法院有四个审级，例如英国。英国民事法院系统由郡法院、高等法院、民事上诉法院和上议院四个审级构成，刑事法院系统由治安法院、皇家刑事法院、刑事上诉法院和上议院组成。

英国的司法制度具有独特的传统和特点。在英国司法体制中，上议院是最高审判机关，它居于民、刑事案件的最高上诉审级，它的判决是终审判决。

在英国，大法官地位十分显赫，他是全国首席司法官员、上议院议长、内阁成员，一身兼有立法、司法和行政三种职能。上议院作为最高审判机关，和它作为立法机关的一个院——贵族院的组织活动方式是不同的。

从理论上说，上议院议员都是这个最高上诉法院的当然法官，但实际上，上议院专有10名精通法律的终身议员，他们由英王任命，称法官上议院议员，只有这位法官上议院议员加上现任大法官和曾任高级法官的上院议员，才真正行使上议院的司法权，其他上议员不插手司法审判，这是英国的惯例。曾经有一次，一位上院议员缺乏自知之明，跑去参加这种审判，也想尝尝当法官的滋味，结果不被理睬，自讨没趣，只好灰溜溜离席而去。上议院开庭的法定人数是3人，通常有5 ~ 7人列席。

出于国家结构的不同，联邦制国家和单一制国家的司法体制亦有所不同。例如美国，联邦法院和各州法院两个系统并存，相互之间没有从属关系，各州法院除适用联邦宪法和联邦法律外，还适用本州宪法和法律，所以有人说，美国有50个州，再加上联邦，实际上有51套司法系统。

如在美国乘“灰狗”巴士作长途旅行，沿途经过许多州，有些州法律规定在公共场所（包括“灰狗”上）不许吸烟，有些州就无此限制，因此每当进入一个“禁烟州”时，司机都要大声通报一下：本州法律禁止在车上吸烟等等。

美国有一个城市叫堪萨斯城。堪萨斯城西部属于堪萨斯州，东部属于密苏里州，所以一个城市里，适用两种不同的（州）法律。就拿饮酒问题来说，两个州允许青少年饮酒的年龄不同。

当然，联邦法院，特别美国最高法院是重要的，它是美国的最高上诉法院，是终审法院，它的裁决，诉讼双方必须服从，但这并不是说各州法院就不重要，实际上，美国全国的诉讼官司绝大部分是由各州法院审理的。从数量上看，联邦法院所审理的案子远远赶不上州法院，但从政治上，联邦法院，特别是美国最高法院的地位和重要性要远远超过州法院。

不过也不是所有的联邦制国家都实行这种“双轨制”的司法体制，例如德国、瑞士，虽同为联邦制国家，却实行单一的法院体制，各州法院同联邦法院适用同一的宪法和法律，而且从属于联邦高等法院，同单一制国家的法院体制基本相同。

3. 律师（辩护）制度

辩护制度是西方司法民主的重要内容之一。辩护制度是资产阶级革命的产物，在中世纪的欧洲，没有辩护一说，当时西欧各国法庭上常采取专制的审讯方式，常伴以野蛮的严刑逼供。欧洲法庭那时盛行“神明裁判法”“决斗裁判法”，例如，让当事双方决斗来决定何者有罪，相信上帝会使无罪者在决斗中获胜，双方决斗时，直至一方求饶，或一方被杀死为止，否则一直杀到天黑，当星星在天空出现时，被告则被宣布为胜者。最初，决斗是原告、被告本人亲自上阵，后来又发展到可以委托他人来代替，双方都重金聘请高明的剑手来比试高下。甚至还有“热铁、开水裁判法”，将被告之手放在热铁上或插进开水里，然后把他的手包起来，三天之后，若无烧伤的痕迹，则被无罪释放，否则，此人就被认定是罪恶深重的罪犯。显然，以这些方式来决定一个人有罪与否，是极其荒唐、愚昧的。

在封建专制时代的西方法庭上，是不允许为被告辩护的。随着资本主义的产生发展，资产阶级开始利用法律和一些民主的司法程序来保障国家制度和私有财产，保障公民人身自由和各项基本权利，英国《人身保护法》（1679 年）就规定了被告人有进行辩护的权利，辩护制度逐步形成和完善，辩护人职业化，出现了以辩护为生的律师。目前，美国律师最多，平均每 350 名美国人就有 1 名律师，英国每 700 人中有 1 名律师，德国每 1000 人中有 1 名律师，法国每 2500 人中有 1 名律师。

律师的主要职责就是辩护，因此在有的国家，例如日本的律师就称辩护士。在民、刑事诉讼案中，律师受当事人委托，代表当事人利益，扮演重要角色。西方国家，特别美国、英国庭审采取对抗制，原、被告律师在法庭上当堂对阵、激烈交锋，扮演主要角色，然后由陪审团判定罪证是否成立，最后由法官仲裁，主持庭审的法官，只扮演“消极仲裁人”的角色。西方法律和诉讼程序的复杂性，也使得只有专业律师才熟知这套打官司的玄机。

以美国为例，美国国会每届立法约 800 项，每年辑成一部厚厚的《美国法律汇编》，美国最高法院判例也有洋洋洒洒400多大本，所有这些，都是法官断案时的法律依据。

由于美国司法制度实行双轨制，除联邦宪法和法律，各州还自有一套州宪法和法律，这不仅大大增加了法律的数量，而且大大增加了法律的复杂性，其中不乏重复、抵触、矛盾之处。美国法庭上也是如此。

律师从来不怕法律多，新的法律会带来新的生意。法律文献卷帙浩繁，诉讼官司常年不断，使西方社会对律师是须臾不可或缺。

美国一直以犯罪多、诉讼多、法律多，因而律师也多而著称于世。早在160年前，阿历克斯·德·托克维尔就曾指出，法律界已成为美国的“新兴贵族”“美国贵族坐在审判席和律师席上”。律师在美国社会中占有重要地位。

西方人将律师视为“正义”“真理”的化身，但聘请高明律师的机会并不均等，有的国家例如英国，诉讼程序还规定打官司必须同时聘请两个律师，即一个诉状律师和一个出庭律师，若聘请“皇家大律师”，则还必须在一名普通大律师的陪同下才能出庭辩护，在美国，有实力的人往往聘请几名律师，重金相聘，而一般人则无力做到。前总统卡特曾说：“90%的律师仅为10%的人服务”。

4. 司法审查制度

“司法审查”亦称“违宪审查”，是西方国家通过司法程序来审查、裁决立法和行政机关是否违宪的一种基本制度。司法审查制度的理论依据是：宪法是国家根本大法，具有最高法律效力，是（议会、政府）立法、执法的基础和根据，宪法至上，法律和法令从形式到内容都不得同宪法条文相抵触；司法机关（主要是最高法院或宪法法院）是保障宪法的机关，对宪法有最后的解释权，议会、政府的法律、法令如果违反宪法，司法机关可以裁决该项法律、法令违宪而无效。

近代司法审查制度产生于美国，第二次世界大战后，这种制度为西方很多国家仿效和采用，成为当代西方一种基本的制度。

（1）“司法审查”的由来

近代西方司法审查制度起源于美国，而美国司法审查制度的确立，始于1803年美国最高法院的一个判例，美国宪法虽然确认宪法是全国“最高法律”，规定立法、行政、司法三机关之间有一种“制衡”关系，但宪法对司法审查制度却无明确的、具体的规定，司法审查制度产生于美国的实际政治。

1803 年在《马布里诉麦迪逊案》判例中确立的司法审查制度。早在 1800 年美国大选中，联邦党人约翰·亚当斯总统败北，民主共和党人托马斯·杰佛逊当选为美国第三任总统。亚当斯在下台前夕，采取一系列紧急措施：任命他的国务卿约翰·马歇尔为美国最高法院首席法官，成倍增加联邦法官人数，并在首都哥伦比亚地区新任命 42 名治安法官。这些法官人选全由亚当斯总统提名，全是联邦党人。3 月 3 日（杰佛逊入主白宫的前夜），尚由联邦党人控制的参议院挑灯夜战，完成批准程序，亚当斯连夜签署、颁发委任状。在美国历史上，这些法官落了个“半夜法官”的称号。然终因过于仓促，有些委任状尚来不及进出，第二天就来到了。

3 月 4 日，新总统走马上任，一上台便命令国务卿詹姆斯·麦迪逊扣发这些委任状，马布里就是已被任命为治安法官而又未拿到委任状的人当中的一个。为此，他和其他几个未得委任的同仁一起到美国最高法院状告国务卿麦迪逊，而这时的首席法官就是马歇尔。

马布里等人请求最高法院向国务卿发布执行令，强令麦迪逊发出已经总统签署的委任状，因为根据国会 1789 年制定的《司法法》，最高法院有权对政府公职人员颁发执行令。马歇尔是同情马布里的，但在大选中获胜的民主共和党人现在不仅控制着政府，而且在新一届国会两院中都拥有多数席位，气势正盛。如果驳回马布里的请求，显然是向对手屈服，他于心不甘；如果颁布执行令，杰佛逊和麦迪逊很可能不会执行。

然而，马歇尔采用一种方法解决了这个难题：在一份由他起草、全体法官一致同意的判决书中，他先是宣称马布里被任命为法官，一切程序都是合法的，他有权得到委任状，新总统和国务卿扣押不发是没有道理的，但他又说，最高法院不能颁发执行令，因为这超出了宪法第三条的规定，宪法第三条规定最高法院除对极少数案件有第一审管辖权外，只能审理上诉案件。国会 1789 年《司法法》称最高法院有权向政府公职人员颁发执行令，是同宪法相违背的，因此是无效的。接着，马歇尔话题一转，就宪法的最高法律地位、国会立法权的界限的角度，提出法院有审查法律是否违宪的权力，明确宣布“违宪的法律不是法律”“阐明法律的意义是法院的职权”。

从此开创了美国最高法院审查国会法律的先例，这一判例被美国法律界认为是美国最高法院历史上最伟大的判例，而马歇尔在美国则被公认为最杰出的首席法官之一，美国司法审查制度由此开始。

在此之前，虽然宪法上有三权分立的规定，但最高法院的地位、权势、声誉同国会、总统是远远不能相比的。1790年2月2日，美国最高法院在纽约正式成立，当时没有什么人（甚至包括最高法院法官们自己）认识到它在美国政治中的重要性。美国第一任总统华盛顿任命了6位法官，但最高法院第一次开庭时只有4位出庭，罗伯特·哈里逊拒绝接受任命，他认为他当时担任的马里兰州法院首席法官的职务比美国最高法院法官更重要，另一位被任命为最高法院法官的约翰·库特里奇后来也一直从未出过庭，后来索性提出辞职，去就任南卡罗来纳州最高法院首席法官。

美国最高法院第一任首席法官约翰·杰伊1795年辞职，去当纽约州州长。1801年，亚当斯总统请他再次出任最高法院首席法官，被他谢绝，因为他认为最高法院缺乏“能量、权力和威望”，是一个无足轻重的机构。

直到1803年司法审查制度确立后，这一情况才发生根本转变。现在，任何一个州法院的首席法官如果有幸被任命为美国最高法院法官，都会高高兴兴去华盛顿上任。司法审查制度使最高法院真正同国会和总统行政当局鼎足而立，最高法院9位大法官高高居于美国庞大的司法体系这一权力金字塔的塔尖，特别是首席法官，是同美国总统、国会参众两院议长、领袖平起平坐的人物，其地位之重要，权势之显赫，远非一般议员、部长、州长所能比得了的。

（2）两种司法审查制度

美国的司法审查制度对世界其他国家产生了很大影响，二战后，世界上很多国家包括一些传统议会制国家，纷纷效仿美国，建立起自己的司法审查制度。西方国家的司法审查制度基本上可以分为两种，即普通法院审查制度和宪法法院审查制度。

所谓普通法院审查制度，就是由普通法院主要是最高法院来行使司法审查权，最高法院有解释和运用宪法的权力，有权对议会、政府的行为及下级法院的判决作出违宪的裁决。当然，审查方式主要是通过审理具体诉讼案件来审查有关法律、法令是否违宪，实行“不告不理”原则，如果没有具体诉讼案，法院不能主动对法律、法令实行预防性审查，若作出“违宪”的裁决，也不是宣布撤销该项法律、法令，而是“不执行”或“拒绝执行”那条法律、法令。

目前，实行普通法院审查制度的国家，有美国、日本、加拿大、澳大利亚以及墨西哥、阿根廷等国家。

英国的司法审查制度有些独特。英国实行“不成文宪法”，标榜“议会主权”“议会至上”，议会的法律地位高于行政和司法机关，因此不存在司法机关审查议会立法是否违宪问题。英国的司法审查制度，指的是高等法院（王座法庭）审查政府行为和下级法院判决是否符合宪法，它无权审查议会的立法。

所谓宪法法院审查制度，是指一些国家在普通法院之外，设立专门的宪法法院来行使司法审查权。宪法法院不审理普通民、刑事诉讼案，其职能主要就是保证宪法的实施。

宪法法院行使司法审查的方式比较复杂，因国而异。有的国家实行“抽象的原则审查”，或叫“预防性审查”，它是由宪法法院依照法定程序对议会法律、政府法令进行预防性的原则审查，以确定其是否违宪。有的国家通过对具体诉讼案的审理，对有关法律、法令进行审查，同美国法院的“不告不理”基本相似。第三种方式是所谓“宪法控诉”，也是抽象的预防性的原则审查，只是提起诉讼的不是政府机关或议员，而是公民个人。

西方各国宪法法院的职权、诉讼程序、法院组成各不相同，但保障宪法，行使司法审查权，是各国宪法法院共同的、主要的职能。目前，实行宪法法院审查制度的有法国、德国、意大利、奥地利等 20 多个国家。法国的宪法法院叫“宪法委员会”。

（3）司法审查制度的实质

在司法审查制度之下，美国统治阶级赋予法官，特别美国最高法院法官以极大的权力，这种权力远远超出“纯司法”性质，实质上是制定政策的权力，最高法院法官实际上可以根据不断变化的形势，根据统治阶级的需要来随意解释宪法、解释法律，参与国家决策。

美国最高法院行使司法审查权裁决的案子，广泛涉及美国的重大政治、经济、社会问题，这些裁决调整了美国社会的内部关系，缓和了社会的各种矛盾，使社会制度得以维护，所以司法审查制度又被称为是美国宪政体系的“平衡器”，美国社会的“安全阀”。

美国最高法院的“司法审查”，广泛涉及美国政治、经济、社会生活的各个方面，特别第二次大战后，“沃伦法院”大声疾呼“自由”“平等”“民主”，动用司法审查权，作出许多重大裁决，博得自由派的极力赞赏，托克维尔在他的名著《美国的民主》中曾这样评论美国的司法制度：“司法的最大目的，在于以权利观念代替暴力观念，并在政府与物质力量之使用中间，设置一道法律屏障。”

不仅美国如此，西方法院通过司法审查制度变换，修改一些过时的法律，以适应形势的变化。当然，法院的手法有别于议会和政府，在西方各国最高统治集团中，议会和政府处于第一线，而法院则守在二线，法院的裁决，特别它的违宪裁决，实际上是为整个统治集团提供了一个调整政策、纠正失误的手段，以缓和矛盾，适应不断变化的形势。

司法审查制度是西方资产阶级集长期治国经验而精心设计的，司法（法院、法官）独立，不受议会和总统控制，既巩固了资本主义法治，又使统治集团加强了应变能力，对维护资本主义制度起了重要作用。

第五节　政党制度

一、政党和政党制度概述

政党是现代国家中普遍存在的一种社会政治现象，现在除极少数国家（例如沙特阿拉伯、阿曼、阿联酋、科威特、卡塔尔、巴林、尼日尔、尼泊尔、不丹、汤加、斯威士兰、西萨摩亚等）外，世界各国都有政党存在。

政党一词是从拉丁文 Pars 演变而来，从字义上讲，指一部分，转意则指一种团体，一种社会政治组织。政党的概念同国家的概念一样，常常被一些学者或政客搞得混淆不清，他们或把政党归结为一般的社会团体、利益集团，或定义为“表达民意的组织”。《不列颠百科全书》（第 15 版）称“政党是在某种政治制度内，通过民主选举或革命手段，以取得和行使政治权力为目的而建立的组织。”《美国百科全书》（1980

年版）给政党下的定义是："政党是由个人或团体，为了在某种政治制度内，通过控制政府或影响政府政策以达到行使政权的目的，而建立起来的组织。"

应该说，这两套权威百科全书对政党所下的定义，揭示了政党的一些属性和特征，有可取之处，但同其他西方著作一样，它们有一个共同的、根本的缺陷，就是忽略了政党的本质属性即阶级性。

马克思认为：政党是阶级斗争的产物，它是在阶级社会中，一定的阶级或阶层的政治上最积极的代表，为了共同的利益和共同的政治目的，特别是为了取得政权和保持政权，而在阶级斗争中形成的政治组织。

政党属于社会政治上层建筑范畴，但它又有别于国家政权机关，它不是国家权力机关的组成部分；政党属于社会组织，但它不同于一般的社会团体，它是拥有明确的政治纲领，有明确的奋斗目标，有统一的组织系统和领导机构，有组织纪律的政治组织。夺取政权，保持政权，维护本阶级的利益，是政党最根本的特征。

西方国家主张多元政治，政党林立，如果以具体的政党为分类标准，西方国家的政党主要有自由（民主）党、保守党、基督教民主党、工党、社会党、共产党、绿党和其他政党几大类。

如果以意识形态和政治倾向为标准，可分为左派、中间派、右派、或称左翼、中派、右翼政党，有的国家称自由派、保守派政党，有时还有极左、极右、中左、中右，极端自由、极端保守、温和保守之说。例如在日本，自民党是保守政党，公明党、民社党为中间势力，而社会党和共产党为左派政党。在美国，共和党保守色彩较浓，民主党一向以自由主义思潮占主导地位。

如果以对现行体制的态度为标准，可分为拥护体制党和反体制党两大类。

如果以与国家最高权力的关系，即是否执政为标准，可分为执政党和在野党（反对党），若依在议会中拥有议席多少而论，又有多数党和少数党之分。在议会制国家，如英国下院多数党就是执政党，而在总统制国家，如美国国会两院中的多数党并不一定是执政党，只有总统的党才被称为执政党，尽管总统的党在国会两院中可能都是少数党。

如果以法律是否承认为标准，西方政党又可分为合法政党和非法政党，凡为法律所承认，有合法地位的为合法政党，凡为法律所禁止，只能在地下秘密活动的政党为非法政党。

以马克思主义的政党分类法（以政党的本质属性为标准来划分），现代西方国家的政党可分为资产阶级政党和无产阶级政党两大类，在这两者之间的是小资产阶级政党。

政党制度是政治制度的重要组成部分，由于具体国情、历史传统的不同，不同的国家实行着不同的政党制度，根据一个国家中实际掌握政权的政党的数目，通常可把西方国家的政党制度分为一党制、两党制和多党制。不论实行哪种形式，政党制度都是资产阶级维护其本阶级利益、实现阶级统治的重要工具。

二、一党制

一党制指的是一个国家长期由一个政党垄断国家权力的政党制度。

西方国家的一党制又分为两种类型：一种为法西斯一党制，一种为一党多元制。

1. 法西斯一党制

法西斯一党制的特征是国家政权完全由法西斯党垄断，实行专制统治，法律上禁止其他政党存在和活动。法西斯党的领袖即国家元首，实行独裁，大权独揽，党国合二为一，法西斯一党制又被称为法西斯权制。

1945 年以前的纳粹德国、意大利，1975 年以前佛朗哥统治下的西班牙等国都是法西斯一党制的典型。在意大利，1926 年墨索里尼政府颁布一系列“非常”法令，解散法西斯党以外的一切政党和工会组织，法西斯党为唯一合法组织；在德国，1934 年希特勒宣布纳粹党为德国唯一合法政党，凡另立新党者都以谋叛罪论处，在法西斯统治下，宪法被废除，代议制被取消，法西斯一党制是对资产阶级民主制的全面反动。

2. 一党多元制

一党多元制是西方一党制的另一种类型。在一些实行资产阶级民主制的国家里，也存在着一个政党长期掌握政权的现象，但这种政党制度与法西斯一党制不同，不能将两者简单地归为一类。

一党多元制的特点是：社会多党化，但国家政权为一党长期垄断。一党多元制国家法律上并不禁止其他政党存在，实际上也确有多党并存，国家主张资产阶级民主，从理论上并不否认其他政党有上台执政的可能，但在实际政治中，由于一党居绝对优势，没有一个其他政党能打破执政党独掌政权的局面。

例如第二次世界大战后的印度，除了短时期外，一直是由国大党独掌政权，其他政党无力与之抗衡。在墨西哥，现有政党十多个，但执政党一直是墨西哥第一大党革命制度党，一党多元制既表现为一党当政，又兼有多党民主，是一种独具特色的政党制度，它是由这些国家的具体国情和特定历史条件所决定的，当然，随着历史的演变，随着在野党的发展壮大，这种实质上的一党制是有可能变成多党制的。

日本是实行一党多元制的典型国家。日本的政党制度很独特，同其他西方大国的政党制度（通常是两党制、多党制）不同，日本实行一种极富日本特色的一党制，即自民党一党独揽政权，党外有党、党内有派的一党多元制。

第二次世界大战后，作为战败国，日本被美军占领，此后，日本实行民主改革，新政党纷纷成立。战后初期，以政党自称的团体就达360多个。1947年4月，日本举行新宪法公布后的首次大选，社会党以微弱多数居首位，以社会党为主组成联合内阁，社会党成为执政党，但片山哲内阁执政不到8个月便倒台了，1955年，日本政治发生重要变化，在财界四团体强烈要求下保守政党合并。11月，自由党和民主党搁置了相互之间的争吵和分歧，组成单一的自由民主党。自民党是日本垄断资产阶级的政党，它的后台就是所谓“财界四团体”——经济团体联合会（“经团联”）、日本经营者团体联盟（“日经联”）、日本商工会议所（“日商”）和经济同友会（“同友会”），其中“经团联”财大气粗，被称为“财界总司令部”，其成员几乎包括了财界全部大公司、大企业。自民党完全代表着财界的利益，财界对自民党也是“绝对信任”，从经济上给予强有力的支持，为自民党提供源源不断的政治资金。从此之后，自民党在国会中居绝对优势，长期垄断国家政权，自称“万年执政党”。它在日本政治舞台上起决定性作用，日本政治、政党制度进入一个新的发展阶级，此即所谓的“1955年体制”。

在这种体制之下，日本虽然有多党存在，在国会中拥有议席的就有自民党、社会党、公明党、民社党、社民联、共产党等政党，但自民党长期独霸日本政坛，一直是国会第一大党。所谓日本政治：一方面是大选中，自民党同其他政党争夺国会席位，争夺国家最高权力，另一方面就是党内各派总裁争夺战，各派都要争夺主导地位，夺得总裁宝座的一派（及其盟友）就是主流派，在总裁和主流派的主导下，获得执政地位的自民党各派，再按实力进行党和政府权力的再分配。

自民党内派系林立，各派都有本派的办事机构，定期或不定期地召开派系会议商讨党内外大事。选举时，各派都提出本派候选人参加竞选，以本派实力作为后盾争夺国会、政府和党的重要职位。各派系一般都提出本派首领为总裁候选人，派系在自民党内保持相对的独立性，俨然是“党中之党”。

历届自民党政权都是主流派的联合政权，主流派是总裁派同另外一派或几派的联盟，它们在党内居主导地位。主流派和非主流派既相互矛盾、相互斗争，又相互依存，主流派不开除非主流派，非主流派也不退出自民党另立山门，共同维护自民党的一统天下，是它们的最大利益，是各派系之间最大的共同点。

日本政治是“金权政治”，在日本政治中有一句专门术语，叫“集金力”。谁的“集金力”大谁就当老大，追随谁的议员就多，他的一派实力也就最强（派系大小以本派国会议员的多少而定）。

20世纪70年代和80年代前半期，自民党内主要有五大派，即田中派、福田派、大平派、三太派和中曾根派，这五派首领曾先后出任自民党总裁和日本首相，都是日本政界的风云人物。1987年6月3日，田中派正式分裂，在儿女亲家金丸信的支持下，田中派少壮派议员竹下登拉出田中派大部分国会议员，自立山门，成立竹下派，成为自民党内第一大派，并出任党总裁和首相。

随着日本政治的发展，随着一些政界元老的自然死亡、退出政界以及新人的不断崛起，20世纪90年代初，自民党内派系逐渐变为竹下派、三塚派、宫泽派、渡边派和河本派五大派别。1989年，竹下登因涉嫌“里库路特案”丑闻引咎辞职；1992年，金丸信又因卷入“佐川案件”而被迫辞职。一向在党内依仗人多势众而呼风唤雨的竹下派大老板灰溜溜下台，派内内讧加剧，终于彻底分裂，从此，声名赫赫的竹下派在自民党内主宰一切的时代一去不复返了，日本自民党内的派别之争进入一个新时期。

从历史上看，自民党总裁产生的方式大体上有三种：公开选举、协商确立和元老裁决，具体采取何种方式，因时而异。通常情况下实行公开选举，若各派矛盾激化、争执不下，为了整个自民党的利益，就搞“密室交易”，即所谓协商解决，或由握有实权的元老出面裁决。

田中角荣之前的6个总裁基本上都是以公开选举方式产生的，其后，三术武夫是由当时的副总裁椎名悦三郎裁定的，福田赳夫是由党内多位头面人物密商指定，竹下登是由前首相中曾根裁定。

派系是自民党调整内部关系的重要手段。多年来，自民党一直呼吁要取消有“私利小集团”之嫌的派系，建立举党体制，但派系却一直未能取消，究其原因，都因各派都有各自的利益，不同的派系代表垄断资本中不同集团的利益，是不同集团的政治代言人，且议员也离不开派系，需要派系金钱和政治上的扶植，各派又都想夺取总裁、首相宝座，以壮大本派的力量，这些产生派系的基础没有变，自民党内的派系就会继续存在下去。

三、两党制

两党制指的是由两个主要的资产阶级政党把持国家政权，轮流执政的制度。在这种政党制度下，两个在政治上居垄断地位的大党，扮演成相互反对的角色。一个在台下，一个在台上，互相争斗，轮流坐庄。两大党异曲同工，互为“忠诚的反对派”，排斥第三者染指政权。

两党制最早产生于英国，后来又出现于美国（民主党、共和党）、加拿大（自由党、进步保守党）、澳大利亚（工党、自由党）和新西兰（工党、国民党）等原英国殖民地和在政治上受英国影响较深的国家。

1. 英国两党制

英国是典型的实行两党制的国家，早在17世纪70年代，英国议会中就有辉格党和托利党（自由党和保守党的前身）之争，19世纪30年代英国选举制度改革之后，以议会中两个对立的政治派别为核心，在全国范围内，逐渐形成了两个资产阶级政党——自由党和保守党。两党在英国政治中居优势地位，一直垄断国家权力，自19世纪50年代至第一次世界大战，在先后20届内阁中，除两届联合内阁外，其余皆由保守党或自由党单独组成。20世纪以来，虽然自由党逐渐衰落，工党取代自由党成为英国第二大党，但两大党抗争的格局一直未变，自1916年以来，除两次联合内阁外，内阁分别由保守党或工党组成。

根据英国的惯例，拥有下院席位最多的政党为执政党，执政党领袖出面组阁，其他政党为在野党，但第一大在野党（即拥有下院席位最多的在野党）成为反对党，被正式称为“英王陛下忠诚的反对党”，这种“官方反对党”制度，是独具特色的英国两党制的重要特征。

“英王陛下忠诚的反对党”一语，出自约翰·霍布豪斯之口。1887年霍布豪斯在《爱丁堡评论》上发表过一篇书评，文中首次使用“英王陛下忠诚的反对党”这一说法，后被广泛使用，被誉为19世纪英国统治艺术的最大成就，即一个在野党对国家制度具有完全的忠诚，同时又自称为这个国家的政府的反对者，组织“影子内阁”，随时准备取而代之，上台执政，更好地为英王陛下效劳，替选民说话。这种执政党和反对党通过普选和平竞争，互相“拆台、补台”，而不损害、动摇同家根本制度和安定局面，实行“多数统治、保护少数”这种政党政治，受到西方普遍推崇，认为这种政党政治很民主，有利于维护资产阶级的根本利益，是一种巧妙的、高明的统治手法。

20世纪初，随着资本主义从自由竞争发展到垄断阶段，随着工人阶级走上政治舞台，力量不断壮大，打着“工人政党”旗号的英国工党逐渐取代了鼓吹自由主义的自由党在英国两党政治中的传统地位，上升为英国两大党之一，与保守党抗衡，英国两党制进入一个新进期。但工党并非如它的名称所表明的那样是什么工人政党，它同样是一个资产阶级政党，它拥护英国的宪政体制，虽然工党的下层党员中有不少工会会员，但工党的领导集团中却不乏富翁，出身于工人的极少，工党和保守党虽然在政策主张上政见不同、争吵不休，但两党之争并非两个阶级之争，在维护资本主义制度，维护资产阶级根本利益上，两党没有不同。

2. 美国两党制

美国政治学家克林顿·罗西特曾经说过：“没有民主就没有美国，没有政党就没有民主，没有竞争与缓和就没有政党。”美国也是一个实行两党制的国家，政党政治影响到美国政治的各个层面，因此，詹姆斯·伯恩斯称之为美国的“第二宪法”，查尔斯·比尔德则说它是“国中之国”。

美国是一个标榜宪法至上的国家，两党民主被推为美国民主的精髓与光荣。但美国宪法并没有规定政党的地位，美国早期领导人对政党都不抱好感，厌恶政党政治，认为政党代表小集团的利益，认定政党就是阴谋、腐败、分裂、党争的同义词。美国开国总统乔治·华盛顿曾告诫人民要以最严肃的态度反对党派精神的有害后果，他说党派精神是“政府的最危险的敌人”；华盛顿指责政党政治就是“一派轮流对另一派进行的统治，会因政党间不和而自然产生的复仇心成为苛政。这种复仇心在不同年代和不同国家中曾犯下最可怕的罪行。因此，这种轮流统治本身就是可怕的专制，并终将导致更加正式的和永久的专制。”詹姆斯·麦迪逊在《联邦党人文集》中探讨了党争的“弊病”和“危害”，指出：“党争就是一些公民，不论是全体公民中的多数或少数，团结在一起，被某种共同情感或利益所驱使，反对其他公民的权利，或者反对社会的永久的和集体利益。”托马斯·杰佛逊说：“如果非同一个政党一起就不能进天堂，我宁愿永不进天堂。”

然而，在华盛顿的第一届联邦政府中，实际上已逐步形成两个对立的党派，一派是以杰佛逊为首的民主共和党，另一派是以亚历山大·汉密尔顿为首的联邦党，两派政见不同，成为政敌，用杰佛逊的话来说：“汉密尔顿和我天天在内阁里斗，像两只公鸡一样。”双方争斗之激烈，以至华盛顿不得不从中调解，敦促“各方都抛弃伤人的猜疑和刺激性的指责，而代之以胸怀宽大的忍让，互相克制和妥协。”

虽然，美国开国元勋们反对政党政治，但政党之争在立国之初就已萌芽，两党制完全是在实际政治中发展起来，成为美国一项极其重要的、不成文的宪政制度。

1824年大选中，由于在总统宝座争夺战中的纠纷，民主共和党彻底分裂，安德鲁·杰克逊另组民主党，美国两党政治进入一个新阶段。南北战争后，一党在台上，一党在台下，两党抗争、轮流执政的局面比较牢固地建立起来，美国政治中的两大政党——民主党和共和党都已正式登台、扮演主角，这种政治格局一直持续至今。美国两党制最终确立。

在当今世界上，在100多个国家中，只有10多个国家实行两党制，其中最具代表性的是英、美两国。英、美两国的政党政治亦各有特点。美国两大党都是打着维护资本主义的旗帜，其阶级实质是完全一样的，美国两大党的政治纲领都要维护垄断资产阶级的根本利益。

从意识形态上看，两大党都信奉资本主义的基本原则和根本制度，都奉美国宪法为神圣不可侵犯的根本大法，拥护美国一整套宪政制度。

两大党在根本问题上的一致，在当代表现得特别明显。

在第二次大战后大部分时间内，美国政治中都出现共和党人出任总统，民主党控制国会的局面，但“民主党国会”与“共和党总统”并不是“分裂的政府”，在几任共和党总统任内，民主党占多数的国会都是与共和党政府密切合作的，曾任参院多数党领袖的民主党人林登·约翰逊就说得很明白：“我从来就不赞成这个论调，说什么‘反对党就是专提反对意见的’，我不相信，美国人民派我们到这里来，只是为了要我们起阻挠作用。”同舟共济、异曲同工，共同维护资产阶级的整体利益，是美国两党制的实质。

从领袖集团上看，两大党也都完全是资产阶级性质的党。两党为统治阶级训练、储备并源源不断地输送治国之才，两党的总统、国会领袖、著名议员、政府重要部门的首脑这些最有权势的人物中，出身名门望族者不乏其人，其中很多人出自大财团。

当然，两党之中也有一些政客本人并非豪门子弟，而靠在政界的多年拼搏，得到赏识成为出色的政治人物。如哈里·杜鲁门、理查德·尼克松。尼克松出身贫寒。但在政坛奋斗多年，终于入主白宫。

美国政治体制为出身低下，但为梦想奋斗的志士敞开了大门。美国学者托马斯·戴伊曾指出：“从非上层阶级选拔某些人到掌权地位，对于社会可能具有重大意义。”他说：“为下等阶级的优秀人物提供进入最上层的机会，就能事先杜绝革命领袖的产生。一旦有才能的、雄心勃勃的人物登上最上层地位，优秀人物掌权的体制实际上会得到加强。最上层领导人中只有少数人来自下等阶级这一情形是并不重要的。正是由于存在这种稀有的机会，才能鼓励有才华的人相信他们能够升入最上层，使该制度在所有的社会阶级中得到更多的支持。”这种选拔体制扩大了资产阶级统治的社会基础。

两党没有什么根本区别。两党有着大同小异的政纲，也都没有固定不变的党员。在大选中投共和党的票就算共和党人，投民主党的票就算民主党人，这次大选投共和党的票，下次人选可以改投民主党的票，党籍无足轻重，美国两大党党员改变政党身份的事经常发生，这在美国政治中叫“跳槽”。例如亨利·华莱士原为共和党人，后转为民主党，在 1940 年大选中当选为（民主党）副总统。罗纳德·里根原为民主党自由派，后摇身一变成为共和党极端保守派的代表人物。

菲迪南德·伦德伯格在他的力作《富豪和超级富豪》中指出："两党只是同一个钱币的正反两面"，一语道破美国两党关系的实质。

在两党制下，两党轮流坐庄、交替上台，都是垄断资本的御用工具，特别是当资产阶级统治出现危机，人民严重不满时，两党之间的争论就会加剧，西方政治称之为体现民主。

两大党是资产阶级的"两只手"，两党制的根本作用，就在于标榜自由、民主，维护资产阶级根本利益，两大党既争论，又合作，目的是一致的。

四、多党制

多党制指的是两个以上的政党或政党联盟为夺取政权，相互抗争，并轮流上台执政的一种制度。

资产阶级是一个极其复杂的矛盾统一体，其内部存在着许多不同的集团和阶层，有着不同的利益和要求，与此相适应，在政治上会有不同的政党或派别来作为他们的代言人，这些政党或派别为夺取国家最高权力，维护本集团的利益，常常争斗不休，表现在政治上，会出现政党林立、党争复杂的局面。时而联盟，时而分立。

在议会制国家，政府的组织和执政必须得到议会多数的支持，但在政党林立的情况下，特别是在实行比例选举制的国家，议会中的议席往往由众多的政党掌握，一个党要想单独控制议会多数并出面组阁很不容易，因此，政党之间就要展开合纵连横，力争结成联盟，组成多党联合政府。

多党制国家政府的组成，往往要取决于政党之间的妥协和联盟，政治竞争往往不是两军对垒，而是多元竞争，在错综复杂之中，实现一种动态平衡，而政党之间的矛盾，使联合政府呈现一种不稳定状态，当执政的联盟内部的分歧达到不可调和时，就会导致联盟破裂，联合政府垮台。因此，政局不稳，经常出现政府危机，是多党议会制国家政治生活中的常见现象。

多数西方国家，例如法国、意大利、德国、瑞士、芬兰、荷兰等国家普遍实行多党制。

1. 法国多党制

法国是一个典型的实行多党制的国家，在法兰西第三、第四、第五共和国时期，法国都实行多党政治，党派格局多元化，是法国政治一大特点。历史上，法国政党众多，一度曾多达 200 多个。

有人戏言法国党派之多同其闻名天下的乳酪品种不相上下，这些政党时分时合，变化无常，在第五共和国初期，有 20 多个大大小小的党派，目前还剩下 10 多个。在通常情况下，没有一个政党单独获得议会过半数席位，总是由几个政党联合上台执政，1968 年国民议会选举中，保卫共和联盟（即戴高乐党）单独获得半数以上议席的情况，在法国历史上是罕见的。

法国实行多党制是由其具体国情、历史传统所决定的：

首先，它是法国大革命的产物，是法国社会阶级力量对比关系的反映。自 1789 年法国爆发资产阶级大革命以后，封建势力多次复辟，各派政治力量在政治舞台上充分表演，进行了尖锐、激烈的斗争，反复较量，谁也吃不掉谁，形成形形色色的政治派别，直到 1875 年法兰西第三共和国建立，法国确立议会制共和政体，这种激烈的党派斗争才转入议会斗争的轨道，政党林立、多元竞争。

其次，法国多党制的存在，受到法国民主传统的影响。法国中产阶级力量比较强大，资产阶级革命比较彻底，民主思想比较浓厚。法兰西民族一向以自由、浪漫的性格而闻名于世，法国是伏尔泰、孟德斯鸠、卢梭的故乡，是 18 世纪资产阶级启蒙运动的发祥地，素有自由、民主的传统。法国大革命高举“自由、平等、博爱”的大旗，法国从整体上来说，要比欧洲其他资本主义国家政治自由多一些、宽容一些，因此，各派力量能够长期和平共处、长期共存。

再次，法国多党制同法国的选举制度有关。法国选举在传统上一向实行比例选举制，国民议会选举按照小选区两轮多数代表制进行。比例选举制即在选举中，各政党按所得选票的多少，按比例分配议会议席的一种选票计算制度。在这种选举制度下，各政党在议会中占有的议席与其在选举中获得的选票成正比，即在选举中只要得到一个议席所必需的当选票额，便可选出一名议员。这种制度比较合理、民主，对小党有利，使小党在政治上能够生存下去。

法国不像英国、美国实行的小选区多数代表制，剥夺小党的代表权，扭曲选民的意志，对大党有利。多数代表制产生两党制，比例代表制产生多党制，选举制度往往对政党制度、政党政治产生重要影响。当然，法国选举实行比例代表制，这本身也是小党长期斗争的结果。

自 1958 年法兰西第五共和国以来，法国政党经过大分化、大改组，有些政党衰落或消失，各派力量对比发生变化，经过多次离合、改组，逐渐形成四大党两大派对峙的政治格局。1981 年，社会党同共产党结成左翼联盟，在大选中获胜，联合上台执政，结束了左翼自 1958 年以来长期垄断政权的局面。此后，由于与社会党的政策分歧，法共于 1984 年退出联合政府，对社会党持严厉批评态度，左翼联盟破裂。1986 年，由保卫共和联盟和法国民主联盟组成的右翼联盟在国民议会选举中获胜，右翼联盟上台执政，雅克·希拉克出任政府总理，法国出现左翼总统和右翼政府共治的局面。1993 年 3 月在国民议会选举中，社会党一败涂地，右翼联盟大获全胜，法国再次出现左右两翼共同执政的格局，随着 1995 年法国总统选举的临近，法国各政党之间，总统与总理之间的矛盾、斗争将更加白热化，更加错综复杂。

2. 意大利多党制

意大利也是一个典型的多党制国家，政局长期动荡不安，局面混乱，比起法国来，有过之无不及。二战后至 1992 年，已换了 51 届政府，每届政府平均寿命只有 10 个月，其中最“悲惨”的一届只存活了 9 天，寿命最长的一届也只有 34 个月，这在西方国家中是少有的。

二战后，意大利国内政党为数众多，各政党之间你争我夺，今天几个党结盟，明天就可能分道扬镳，另寻新盟友。意大利议会选举实行大选区比例代表制，经常参加竞选的政党有 30 多个，在议会中拥有席位的有 16 个，但在意大利政治舞台上影响较大的政党主要有天主教民主党、共产党、社会党、社会民主党、自由党和共和党。

天民党自称是一个“信奉基督神灵启示”的党，蒙上了一层浓厚的宗教色彩。意大利是一个天主教国家，意大利人中有 90%以上是天主教徒，因而支持天民党的人最多，战后，历届政府都是由天民党单独组成或以天民党为主，联合其他政党组成。天民党虽标榜是一个“超阶级”的政党，是“民主的、自由的、多元化的”，实际上代表垄断资本利益的党，是意大利资产阶级在政治上的主要代表。

自二战以来，天民党一直是意大利第一大党，共产党是第二大党。意共是西方世界最大的共产党，也是意大利国内最大的反对党，曾拥有党员160万人，但长期被排斥在政权之外，处于在野地位。东欧剧变后，1991年，意共20大决定放弃共产党的名称，改称“左翼民主党”，新党不再以马列主义为指导思想，已不再是一个共产主义政党。

战后意大利政局一直动荡不定，例如1987年3月，战后第46届内阁发生政府危机，总理克拉克西（社会党人）提出辞职后，总统科西加（天民党人）一连任命了5个人选组阁，皆告失败，最后不得不解散议会，提前举行大选。第46届政府是由天民党、社会党、自由党、共和党和社会民主党5党组成的联合政府，各党派利益不同，政府内部矛盾重重。在新的大选中，没有一个党获得过半数议席，不得已只好由这五个党再度联合执政，所以人们戏称这五个党是“离不开又合不来”。第47届政府成立不久，总理戈里亚（天民党人）就因内部纠纷三次提出辞职，执政7个半月下台。

1992年4月，意大利政坛再起波澜，因4月初举行的议会选举，政党矛盾激化，4月25日、26日，安德雷奥蒂政府和科西加总统相继辞职，意大利陷入自1946年这个国家在法西斯废墟上建立共和国以来从未有过的政治大动乱。

科西加怒气冲冲地辞去总统职位，并且因为同天民党领袖们的矛盾，同时宣布退出天民党，不仅各政党矛盾加剧，就是天民党内左右两翼也势不两立。在随后议会参众两院举行的总统选举中，各党争吵不休，投票中曾发生过议员间大打出手的暴力冲突，也发生过舞弊事件。

最后，经过3个星期的混战，经过议会16轮投票，才产生了意大利战后第9位总统以及第51届政府。政局动荡不安，政治丑闻不断，政府更迭频繁是多党制的弊病之一。

第三章

苏联政治制度及其演变

第一节　苏维埃政权的建立

1917年,俄国爆发了史称“二月革命”的资产阶级革命,推翻了沙皇制度。

彼得格勒的工人和士兵建立了自己的革命政权——苏维埃。苏维埃作为一个新生的政权,得到武装工农群众和革命士兵的支持,开始管理国家事务。代表无产阶级的布尔什维克党提出了“全部政权归苏维埃”的口号。但是在苏维埃中存在多个党派,其中孟什维克和社会革命党人占据了多数。他们认为无产阶级无力掌握政权,于是让资产阶级组织政府。这样一来,俄国出现了资产阶级临时政府和工、兵代表苏维埃两个政权并立的局面。列宁发表的《四月提纲》,给布尔什维克党提出了使资产阶级民主革命过渡到社会主义革命的任务。因为当时武器掌握在人民手中,列宁认为可以和平地剥夺临时政府的权力。但是临时政府制造了七月流血事件,对布尔什维克和左翼的社会革命党人进行镇压,夺取了全部政权。

列宁领导的十月社会主义革命推翻了临时政府,使它只存在了8个月。1917年10月25日,在彼得格勒武装起义胜利之时,全俄工、兵代表苏维埃第二次代表大会召开。在649名代表中,布尔什维克占390名,社会革命党160名,孟什维克72名,其余属于其他党派。代表大会宣告:临时政府已被推翻,代表大会已经把政权掌握在自己手里,全部地方政权一律转归当地的工兵农代表苏维埃。大会选出全俄中央执行委员会作为常设权力机构,在这一机构中,布尔什维克占到三分之二,而随后产生的政府机构——人民委员会中,15名成员全部来自布尔什维克,确切地说,这是一个一党独大的联合政府。后来,为扩大政权的社会基础,中央执行委员会进行了改组，左派社会革命党人加入政府中来，中央执行委员会的人员构成也发生了变化，布尔什维克的人数甚至一度略少于左派社会革命党人，苏维埃在一段时间内成为一个真正的两党联合执政的政权。

但是1918年苏维埃内部在布列斯特和约问题上发生的分歧和斗争，成为左派社会革命党与布尔什维克从合作走向分裂的转折点。和约批准后，左派社会革命党人宣布退出人民委员会以示抗议。此后左派社会革命党发生了叛乱和分裂（一部分加入右派社会革命党和孟什维克的阵营，一部分并入布尔什维克），右派社会革命党和孟什维克发动的叛乱也被平息，从此之后，布尔什维克党之外的其他政党全部从俄国政治舞台上彻底消失了。与此同时，布尔什维克党内的派系活动也被禁止，俄共（布）十大上通过了《关于党的统一》的决议，宣布："任何派别活动都是有害的，都是不能容许的"，俄共（布）十一大之后，党内的工人反对派和民主集中派瓦解，高度集中统一的党的体制终于建立起来。1922年底，一党制完全确立，苏联也宣告成立。

从"二月革命"到"十月革命"再到共产党一党专政的形成，实际上是一个无产阶级政党与其他小资产阶级政党竞争领导权的过程（大资产阶级政党早已被剥夺了权力）。

尽管在苏维埃中一度有过多党联合执政的时期，但是苏维埃政体包括这一政体的目的和宗旨事实上都不属于可以讨论的范围。这就表明布尔什维克的领导地位不容改变。"十月革命"之后，按照革命早期各党派的奋斗目的，俄国于1918年1月5日召开了立宪会议，但是在普选产生的代表中，布尔什维克只取得175席，右派社会革命党却占有370席。由于布尔什维克控制的全俄中央执行委员会规定立宪会议的任务是制订对俄国社会进行社会主义改造的根本原则，会议开幕后，右派社会革命党即退出。第二天，人民委员会解散了立宪会议。至此，苏俄的政治运行彻底离开了建立多元政治的轨道。此后走上一党专政的道路。

苏维埃政体的一元化权力设计是苏俄一党制形成的重要因素。按照马克思关于工人阶级应该打碎摧毁现成的国家机器的思想，苏维埃将国家议会变为工作机构。"议员必须亲自工作，亲自执行自己通过的法律，亲自检查在实际生活中执行的结果，亲自对选民负责。代议机构仍然存在，然而作为特殊制度的议会制，作为立法和行政的分工以及议员们享有特权的议会制，在这里是不存在的”。在议行合一的政体中，反对党基本上没有活动空间，走向武力对抗势在难免。所以，虽然布尔什维克有联合执政的经历，并不等于在苏俄就有实行多党政治的基础。

一元化权力是与一党制相适应的，一元化权力催生一党制，一党制则实现和强化了一元化权力。

第二节　苏联政治体制概念的形成

“政治体制”这个术语，俄文是“политическаясистема”。“система”这个词是多义词，在不同场合有不同的含意，中文可译成“制度”“体系”“体制”“系统”等等。“политическаясистема”这个术语，我国过去一般译成“政治制度”或“政治体系”。在研究和阐述社会主义政治体制的问题时，这一术语一般被译成“政治体制”，个别人也有译成“政治系统”的。“政治体制”这个概念，是苏联在20世纪60年代末至70年代初形成的。但“政治体制”这个概念的许多内容在列宁和斯大林的著作中，也论述过同“政治体制”相类似的概念。

1. 列宁首创“无产阶级专政体系”的概念

“十月革命”胜利后，列宁在领导布尔什维克党和工农群众建设苏维埃国家的过程中，提出了“无产阶级专政体系”的概念。列宁在1920年4月的《共产主义运动中的左派幼稚病》谈到这个问题，特别指出几点：

（1）“无产阶级专政体系”包括党、苏维埃机关、工会等等在内，它“是一个由若干齿轮组成的复杂体系，而不可能是一个简单的体系。”

（2）党是“无产阶级专政体系”中的领导力量。“专政是由组织在苏维埃中的、受布尔什维克共产党领导的无产阶级实现的”“是在党的领导下”通过工会机构来实现的。

（3）“无产阶级专政体系”必须有若干“传动装置”。“没有一些把先锋队和先进阶级群众、把它和劳动群众连结起来的传动装置，就不能实现专政”。

（4）苏维埃在“无产阶级专政体系”中占有重要地位。国家职能的实现“必须通过一系列的也是新型的特别机关，就是通过苏维埃机关”。党的全部工作“都是通过不分职业而把劳动群众团结在一起的苏维埃来进行的”。

（5）工会在“无产阶级专政体系”中起特殊作用。工会“是站在党和国家政权之间的”。工会“不是国家组织”，但它是国家政权的“蓄水池”。无产阶级专政不可能由包括整个阶级的组织来实现，但工会可建立起先锋队与无产阶级群众之间的联系。

（6）除了工会之外，还需要创造一些联系群众的机构，如“非党工农代表会议”，以便考察群众的情绪以接近群众，满足群众的需求，从群众当中提拔优秀的人才担任管理国家的职务等等。

（7）不仅要“从上面”（党和国家、工会和其他组织）活动的角度来考察“无产阶级国家政权的整个机构”，而且要“从下面”（从工人阶级、农民和全体劳动人民）实际参加政治生活的角度来完善这个机构。例如包括充分发挥苏维埃代表大会“这种民主机构”的作用。

综上所述，列宁的“无产阶级专政体系”的概念，主要是指“无产阶级专政的基础本身的结构”。列宁所谈的“体系”，用的就是“система”。“无产阶级专政体系”，实际上就是“无产阶级专政的政治体制”。

二、斯大林继承“无产阶级专政体系”的概念

斯大林继承了列宁关于“无产阶级专政体系”的概念，并对这一概念作了进一步的、系统的论述。他特别强调党的领导作用，指出：“党是无产阶级专政体系中的主要领导力量”，“没有党这个主要领导力量，就不可能有稍微长期而巩固的无产阶级专政。”斯大林同时也强调：没有工会、苏维埃以及其他群众组织，就不能有稍微巩固的专政。

三、赫鲁晓夫改用“社会政治组织”的概念

斯大林逝世后，苏联在社会主义发展阶段理论和国家理论方面发生了重大变化。1959 年，赫鲁晓夫在苏共二十一大提出：社会主义在苏联已取得“完全”“彻底”的胜利，苏联已进入“全面展开共产主义建设时期”。1961 年，赫鲁晓夫在苏共二十二大提出 20 年“基本上建成共产主义社会”的口号和“全民国家”的论点。当时宣布：“无产阶级专政在苏联已经不再是必要的了。作为无产阶级专政的国家而产生的国家，在新的阶段即现

阶段上已变为全民的国家”。既然无产阶级专政已变为“全民国家”，“无产阶级专政体系”的概念显然就不能再用，于是“政治体制”和“政治组织”概念应运而生。

四、勃列日涅夫提出“社会政治体制”的概念

勃列日涅夫上任后，批判了赫鲁晓夫的主观主义和唯意志论，否定了20年“建成共产主义社会”的口号，提出苏联已“建成发达社会主义社会”的结论。与此同时，苏联开始用“社会政治体制”的特定概念取代“社会政治组织”的概念。

第三节　苏联的党国体制

如一切政体一样，苏联的党国体制也可以从权力归属和权力形式两个方面来分析。作为一种政体，党国体制具有权力归属于党、权力采取高度集中和统一行使的特征。

关于国家权力的归属，在1918年1月，由列宁起草的、全俄苏维埃第三次代表大会批准的《被剥削劳动人民权利宣言》宣布：“政权应当完全地、绝对地属于劳动群众和他们的全权代表机关——工兵农代表苏维埃”。这一宣言以宪法性文件的形式明确了国家权力归属于全体劳动人民，而劳动人民行使权力的机关则是工兵农代表苏维埃。这一宣言成为1918年7月10日通过的《俄罗斯社会主义联邦苏维埃共和国宪法（根本法）》的第一篇。劳动人民主权是俄联邦的国体宣告。1936年苏联宪法第三条也规定：“苏联的一切权力属于城乡劳动者，由各级劳动者代表苏维埃实现之。”但是政权完全、绝对地属于人民只是法律文本上的表达，苏俄权力与其说归属劳动人民，不如说是归属劳动人民的先进阶层布尔什维克。1919年3月，列宁在党的八大上明确指出：“苏维埃虽然在纲领上是通过劳动群众实行管理的机关，而实际上却是通过无产阶级先进阶层来为劳动人民实行管理而不是通过劳动群众来实行管理的机关。”也就是由共产党代表人民管理国家，行使政权。

这次大会决议：“共产党给自己提出的任务是：在劳动者的一切组织

（工会、合作社、农业公社等）中起决定性的影响和掌握全部领导。共产党特别要力争在当前的国家组织——苏维埃中实现自己的纲领和自己的全部统治。”俄共相信只有共产党的领导才能保证无产阶级专政，保证俄国过渡到社会主义。由于共产党代表了历史前进的方向（即消灭资本主义，迈向社会主义、共产主义），因此当普通的群众还没有普遍地觉醒的时候，由党来代表他们行使权力，从而保证正确的历史进程就是非常必要的。“无产阶级的社会革命一定将消灭社会的阶级划分，从而解放一切被压迫的人们，消灭社会上一部分人剥削另一部分人的一切形式。”国际共产党以“使无产阶级完成其伟大历史使命为己任。”由于这种代表，人民主权就不可避免地被转换成了党的主权。

按照苏联宪法中的国体宣示，宪法规定了国家权力的组织和运行方式。全俄工兵农代表苏维埃代表大会是最高国家权力机关，由其选举产生并对其负责的全俄中央执行委员会（在苏维埃代表大会闭幕期间）为最高国家权力机关。由全俄中央执行委员会组成的全俄人民委员会对俄罗斯社会主义联邦苏维埃共和国的事务进行总的管理。它下设小型人民委员会、经济会议、18个人民委员部以及全俄肃反委员会。州、省、县、乡苏维埃代表大会和市、村代表苏维埃是地方的国家权力机关，其执行委员会负责管理该地方事务。但是和国体的名义性宣示一样，宪法中规定的权力设置、组织、运作的程序也不能与党的领导相违。在一党制确立之后，党是苏维埃政权实际的领导者，虽然直到1977年的苏联宪法才明确规定了共产党对国家的领导地位，该宪法第六条规定：“苏联共产党是苏联社会的领导力量和指导力量，是苏联社会政治制度以及国家和社会组织的核心。”

但是党对苏维埃的实际领导的建立却要远远早于这一宪法条文的产生。共产党对国家政权的领导是借助党团方式进行的，1919年俄共（布）八大的决议中规定：“在所有的苏维埃组织中，绝对必须建立严格的服从党的纪律的党团。在该苏维埃组织中工作的全体俄共党员都应该参加这种党团。”严格的党团制度实质上改变了俄国宪法所规定的国家权力的组织和运行的方式。党的任命制取代了苏维埃的选举制度，按照俄国宪法苏维埃应由选举产生，但是苏维埃的人事任免权事实上掌握在共产党手中，苏维埃的各级官员不是由选举产生而是由共产党中央直接任命并委派到各级国家机关。

相对于苏维埃而言，党才是真正的决策和指挥机关。

在党内，这一决策权又高度集中在中央委员会，确切地说是集中在中央委员会的中央政治局。“我们共和国的任何国家机关未经党中央指示，都不得解决任何重大政治问题和组织问题。”最高苏维埃审议的法律、法规，一般都是党内已经讨论成熟的决定。例如1918年1月解散立宪会议的决定就是先有布尔什维克党的决议，然后由人民委员会宣布的。斯大林曾说，共产党的口号“具有法律效力，应当立即予以执行”。1922年成立的苏联在国家结构形式上采取的是联邦制，但是由于苏联共产党组织的民主集中制，联邦制实际上从属于党的民主集中制度，形成了中央集权的国家结构。

苏俄党国体制是在权力归属全体劳动人民的制度下由党代表人民掌握和行使主权，党是公共权力的中心，并通过议行合一的权力结构，控制着国家。党的权力不受外界制约，党的监察机构（监察委员会）和国家的监察机构（监察人民委员部）都是党国内部的自律组织。

第四节　苏联政治体制的基本特点

苏联的政治体制是在列宁、斯大林时期形成的。这种政治体制的基本特点，用一句话概括就是“高度中央集权”。它不是一般的中央集权，而是高度的、极端的中央集权。具体表现在以下六个方面：

一党政制。在政党制度方面，不是实行多党制，而是实行一党制，不是多党联合执政，而是共产党一党执政；不是多党共存，而是共产党一党独存。总之，是一党垄断，没有任何其他政党（代表不同劳动阶层利益和意见）参政和监督。

党政合一。在执政党和政权机关的关系方面，权力集中于党，不是党政分开，而是党政融合。党不仅领导政权机关，而且直接执政，决定政权机关的一切重大问题，甚至代行政权机关、经济机关和社会团体的许多具体职能。

中央集权。在中央和地方的关系方面，权力过分集中于中央，实行严格的部门管理原则，形成条条专政，苏联虽然实行联邦制和民族自治，但加盟共和国和地方的权限很小。

机构繁杂。在各级党政部门的设置上，机构部门林立、重复设置、人浮于事，因而办事效率低下。

干部委派。在干部制度方面，党政工团各级干部均由党的领导机关层层委派，选举制流于形式。干部只对上级负责，形成实际上的领导职务终身制和干部特权地位。

监督缺失。党内外监察机构的地位和作用日益削弱，上层缺乏行使权力的制衡机制，下层缺乏对党和国家机关实行真实有效的监督。

归纳起来，这种政治体制就是：权力集中于党，集中于党中央，集中于党中央少数领导人乃至党的领袖个人。

第五节　苏维埃体制的演变

苏维埃政治体制，是在急风暴雨般的革命和战争的特定历史条件下创立和形成起来的。随着社会主义实现和发展，这种政治体制也不断发生变化，在各个历史时期表现出不同的特点。大体上说，这种政治体制经历了两个大的演变阶段：第一阶段从“十月革命”胜利开始，到斯大林逝世为止，这是苏联政治体制的开创、形成和固定化阶段；第二阶段从赫鲁晓夫时期开始，中间经过勃列日涅夫时期直到戈尔巴乔夫上任以后，苏联政治体制剧变……

一、列宁时期的苏维埃体制

最早，苏维埃是在1905年革命时期由群众自发建立的领导起义的机关。苏维埃的出现，为后来的无产阶级政权机关准备了雏形。

1917年“二月革命”后，苏维埃又重新出现，彼得格勒首先成立全市统一的工兵代表苏维埃，实际上起着全俄苏维埃的作用。1917年6月召开了第一次全俄工兵代表苏维埃大会。这时的苏维埃虽然作为两个政权之一而存在，但它还很软弱，还处于萌芽状态，小资产阶级幻想十足，对资产阶级临时政府“做了许多实际的让步，把自己的阵地不断让给资产阶级”。1917年11月7日，彼得格勒武装起义胜利的当天晚上，召开了工兵苏维埃第二次全国代表大会并宣布：“各地全部政权一律转归工兵代表苏维埃”，会上还通过了《土地法令》和《和平法令》。这样，苏维埃从一个领导起义的群众性组织发展成了无产阶级的革命政权机关，一个完全不同于资产阶级政权的新型的国家机关。

在“十月革命”胜利之初所颁布的一系列法律文件、1918 年苏俄宪法以及 1924 年苏联宪法中，对苏维埃的地位、作用及其内部的组织结构，对苏维埃代表的职责及其权利等方面都给予了法律上的规定，从而基本上形成了苏联初期的“苏维埃体制”。

1. 苏维埃代表大会制度的创立

1918 和 1923 年宪法都规定：苏维埃代表大会是全国的最高权力机关。代表大会的产生办法是：市苏维埃按每选民 2.5 万人选派代表一人，州苏维埃代表大会按每居民 12.5 万人选派代表一人，这在苏维埃政权初期几年里没有什么变化。但代表大会的活动方式，即代表大会的召开次数则有所变化。1918 年宪法规定：“全俄苏维埃代表大会，每年至少集会二次，由全俄苏维埃中央执行委员会召集之”，“全俄苏维埃中央执行委员会根据自己的提议，或根据占共和国全部人口 1/3 以上各地区苏维埃的请求，得召开全俄苏维埃非常代表大会”。1922 年苏维埃“九大”的决议则规定，全俄苏维埃代表大会每年由中央执行委员会召集一次，而临时代表大会需由“苏联中央执行委员会根据自己的决议，或联盟苏维埃、民族苏维埃的请求，或两个加盟共和国的请求”得以召开。1924 年宪法还增加了一条规定：“遇有非常情况阻碍苏联苏维埃代表大会如期召开时，苏联中央执行委员会有权延期召开代表大会。”可见，1924 年宪法对 1918 年宪法的些微修改，使代表大会的闭会期延长，即延长了中央执行委员会行使最高权力的期限，从而扩大了中央执行委员会的权力，同时，还实际上赋予了它决定代表大会召开与否的特权。这也显示了苏维埃权力逐渐集中的一种趋势。

2. 苏维埃中央执行委员会及其主席团的建立

苏维埃中央执行委员会是苏维埃代表大会闭会期间的国家最高权力机关。它由苏维埃代表大会选出，并对它负责。这在苏维埃政权初期一直没有什么变化。只是在其成员的数量，常会召开次数，以及权限方面都有所变化。首先，中央执行委员会的人数逐渐增加。它起初由 101 人组成。1918 年宪法规定，“其人数不得超过 200 人”，1921 年全俄工、农，哥萨克代表苏维埃第八次代表大会把它增加到 300 人，1922 年第九次苏维埃代表大会又把人数增加到 386 人。按照 1921 年宪法的规定，中执委会的人数又有所增加，仅作为中执委会组成部分之一的联盟苏维埃的人数就有 414 人。一般来说，最高机关组成人数的增加，对于实现集体领导，从而保证领导决策的正确与稳定，是十分有利的。其次，中央执行委员会主席团的权力不断扩大。从 1918 年到 1924 年，在一系列法律文件中，把中执委会的开会次数由每隔两月召集一次，减为每年至少召集三次。这种减少，实际上是把中执委会的许多权力集中到中执委主席团的手里。与此相适应，中执委主席团的权力也逐渐明确并扩大。

3. 两院制的设立

1924 年宪法规定：中央执行委员会由联盟苏维埃和民族苏维埃组成。从此，正式确立了最高权力机关的两院制。

建立最高权力机关的两院制并不是列宁及布尔什维克党的一贯思想。“十月革命”前，布尔什维克党对两院制是持否定态度的。

“十月革命”后，尤其是苏联成立时，出于反映民族利益的考虑，有关建立两院制的问题被提了出来。在 1923 年俄共（布）中央二月全会、第十二次代表大会以及 1923 年 6 月举行的有民族共和国、州的负责同志参加的俄共（布）中央第四次会议上，直接讨论了有关在苏联最高国家联邦机关中建立专门的机关来反映民族利益的问题。在这以后，两院制最终确立下来。二月全会的决议指出：必须在苏联最高国家机关中建立一个代表苏联境内所有民族的专门机关。并强调应该把这个机关的设立看作是解决民族问题的最合理的办法之一。1923 年 4 月，俄共（布）“十二大”的决议又在两院的性质、各自的产生办法等问题上做出了规定，1923 年 6 月，俄共（布）中央第四次会议对有关两院制问题的建议，则是对前两次会议的发展。随后，关于两院的名称（民族院和联盟院），关于民族院的组成，关于两院平等的原则等，都被载入 1924 年宪法而确定下来。该宪法规定：苏联中央执行委员会“由联盟苏维埃和民族苏维埃组成之”。当然，这时的两院制是完善的。

二、斯大林时期的苏维埃体制

随着列宁的逝世，苏联进入了斯大林领导时期。在这一时期内，相继采取了工业化和农业集体化的方针，并取得了相对成功。到 1936 年，斯大林宣布：苏联已经“基本上实现了共产主义第一阶段，即社会主义”。形势的变化促使修改1924年宪法，1936年11月，召开了苏维埃第八次代表大会，批准了苏联新宪法。这部宪法把工兵农代表苏维埃改称为劳动者代表苏维埃。

同前两部宪法相比，1936年宪法在苏维埃权限，苏维埃组织结构，苏维埃选举制度等方面都有很大发展和完善，集中反映了斯大林时期苏维埃体制的具体特征。

1. 最高苏维埃制代替了原来的代表大会制

1936年宪法改变了过去的各级苏维埃的代表大会制度，而把各级苏维埃的名称，从中央到地方依次改为：苏联最高苏维埃、加盟共和国和自治共和国最高苏维埃，边疆区、州、自治州、专区、区、市、村镇苏维埃。同时，最高权力机关由三级制改为两级制。最高苏维埃相当于原来的苏维埃代表大会，是国家最高权力机关，它沿用了原来中央执行委员会的结构，也实行由联盟苏维埃和民族苏维埃组成的两院制。最高苏维埃主席团代替了原来的中央执行委员会及其主席团，在最高苏维埃闭会期间代行其职责。同过去相比，一个很重要的变化是：1936年，宪法把国家立法权只赋予最高苏维埃，它规定：“立法权专由苏联最高苏维埃行使”，这改变了原来那种几个机构共同享有立法权的状况，从而使立法手续简单化，并使法律更具权威性。这也反映了苏联进入新的历史时期以后将进一步民主化和法制化的趋势，这是斯大林时期对苏维埃体制的一种发展。

2. 选举制度更加民主化

到20世纪30年代中期，由于剥削阶级的消灭、全社会文化水平的提高以及劳动群众民主意识的增强，已经为实现更民主的选举制度提供了巨大的可能性和广阔的前景，1936年制定的宪法体现了选举制度更加民主化的趋向，宪法规定，各级苏维埃，从苏联最高苏维埃到州、区、村苏维埃，均由选民按普遍、平等、直接选举权，用无记名投票法选举，并具体规定了普选制、平等制、直接制的做法，以保证这些原则的充分实施。

这种选举制度抛弃了财产、种族和民族的差别，保证苏联全体公民不分男女都享有并行使选举权和被选举权，保证被选出的代表具有代表性。斯大林认为，“普遍的、平等的、直接的和不记名的选举制度，将成为人民手中的鞭子，用来鞭策工作做得不好的政权机关”，并“将对一切机关和团体起督促作用，促使它们改善自己的工作”。但这一时期的选举制度，从代表的提名到选举，都存在严重的形式主义，特别是“等额选举”，使人们无法选择自己满意的代表。

3. 建立罢免制度

苏维埃政权初期的宪法及其他法律文件中，规定了公民对自己选出的代表有罢免权。1917 年 12 月 4 日，全俄中央执行委员会专门通过了《关于罢免代表权》的法令，指出“任何经选举产生的机关或代表大会，只有在承认选民有罢免自己代表的权利，而且这种权利得到运用的条件下，才能被认为是真正民主的和真正代表民意的。”1918 年宪法又确认：“选民有权随时罢免他们所选出的苏维埃代表，并按照一般规则重新进行选举”。1919 年俄共（布）党纲也确认了选民的这种权利，这就在选民和苏维埃代表之间形成了这样一种关系：苏维埃代表直接在选民面前报告自己的工作，若代表辜负了选民对他的信任，选民有权在代表任期结束前召回之，这反映了苏维埃政权体现人民意志、为人民服务的一种愿望，也是政权的革命性，民主性和“真正人民性”的具体表现。但是，由于各方面条件的限制，这时所规定的罢免权还没有具体的措施和程序来保证。到斯大林时期，由于社会主义建设取得了很大成就，人民民主意识的加强，以及选举制度的民主化，选民对苏维埃代表的罢免权开始实施，以在俄罗斯联邦（不包括其自治共和国）在 1931 年上半年从村苏维埃召回 2.3 万名代表，从市苏维埃召回 1000 名代表。这些占整个苏维埃代表的 0.6%，市苏维埃代表的 1.5%。1936 年宪法也同样规定了选民对苏维埃代表的罢免权。可见，比起苏维埃政权初期，在对罢免权的认识上更加全面和深刻了。这为罢免权的实施，并使之逐渐成为一种习惯、一种制度开辟了道路。当然，对实施罢免权的具体保证措施还有待于进一步的规定和完善。

三、20 世纪 50 年代以来的苏维埃体制

斯大林逝世以后，赫鲁晓夫在批判个人崇拜的同时，对苏维埃体制中所存在的弊病进行了分析和揭露，并在改进苏维埃工作、扩大苏维埃权限、完善苏维埃内部结构等方面，采取了一系列实际措施，使苏维埃体制有了一定的改善。勃列日涅夫继承了赫鲁晓夫的许多做法，使苏维埃体制朝着

不断完善的方向发展。

1977 年宪法的通过，更使发展了的苏维埃体制在法律上确定下来。从赫鲁晓夫到勃列日涅夫这 30 年的时间，在体制方面比斯大林时期有了进一步的完善。苏维埃内部结构从赫鲁晓夫以来，苏联在健全并完善苏维埃结构方面做了如下几方面：

1. 完善最高苏维埃的两院制。主要是在实现两院权利平等的方向上有了很大发展。首先改变了原来的联盟院产生办法。1936 年通过的宪法规定：最高苏维埃联盟院的代表按选区公民的人数比例选出。因此，其代表人数随着公民人数的自然增长而增长。而民族院的代表人数是固定的。一定时间以后，联盟苏维埃代表的人数会比民族苏维埃多出许多，如 1966 年第六届最高苏维埃选举时，联盟院代表的人数比民族院多出了 139 人。尽管 1966 年 4 月颁布了最高苏维埃主席团法令，把加盟共和国选入民族院的代表人数由 25 名改为 32 名，把原来的固定不变的选举代表的比例改为固定不变的代表人数。确定了“联盟苏维埃和民族苏维埃由人数相等的代表组成”的原则，并规定了两院各自不同的代表产生办法。“联盟苏维埃按人口相等的选区选举”；“民族苏维埃按下列名额选举：每一个加盟共和国选举代表 32 人，每一个自治共和国选举代表 11 人，每一个自治州选举代表 5 人，每一个自治专区选举代表 1 人”。这样，就能避免两院由于人数不等而造成权利的不平等。其次，这一时期在解决两院意见分歧时，把最终决定权付诸人民。宪法规定：“联盟苏维埃和民族苏维埃意见发生分歧时，问题交由两院按人数同等原则组成的协商委员会解决，然后再交联盟苏维埃和民族苏维埃联席会议重新审议。如在这种场合仍未取得一致意见，问题可移到下一次苏联最高苏维埃会议讨论，或由苏联最高苏维埃提交全民投票（全民公决）”。这就改变了 1936 年宪法中规定的把解散最高苏维埃、宣布重新选举作为解决两院分歧的办法，而把解散苏联最高苏维埃，解决两院意见分歧都交由苏联人民来裁决，即由全民投票来解决。此外，宪法还规定了两院权利平等的其他几项原则，使苏维埃政权的民族性更具法律保证。

2. 加强常设委员会，健全苏维埃工作机构

1957 年 1 月，苏共中央全会在《关于改进劳动者代表苏维埃的工作和加强同群众的联系》的决议中强调“扩大常设委员会的权限”，并指出“常

设委员会在加强自己同群众联系的实际工作中具有重大意义”。随后，两院常设委员会委员的数量不断增加，1962 ~ 1966 年第六届最高苏维埃常设委员会的成员比 1938 ~ 1945 年的第一届增加了 3 倍。但这时两院常设委员会的数目并没有增加。仍是每院各有 4 个。1966 年 10 月，在第七届最高苏维埃第一次会议期间举行的两院联席会议，决定在两院各建立 10 个常设委员会。接着，1968 年 12 月，两院设立了青年事务委员会，到 1979 年 4 月，两院各设立 16 个常设委员会，共 32 个，包括 1140 名代表，占最高苏维埃全体代表的 76%。到 1983 年又增加到 34 个，包括内政外交、社会生活、环境保护等各方面。加盟共和国和自治共和国最高苏维埃实行一院制，但也根据自己的特点建立了一些有关国家经济、社会文化建设方面的委员会。1990 年，第十届加盟共和国最高苏维埃期间，共有 234 个常设委员会，其中有 5054 名代表，占代表总数的 75.1%，自治共和国最高苏维埃（也是实行一院制）有 257 个常设委员会，共 2528 名代表，占代表总数的 74.6%。

地方苏维埃也建立了各种类似的常设委员会。

1967 年 10 月，最高苏维埃通过了关于确立两院常设委员会地位的法律，从而确立了两院常设委员会的法律地位和活动方向。也为各加盟共和国、自治共和国最高苏维埃及地方苏维埃的常设委员会的工作提供了样板。1980 年，第十届最高苏维埃第一次会议通过的《苏联最高苏维埃工作细则》，对常设委员会的活动作了详细的规定。一般来说，常设委员会在苏维埃的权限范围内有以下三方面职能：①准备职能：常设委员会要拟定一些建议供相应的最高苏维埃、地方苏维埃主席团、地方苏维埃执行委员会来审议，并就这些机关所审核的问题准备结论性意见。②组织职能：主要表现在协助国家机关、组织和苏维埃代表执行苏维埃机关及上级机关的法令和决议，实现选民委托，推广先进经验。③监督职能：常设委员会有权对国家机关、企业、机构和组织在实现苏维埃机关的决议和上级机关的决议方面给予监督。从而使各级苏维埃组织对全国各项事务的影响越来越深入和具体。

3. 发展地方苏维埃的代表小组

这是地方苏维埃代表为了协同工作而自发形成的一种组织。通常是代表们先决定联合成一个小组，而后由苏维埃通过关于建立小组的决议，并确定其成员组成和主席人选。这种小组最初形成于上世纪 20 年代，城市和农村都成立了很多这种小组，为选民办了不少好事。但后来这种形式逐渐被遗忘了，到50年代又恢复起来，逐步发展到遍布全国各地。

四、戈尔巴乔夫上台以后的苏维埃体制

1. 权力从党向苏维埃转移

1985年，米哈伊尔·戈尔巴乔夫当选为苏共中央总书记，他对苏联权力体制进行改革。1988 ~ 1989年，戈尔巴乔夫想恢复列宁时期的苏维埃体制，提出的口号是“全部政权归苏维埃”。

戈尔巴乔夫第一次使用“民主的和人道的社会主义”这一概念，是针对斯大林社会主义模式而提出的。苏联的政治体制改革一开始并没有引入西方的三权分立，而是“还权于苏维埃”。戈尔巴乔夫提出，党要把不属于它的那些权力和职能统统归还给国家政权机关，即实行权力中心从党的机关向苏维埃国家机关的转移。其办法是像以往那样把同级党委会的第一书记推荐到苏维埃主席的岗位上。1988年10月1日，戈尔巴乔夫兼任最高苏维埃主席，在自己的手中集中了党和国家的最高权力。苏维埃集立法、行政和监督于一身，最高苏维埃变成了常设制，行政立法和干部任命权转归了最高苏维埃。

2. 改行总统制，加强国家权威

1990年2月，苏共中央全会通过向苏共二十八大提出的苏共纲领草案，第一次在党的文件中使用了“走向人道的、民主的社会主义”这一提法。根据苏共新党纲，“人道的、民主的社会主义”是一个社会政治高度民主化，以人为核心，保障人权的法治国家。在提出建立人道的、民主的社会主义的同时，苏联再次改变了国家体制，从苏维埃制转向总统制。为了加强对国家的管理，在这次中央全会上，戈尔巴乔夫首次公开提出设立总统制的建议，要求给总统一切必要的权力以推进改革。

1990年3月，第三次苏联非常人民代表大会决定设立总统制，使党和国家分开，使国家不从属于任何一个政党，最高权力转移到总统系统。苏联的总统制并不是西方的三权分立，实际上是另一种专制。各共和国也效仿联盟中央实行总统制，民选产生了自己的总统和苏维埃主席，他们不是对联盟中央，而是对本共和国的选民负责。

3. 从一党制转向多党制

1988 年，苏联开始出现了各种各样的“非正式组织”，各加盟共和国都建立了“人民阵线”，到 1990 年初，非正式组织发展到了几万个。政治多元化与多党制已经成为一个事实。1989 年 6 月，在第一届苏联人代会上，取消共产党对权力的垄断权。苏共在 1990 年 2 月全会上承认了多党制的合理性和修改宪法第六条的必要性。3 月第三次人代会修改了宪法，取消了宪法第六条。

戈尔巴乔夫的政治体制改革，其基本原则是民主化、公开性和多元论，中心内容是实行党政分开，使“全部权力归苏维埃”。在党的地位和作用上，放弃苏共对国家的领导权，实行多党制；在政治体制上，实行议会制和总统制。

第六节　东欧的苏联模式

一、苏联模式的概念

所谓苏联模式，是指 20 世纪 30 年代苏联在资本主义国家包围下，为了维护本国独立和迅速赶上发达资本主义国家，通过革命和突进的方式进行国家工业化和农业集体化，并在此基础上形成高度集中的经济和政治体制。在经济体制方面，其特征是：高度集中的部门管理，地方和企业很少有自主权；指令性的计划经济，限制商品经济和市场调节的作用；以行政手段管理经济，追求高速度，经济和社会效益低。在经济发展战略上，把发展重工业放在首位，同一般国家工业化过程中产业转换的“农业－轻工业－重工业”的顺序不同，苏联沿着“重工业－轻工业－农业”的顺序进行工业化。

苏联模式的一个重要特点是通过压低人民消费水平，特别是损害农民的利益来积累资金，达到高速度的工业化目标。在政治体制方面，其特征是：高度集中的党的领导体制，以党代政，党内民主和人民监督机制均不健全。苏联模式的设计师是斯大林，所以又称斯大林模式。

二、斯大林模式的由来和主要特征

斯大林模式是 20 世纪 30 年代形成和巩固起来的。斯大林模式的确立是同斯大林改变列宁制定的通过新经济政策向社会主义过渡的路线一脉相承。1938 年，斯大林主持下编写的《联共（布）党史简明教程》的出版和联共（布）党的十八大的召开，标志着斯大林模式的完全确立和巩固。苏联建设社会主义的模式从经济制度、政治制度到思想体系，从经济基础到上层建筑，都最终形成并定型了。

二、斯大林模式主要特征

概括斯大林模式的主要特征：所有制的国有化和准国有化（集体化）；经济和政治运行机制的高度集中化；经济管理和社会生活管理的中央计划化；管理手段的行政命令化；工业发展道路的重工业化；党的领导制度的集权化。

三、东欧苏联模式的兴衰

1921 年起，苏维埃俄国开始执行列宁的新经济政策。列宁制定了建立社会主义公有制为主、以私有制为辅的经济结构计划，规定了发展而又限制资本主义的措施。列宁还制定了通过合作社把农民和小生产者引向社会主义大生产的计划。列宁逝世后，斯大林放弃列宁的新经济政策，提出了“消灭国民经济中的资本主义成分”。并突击式地实行农业集体化，在苏联建立单一的社会主义公有制。

东欧各国共产党在 1948 年举行的代表大会上制定了“建立社会主义基础”的纲领，即通过社会主义工业化和农业合作化，消灭私有制，建立社会主义公有制的社会主义国家。

1948 年 12 月，由波兰统一工人党第一次代表大会通过的《发展经济和建设社会主义基础的 6 年计划（1950 ~ 1955）》，标志着苏联模式在波兰推行的开始。

在实行社会主义工业化的时候，波兰统一工人党建立了高度集中的计划管理体制。他们建立了权力极为广泛的国家经济计划委员会，以取代原来的中央计划局。在原来工商部的基础上，建立了 8 个工业部。

1952 年 7 月 22 日，波兰议会通过了以 1936 年苏联宪法为蓝本的波兰人民共和国宪法。波兰国名由传统的波兰共和国改为波兰人民共和国，波兰的国徽由红色天幕下戴王冠的白鹰改为红色天幕下的白鹰，废除了传统的总统制，设置国务委员会，作为国家的集体元首。

1952 年 10 月 26 日，举行了波兰人民共和国第一届议会选举。由波兰统一工人党、统一农民党和民主党组成的民族阵线候选人，共获得 99.8% 选票。杨・邓博夫斯基教授当选为议长，波兰统一工人党中央政治局委员亚・萨瓦茨基当选为国务委员会主席。贝鲁特被任命为部长会议主席。

1954 年召开的波兰统一工人党第二次代表大会，提出了集体领导原则和党内生活民主化。在这次代表大会上，贝鲁特当选为党中央第一书记。他辞去了部长会议主席的职务，由西伦凯维兹接任。为了消除国民经济的不平衡，大会对 6 年计划最后两年的计划进行了调整，削减了对重工业的投资，增加了对农业和轻工业的投资。但是，调整的决心不大，措施不力，国民经济失衡的问题未获解决。

东欧国家的经济发展水平不同，捷克斯洛伐克已经拥有比较发达的工业，是一个工业－农业国。波兰和匈牙利有一定的工业基础，是农业－工业国。罗马尼亚、保加利亚和南斯拉夫基本上是农业国。阿尔巴尼亚则是一个完全的农业国。东欧各国生产力水平互不相同的情况，在同一时期内建立划一的“社会主义基础”。波兰实行六年计划，保加利亚、捷克斯洛伐克、匈牙利、阿尔巴尼亚和罗马尼亚先后开始执行五年计划。各国执政党的领导人遵循优先发展重工业的方针，把绝大部分资金投入重工业。东欧国家的经济具有闭关自守和粗放的特点，只能在经互会范围内进行交流合作。

1953 年斯大林逝世，东欧开始了所谓非斯大林化的过程。1956 年 6 月波兹南事件的发生。同年 10 月，发生了震惊世界的匈牙利事件。从 1956 年起，东欧各国开始执行新的 5 年计划，继续以社会主义工业化和农业合作化为主要目标。1960 年前后，东欧多数国家完成了“建立社会主义基础”的任务，由农业国和农业－工业国变成了工业－农业国。阿尔巴尼亚成为农业－工业国。捷克斯洛伐克提高了工业现代化的程度。除波兰和南斯拉夫外，东欧各国都实现了农业合作化。当东欧各国在试验苏联模式并遭到挫折时，南斯拉夫摒弃了苏联模式，创建一种以工人自治为基础的社会主义自治模式。

第四章

中华民国的党国制及其蜕变

第一节　党国体制的产生原因

党国体制是一种特殊的政体，在理论上源于卢梭人民主权原理。为实现卢梭的“道德理想国”，诞生了一种理想模式——党国体制，在这种政体中，国家权力归属于唯一的执政党，执政党按照权力统一于党的方式行使权力。然而，政体原则的腐化会导致政体的蜕变，政体的蜕变将使这种政体背离其原来的价值取向。

一、中国君主专制政体

自秦王朝到清末，中国一直是一种中央集权的君主专制政体。实际上这种专制政体虽然由秦始皇开始，但并不是完全因循不变的，政体的专制性不断发展，到明清时期达到了顶峰。谭嗣同说：“二千年之政，皆秦政也。”

中国的封建君主专制政体，从权力归属来看，是权力归属于君主；从权力的形式来看，权力是统一的、集中的、专断的行使方式。君主受命于天，他的权力来自上天的授予，只有天命的变易才会令君主丧失权力，在革命导致君主失去权力之前，君主是唯一的权力拥有者。君权是统一的，在这一政体中不存在任何权力分立的因素，没有立法权、行政权、司法权的明确划分，诸权断制于君，君主掌握最高的决策权，其他所有机构都是君权的执行机关。不仅在中央权力架构中诸权集于君主，而且在中央与地方关系中，君权也是集中的，地方不是独立的权力中心，而只是隶属于中央的一级国家机关。传统社会中，也不存在来自宗教组织、贵族等的中间势力可以构成分散的权力中心。君权又是专断的，虽然君主也利用法律控制社会，但是由于君主本身的地位高于法律，所谓君制法、臣奉法、民守法，君权不受法律制约，即使君主有意识地遵循法律，那也不过是一种自我约束。

在垄断权力与权力的专断性质上，中国的君主专制政体和其他的专制政体没有什么区别，但是这种政体在专制体制上仍然有着独有的特点，通过道法自然的理论构建，将自然界的规律和人世间的等级秩序视为同一的法则，君君臣臣父父子子被视为永世不变的伦理基础并由于统治者的教化而逐渐深入人心。

二、近代政体的选择

近代中国的政体选择是在救亡图存的大背景下展开的，也是在一种旧的政权的合法性已经日趋丧失的前提下发生的。清末，王朝根本无法应对来自西方列强的挑战。同时西方政制理论的传入对传统政体构成了巨大的冲击，至少提供了可供选择的新的政体模式。

近代中国经历的第一次重大政体选择是清末新政中君主立宪的尝试，尽管颁布了《钦定宪法大纲》，制定了预备立宪的时间表，但是“皇权永固”是政体改革的主导思想。这一选择希望在不动摇甚至是强化君主权力的同时，吸纳新的政治力量进入政治体系，实现一种君民共治。但是还没有等到立宪预备期结束，满清政权就已经被革命倾覆，即使完全按照虚君共和方式拟定的《宪法重大信条十九条》也已经无法取得人民的信任，政体改革半途终止。这一政体选择失败的原因是双方面的：一方面，改革的主导者已经丧失了领导改革的权威；另一方面，有限开放的政治参与导致了统治者无法满足也无法控制的权力需求。

辛亥革命后的民主共和政体是中国近代又一次政体选择，这一政体在最开始的时期取得了较为广泛的认同，由于帝制的覆亡，原本存在分歧的君主立宪派和革命派反而因此迅速达成了一致，于是有了共同的选择——民主立宪。但在这一政体运行过程中间，却产生了新的问题，多元政治所必然具有的争议和分歧与传统政治运行方式的固有观念发生了激烈的冲突，新的政府形式根本无法正常运转，陷入瘫痪之中。持激进主义思想的革命派也等不及磨合和渐变的实现，从议会斗争转向武力对抗，军事对抗使社会的基本政治共识破裂，最后这一政体蜕变为个人独裁。

联省自治是另一次政体选择，这一选择是基于对前期单一制共和政体的失败的检讨，同时也是应对中央权力解体之后地方势力各自为政的局势的政体设计。

联省自治派主张先地方自治，然后联合各自治省组成国家，建立一个联邦制的共和国。联省自治理论彻底突破了中国历史上一贯的自上而下的武力统一的模式，可以说是对传统政治思维的彻底颠覆。但是可惜的是，尽管当时的社会有着形成联邦的独立的权力中心，但是这每一个权力中心本身却无疑仍是专制的载体，而且联省自治也只是实力不济只能自保的地方军阀的一厢情愿，实力强大的军阀则从未放弃武力统一的想法。所以尽管有的省如湖南实施了宪法，更多的省比如浙江、广东等颁布了宪法，联省自治运动还是随着法统的恢复、中央权力的复苏烟消云散了。

近代中国几次重大的政体选择，所选择的都是多元政治，但均以失败告终。

政体选择的失败通常被归因于国情因素，而国情因素中绝大部分是长期因素，似乎无法在短期内发生改变。因此政体选择的失败影响了社会心理，进一步强化了国情论，这样一来就给开明专制留下了空间。

三、党国体制的出现

最早的党治国家是俄国的布尔什维克党（1918 年 3 月改称共产党）和在俄国 1917 年革命之后建立的苏维埃政权。苏俄共产党（布尔什维克）相信社会主义（共产主义）是人类历史发展的必然也是全体人民的共同利益之所在。共产党的任务是领导人民实现这一目标。

近代中国饱经磨难，中华民族已经失去了传统的“天下”，却还没有出现现代的“国家”。对于近代中国而言，在政体选择方面需要考虑的因素包括历史条件、社会环境、文化基因等几个方面，其中有一部分因素是长期的基本不变的状况，如漫长的专制政体的历史，大国的实际、前工业化的社会、区域发展的不平衡、较低的国民教育水平、传统文化等，另有一部分则是近代化过程中的特定因素，如政体选择的失败、苏俄经验的传入、国际形势、社会动荡中的秩序需求等，这一切都构成政体选择的原因与条件。党国体制的形成也许不能说是历史的必然，但也绝不是几个人的异想天开，它的产生自有其客观的原因、基础的条件和一定的合理性，对于建立一个能统治的政府的目标而言，可能是当时唯一的选择。

第二节　国民党党治基础及理论

一、党国体制选择的基础

政体选择是人的理性行为，它需要依据一定的理论基础，同时需要某种推动力。党国体制尤其要求一个核心组织主导价值的确立和制度的设计，在苏俄是共产党（布尔什维克）创造了党国体制，在近代中国以孙中山思想为核心的党治理论和国民党则是这一政体选择的基础。

党国体制的理论建构以性三品说为其人性论基础，以知难行易说为其认识论，而以社群观为其价值取向，以进化论为理论依据，由天命观和革命论赋予其正当性。由性三品说出发，孙中山认为自己就是先知先觉的人，他在创立中华革命党时，有过三民主义就是孙文主义，你们服从我，就是服从主义之说。他又说“革命党的目标，始终都是要国家富强的。要达到这个目标，还要大家来赞成。赞成的方法，是在明白三民主义，巩固民国的基础。”孙中山的性三品说，承接了儒家传统的人性论中，圣人为天下立极，德化为政教之本的理论遗产，但又有所发展，他的人性论鼓动全民参与，把所有人都置于义务本位，无论先知先觉、后知后觉还是不知不觉，每个人都应根据自身的能力，承担不同的责任和义务。

孙中山的性三品说，目的在于宣传三民主义的信仰，三民主义是先知先觉者的理论创造，国民党则主要是由三民主义的赞成者即后知后觉者组成，他们应是教育家和宣传家，而全体人民作为不知不觉者，理应履行实行者的义务，奉行党的主义。所谓党治，其目的就是将先知先觉者的理论，通过后知后觉者的工作，变为不知不觉者的行动的过程或工程。性三品说区分了精英和群众，并将其分别定位于社会结构的不同位置，为解释党国体制的合理性提供了基础。

党国体制在孙中山以及国民党的表述中主要是“以党治国”，有时也兼提“以党建国”，但以党建国只是实行以党治国的前提条件。党国体制理论大体上可以包括三个方面：党总揽政权；党教育和训练民众；以党治国的归宿是民主宪政。

党治理论萌芽较早，但是这一理论的最终形成却经历了一个曲折的过程。孙中山最早阐述训导理念是在1906年表述为同盟会革命方略之一部分的《军政府宣言》中关于军法之治、约法之治、宪法之治三阶段之说。（1）军法之治，即军政时期，以军法为依据，是“军政府督率国民扫除旧污之时代”；（2）约法之治，即训政时期，是军政时期和宪政时期之间的过渡时期，“军政府授地方自治权于人民，而自总揽国事之时代”；（3）宪法之治，即宪政时期，即所谓“建设完成时期”，以宪法为依据，是“军政府解除权柄，宪法上国家机关分掌国事之时代”。

但是此时《革命方略》中掌握政权的主体是军政府，不过可以推论军政府应是革命党领导之革命军在起义胜利后组织之政府，革命党应在其中起主导作用。同盟会的革命方略尚未明确以党建国，但已有训政设计。然而1911年辛亥革命似乎是突如其来的胜利却使形势发生了重大的变化，由于立宪派和一部分旧军阀的投机革命，同盟会的力量在革命后的政权中没能取得绝对优势，这就在根本上令孙中山的革命三时期成为不可能。包括孙中山在内的革命派转而接受了现实的选择，转向直接实行议会政治。但是孙中山本人对此其实是深感失望的，所以他说“予则极力主张施行革命方略，以达革命建设之目的，实行三民主义，而吾党之士多期期以为不可。”然而宋教仁的遇刺，二次革命的失败，却使议会党重归革命党的道路，也促使党治理论形成。1914年7月制定的《中华革命党总章》，继承了同盟会的革命三时期说，并宣言“自革命军起义之日，至宪法颁布之日，统称为革命时期，在此时期，一切军国庶政，悉归本党完全负责。”中华革命党确立了领袖集权的形式，并把党员分为首义党员、协助党员、普通党员三类，分别享有不同权利，至于其他民众“凡非党员，在革命时期之内，不得有公民资格。必待宪法颁布之后，始能从宪法而获得之。”事实上中华革命党的组织机构就是一个缩微了的政府的雏形，所谓“吾人立党，即为未来国家之雏形”。总理之下设总务、党务、财政、政治、军务各部，又设立由立法院、司法院、监督院、考试院组成的协赞会，俨然就是一个“五院制”政府。1917年俄国革命的成功，为中国人也为孙中山提供了一个“以党治国”的成功范例，孙中山的“以俄为师”，不是学习苏维埃制度，更不是学习共产主义，而是学习俄国人的一党专政，学习俄国人的党军制度。正是在俄国人的指导下，1924 年改组后的国民党最终形成一个由区分部到中央党部的层级组织，具有各级执行委员会递级直辖于中央执行委员会的垂直权力结构，这样一个中央集权的组织为实行“以党治国”创造了组织基础，也标志着这一理论在体系建设上的最终完成。

早在 1905 年，同盟会成立之时，孙中山已经认定精英治国是他的性三品说的自然推理，而政党则被认为是精英的集合，“在实事上，则由此少数优秀特出者集合为政党，以领导全部之国民”，尽管以党治国理论正式成形是在中华革命党时期，但以党治国理论实际上是他早期思想的自然演进。虽然孙中山曾主张过西方式的政党政治，尤其看好两党制，但是他的政党思想仍有其连续性。孙中山认为一个由精英组成的政党是改造国家的主导力量，“要改造国家，非有很大力量的政党是做不成功的；非有很正确共同的目标，不能够改造得好的。我从前见的中国太纷乱，民智太幼稚，国民没有正确的政治思想，所以便主张以党治国”。基于进化论的观点，孙中山相信民权时代是社会发展的方向，但是他认为在民智未开之国情下，为了群体的进步，必须由精英组成的政党担负起训导民众的责任。因为民族和国家是出发点，这就与西方重视个人自由的民主模式产生了根本分歧，而回归到传统的治国平天下的精英政治的轨道上来，整个党被看作先进人物的集合体，这个精英群体的革命自觉使三民主义取代传统的儒家文化担负起对现代化进程中的民族进行文化整合的责任。

党国体制理论的形成过程，先是由于探索列强之所以强大的原因，宪法和议会政治作为救国之术被介绍到中国，继而政党的概念也被引入，政党成为现代精英的组织体，政党活动也成为政治运动的主要形式，再后来，西方式的议会和政党政治在中国经过短暂的试验宣告失败，此后，名义上的宪法在风雨中飘摇，激进革命党恢复，并谋求创造新的政治结构，于是形式上的宪政也被最后废弃，党国体制有了萌芽。

二、党治产生的组织基础

在中国，政党发展的历史前后不过 100 多年，其发展形态也是不完备的，不能从具体形式上完全合于世界其他政党演化的规律，但是从发展脉络去考察，也依稀可以看出一些相似的痕迹。即从体制内政党向体制外政党，或者说从遵循体制的政党向创造体制的政党演变，演变的终点是一个纲领明确、组织严密并掌握着强大的武装力量的总体性政党。

国民党在其发展演变的历程中，先后经历了兴中会、同盟会、国民党、中华革命党和中国国民党五个阶段，这五个阶段中，只有最后一阶段，国民党才将其党治理论付诸实施，国民党才成为党治的主体，但是前面的历史却仍有着重要的意义。

三、国民党党纲的主张

民族、民权、民生三民主义是国民党的纲领。按孙中山的说法，“我辈之三民主义首渊源于孟子，更基于程伊川之说。孟子实为我等民主主义之鼻祖。社会改造本导于程伊川，乃民生主义之先觉。其说民主、尊民生之议论，见之于二程语丝。仅民族主义，我辈于孟子得一暗示，复鉴于近世之世界情势而提倡之也。要之，三民主义非列宁之糟粕，不过演绎中华三千年来汉民族所保有之治国平天下之理想而成之也。”孙中山否认三民主义与列宁主义存在任何瓜葛，反击了三民主义是共产主义的攻击，通过申明三民主义与中国固有文化的渊源关系，谋求民众的理解和支持。国民党的理论家戴季陶也认为，孙中山的三民主义是“以中国之历史的哲学思想为基础，以适合中国民族之迫切的需要为方法，以世界的民生问题为解决对象，以世界人类的大同进化为终结目的之三民主义。”

但是，即使国民党也不是始终坚持着一个不变的纲领，即便同称三民主义，具体的解释也有不同。反映在国民党的历史上，就是从二民主义到三民主义，又从三民主义到一民主义，恢复三民主义和重新解释三民主义。

四、国民党党组织的建立

组织只有具备持续性、可靠性和可控性，才能实现组织的目标。政党的演变也是政党组织的演进。国民党经历了一个从无组织到有组织、从松散组织到严密组织的发展过程。

廖仲恺说，本党自同盟会以来，即无精密组织，如民国成立改为国民党后，由同盟会改组的国民党仅以议员为党员多少标准，因为国民党本来就是为从事选举和议会活动而组成的公开政党。国民党大量吸纳了传统社会的精英，这固然使其在选举中占据了优势，但是也使得组织松散不可避免。重新制定的《国民党规约》。规定了党内民主原则，“党员得被选任为本党职员”，同时国民党构想了按照国家机构（中央－省－府、厅、州、县）设置本部－支部－分部的垂直阶层秩序辅以水平方向的交通部，但是在具体的人事活动上，仍然承认地方组织的自主性。

中华革命党本部采取个人集权的首长制，总章规定，“本部各部长、职员悉由总理委任”，总理拥有决定所有党的组织活动的权力，本部相当于是他的秘书处。此外，总章规定除了相当于行政院的本部以外，设立由立法、司法、监督、考试四院组成的协赞会，以模拟五权宪法之实施，但是这些机构只是一个设想，没有实际成立和活动。因此中华革命党本部只是一个围绕孙中山活动的核心集团。不过中华革命党的分支机构的组织原则则与本部并不一致，仍以从下至上的组织化为前提，保持有相当的自主性。

中国国民党系中华革命党改组而成，凡中华革命党党员都自然成为中国国民党党员。居正、谢持、廖仲恺 3 人原是中华革命党时期的干部，是未经选举即被孙中山以总理身份任命为中国国民党本部的总务、党务、财政部主任。虽然组织原则并无改变，也仍然未能使其组织拓展到全国各地。

直到 1924 年，国民党在苏联顾问的指导下，在中国共产党的参与下，按照列宁主义的组织原则重新进行了改组，按照《中国国民党总章》，改组后的国民党组织由五级组成，即中央党部、省党部、县党部、区党部、区分部，其权力机关除区分部为党员大会以外，均为各级党员代表大会，闭会期间则为各级执行委员会。除按地域进行组织以外，国民党还在各种机关和团体内设置特别党部和党团，并按照各机关或团体的组织结构，设置分部或小组等下级组织，使按地域划分的分部制和按职业划分的支部制结合起来。

改组后的中国国民党奉行民主集中制（或称民主集权制），根据《国民党总章》，国民党党员有发言权、表决权、选举权及被选举权，国民党各级执行委员会和监察委员会均由党员大会和党员代表大会选举产生，并应执行党员大会或党员代表大会的决议，对党员大会或党员代表大会报告工作。权力机关自下而上产生和执行委员会、监察委员会向党员大会或党员代表大会负责，这体现的是民主原则；各下级执行委员会须受上级执行委员会管辖，各级执行委员会由代表大会或党员大会产生并对代表大会或党员大会负责，这体现的则是集中原则。另外规定，党员须服从总理之指导，总理为全国代表大会和中央执行委员会之主席，不需要经过选举，总理对全国代表大会的决议“有交复议之权”，对中央委员会决议“有最后决定之权”。总理的设置是民主集权制之外的特殊安排。

经过 1924 年的改组，国民党至少在制度层面上成为了一个组织严密、运转灵活并广泛渗透到各地区、各行业的一个革命政党。有效的组织成为国民党实践三民主义纲领的保障。

五、国民党的军事筹建

政党的形态决定了政党与军事力量的关系，应该说大多数情况下，政党与军事力量是隔离的。军事力量属于国家，政党只有通过竞选取得国家权力，才可能与军事力量发生联系。而此时政党对军队所行使的也只能是国家权力而非政党自身的权力。

国民党与军事力量的关系大致经历了利用军事力量、动员军事力量、放弃军事力量、组织军事力量几种形态，最终形成为“党军”。

在苏联人的物资和人员的帮助下，孙中山建设党军的设想终于从黄埔军校的建立上迈出了第一步，按党代表制建立起来的黄埔学生军成为北伐的主力，并进而作为蒋介石主要依靠的武装力量，成为国民党统一中国的决定性力量。

六、政体合法性的建立

自 18 世纪中叶起，清王朝的合法性开始面临严峻的挑战：首先是太平天国起义，之后西方列强的坚船利炮。在内外交逼之下，满清政权的合法性受到严重质疑。一个已经丧失了合法性的政权不堪重击，这直接导致了 1911 年的武昌起义取得成功。同时由于情事变更，西方政制理念的传入，传统的天命色彩的合法性已无法重建。旧的合法性衰亡之后，中国人开始尝试建立现代政治的合法性。国民党的《临时约法》明确了主权在民的原则，并规定在 10 个月之内召集正式国会。1913 年 4 月 8 日，民国第一届正式国会开幕。民初议会政治的建立本身是现代政治合法性的体现，给绵延数千年的君主制画上了句号。

1925年7月1日，广州国民政府成立。《中华民国国民政府宣言》宣告：“先大元帅逝世之后，全国政治上、军事上丧失唯一之统率指导者。中国国民党既以至诚接受先大元帅之遗嘱，以继续努力于国民革命，同时复于政治上、军事上谋适宜之组织，期于集中同志之心力，以共同负荷先大元帅所托付，而贯彻国民革命之志事，爰有国民政府之组织。”宣言明确中国国民党作为孙中山的继承者建立了国民政府，即是此政权的合法性来源已非国会，而是革命领袖的遗嘱。而此前南方政权一些军政府、正式政府和大元帅大本营则或多或少依赖于国会（非常会议）的认同。

李剑农说，民国十三年以前，中国政治问题表面所争的只是一个“法”字，自所谓法统恢复后，那些坐在法统椅子上的先生们演出卖身的活剧，制成部“遮羞的宪法”（指《贿选宪法》），从此没有人理会这个“法”字了。国民政府的成立表明国民党放弃了自二次革命到护国战争、护法运动所坚持的以《中华民国临时约法》为象征的民国法统，此后无论是制定约法还是制定宪法，旧法统都已不再，所存在的只是孙中山在革命时期的框架下新建的法统。

第三节　党治的建制

一、组织机构

1924年，国民党改组的目的就是用党来改造国家，基于这一追求，国民党的组织建设的目的在于形成一个遍及全国，同时深入基层的网络体系。

国民党全党自下而上分为五级，即区分部、区党部、县党部、省党部、最高党部。在不能公开活动或半公开的地方，于必要时组织党团。国民党是一个结合地域和职业分布的组织，它在区党部以上基本上按地域管理，而区分部和党团则实行职业管理。各级党部分别以区分部党员大会、全区党员大会或代表大会、全县代表大会、全省代表大会、全国代表大会为其权力机关；闭会期间则为区分部执行委员会、全区执行委员会、全县执行委员会、全省执行委员会、中央执行委员会。各下级执行委员会受上级党部执行委员会之管辖，递级而直辖于中央执行委员会。各级党部均设监察委员会，除党内稽核任务外，还负责稽核同级政府之施政方针及政绩是否根据国民党政纲及政策。

中央执行委员会之下设有党务委员会以规划党务；设训练委员会，以训练党政军干部人员；设组织宣传海外三部以办理党务；另设立中央政治委员会为党政联系机关，国民党还曾于党部内设立军事委员会，后军事委员会改隶国民政府。

在中央执行委员会之中设立常务委员会，中常会是中执委中的核心权力机构，由中央执行委员会委员互选产生，在中央执行委员会闭会期间执行职务。

在抗战开始之前，由于地方实力派的抵制，国民党的地方组织发展不够理想，但是抗战期间，国民党的地方组织有了长足的发展。到 1945 年底，国民党在全国各省都建立了省党部，县市一级党部达到了 1992 个，区党部发展到 9397 个，区分部则有 78681 个，国民党的组织基本上覆盖了全国。

二、决策程序

国民党采民主集权制，主要表现为下级服从上级与内部民主。下级服从上级即从区分部到最高党部的递级服从。内部民主则是指各级国民党在决策程序上实行合议制度，各级机关均以会议方式行使权力。全国代表大会为国民党的最高权力机关，《国民党总章》规定：常会每年举行一次；但中央执行委员会认为必要或有省及等于省三分之一以上请求，得召集临时全国代表大会。区分部党员大会至少每两星期开会一次，全区党员大会每两月举行一次，全县代表大会每 6 个月举行一次，全省代表大会每年举行一次。全国代表大会职权：①接纳及采行中央执行委员会及其他中央各部之报告；②修改本党政纲及章程；③决定对于时事问题应取之政策及政略；④选举中央执行委员、候补执行委员与监察委员、候补监察委员。地方各级党员大会或代表大会职权大致为：接纳及采行本级执行委员会及各部门的报告；决定本地方党务进行之方策；选举执行、候补执行委员，监察及候补监察委员。

中央执行委员会每两星期至少开会一次。中央执行委员会的职权包括：

①代表本党对外关系；②组织各地方党部并指挥之；③委任本党中央机关报人员；④组织本党之中央机关各部；⑤支配本党党费及财政。地方各级执行委员会每一周或两周开会一次。职权大致有：执行代表大会之决议；组织各地党部，并指挥其活动；组织党务机关；支配党费及财政。中央执行委员会常务委员会是处理党的中央机关的日常工作的机构，因此规定是每天开会，时间是上午 10 时至 11 时。

在决策机制上，国民党在 1924 年改组的时候，实行的是一种首长制与合议制结合的制度，国民党一大议决的党章保留了党的领袖制，但自孙中山逝世后，则不设领袖，全面实行合议制，直到 1938 年国民党临时全国大会恢复领袖制度，设立党总裁，总裁代行总理之职权。

国民党之所以一段时间内采取合议制，有几个原因：一是孙中山的辞世，使国民党失去了以为深孚众望的卓越领袖，其他人中一时没有能够产生一位众望所归的领导人，采取合议制可以弥补这一缺陷；二是孙文学说已经被神圣化，同时无形中也被凝固化，所谓“凡违背上述主旨（建国方略、建国纲领、三民主义、一大宣言政纲等）之议案，无论何级党部，概不得决议。”合议制不利于创制，但是对于遵从教义却有天然的优势。此外，国民党在改组前后，深受苏联影响，苏联无论党还是国，实行的都是合议制。

党国体制的合议制基本是从基层到中央一以贯之的，由最基层的区分部到中央党部，各级执行委员会、监察委员会均采用合议制，即使人数较少的中央执行委员会、常务委员会也仍是合议制。作为政治指导和党政联系机关的中政会也同样采取合议制。

但是，国民党的合议制虽然规定在制度中，在实际运作中却是另一种情形，最突出的表现是开会无定期，譬如中央执行委员会在第一届的时候，按党章应每两星期集会 1 次，那时只有 24 位中委，集会本来是相当容易的，但是第一届中执委在两年里只开会 3 次。后来改为每半年开会 1 次，但是开会的次数仍然很少。第三届自 1929 年到 1931 年共开会 5 次，第四届开会 6 次。

纵观国民党的历史，1919 年重组中国国民党之后，党内逐渐形成一个权力中心，南方政权的组织如大元帅府、大本营等也是领袖独裁体制，基本上是孙中山一个人决策一切。出席国民党第一次代表大会的代表有一半是孙中山指定的，第一届中委也是由他在代表推选的名单中圈定。在他去世之后，廖仲恺、胡汉民、汪精卫相互势均力敌，同时彼此之间还有这样那样的矛盾，很难形成一个稳定的权力核心。此时采用合议制首先是达到了剥夺胡汉民代理大元帅的职权，使其由一人之下众人之上的地位变为国民政府的几位委员之一，由副领袖的角色退为普通的外交部长。改变了权力格局，形成了互相制约与牵制的新的权力均势。应该说，合议制在一段时间内是与国民党党内的权力分配相适应的，也有效地避免了国民党在孙中山之后，新的权力核心形成之前，由于权力交替发生分裂。合议制在一定程度上容纳了分歧，给新的权力核心的形成留下了时间和空间。

直到 1938 年，蒋介石在党内的主导地位最终确立，国民党这才水到渠成地推出总裁制，实现从合议制到首长制的转化。

第四节　党国权力形式

党国体制奉行大政府的宗旨，在孙中山看来，三民主义是救国主义，党治国家的政府是救国的政府。政府担负着把一个落后的旧中国建设为一个现代国家的历史使命。因此这个政府不能自处于消极的地位，而应该肩负起积极的责任，这样才能使人民进步、社会发展、国家富强。党国视国家和社会为一体，并以改造社会为己任，党国没有为自身设限，而是将政治、社会、经济、文化各个领域都视为政府责任之所在。党国设计了一个大政府，它是塑造社会的政府而非产生于社会的政府。基于积极国家的理念，党国体制的权力行使奉行权力统一原则和法制原则。

一、党政联系机关

在以党统政的大格局下，为建立党和政府之间的联系，国民党设立了党政联系机关。党政联系机关实际所起到的作用并不局限于党政联系，而毋宁说是国民党的政治指导机关。国民党通过这一机构实施对政府的直接领导。党政联系机关在组成上一般包括了党的主要领导和国民政府的要员，国民党采取这种对政府的指导方式，较之党团方式，减少了中间环节，对于政治的指导更为直接也更为灵敏。党政联系机关的决策范围十分广泛，其权限不受法律约束。理论上国民党全国代表大会和国民党中央执行委员会是党政联系机关的上级权力机关，但事实上依历来惯例，以上机关从未否决过其决议或者用其他方式限制过其权力。国民党党治时期这种机关在前期是中政会，后期则是国防最高委员会，而在权力的集中程度上，国防最高委员会又远高于中政会。

1. 中政会

中政会全称为中央执行委员会政治委员会或中央执行委员会政治会议。

中政会的组成经过了多次变动，1924 年最初成立时，人员由总理任命，人选不以中央委员（中央执行委员会及中央监察委员会）为限。1926 年以后，中政会组成人员由中央委员中选举产生。1926 年 4 月 7 日，国民党第二届中央执行委员会临时全体会议决议，政治委员与常务委员同开政治会议。1927 年 3 月，恢复政治委员会名称，同时规定国民政府各部部长可以列席政治委员会。宁汉分裂期间，宁方使用政治会议之名，汉方则用政治委员会之名。1927 年 9 月，政治会议曾一度被取消，但不久即恢复。1928 年 10 月，中政会组成人员扩充为全体中央执监委员及国民政府委员，在上述当然委员之外，中执委还可以推选不超过中央委员全额之半数的富有 10 年以上政治经验或身负党国重任的人员参加中政会。1929 年 3 月，国民党三大将中政会规模缩小，委员由中央委员中选举不过半数人员。但 1931 年国民党四届一中全会又恢复为全体中委。1935 年国民党五大时，对中政会组成进行改革，中政会由中执委在中委中推选主席、副主席各一人，委员 19 至 25 人组成，中常会正副主席、国民政府主席、五院正副院长、军事委员会正副委员长出席中政会。此外，多数情况下，中政会都有一定的列席人员参加，不过按规定列席人员无表决权。

中政会的职权在 1924 年只是一种咨询职能，相当于是国民党总理孙中山的顾问机构，而在孙中山去世之后的 1925 年 6 月，则规定设立政治委员会“以指导国民革命之进行，政治之方针，由政治委员会决定，以政府名义执行之”。则是自此之时中政会已由政治咨询机关正式转为政治指导机关。1928 年的《训政纲领》规定：“指导监督国民政府国务之施行，由中国国民党中央执行委员会政治会议行之；中华民国国民政府组织法之修正及解释，由政治会议议决行之。”

确立政治会议为全国实行训政之最高指导机关，对中央执行委员会负责，其决议直接交国民政府执行。中政会的职权是指导政治，是一种总括性的权力，可以说并无明确的权力范围，试以 1928 年 10 月中央执行委员会第 179 次会议修正之《中央政治会议暂行条例》观之，政治会议议决建国纲领、立法原则、施政方针、军事大计、国民政府委员、各院院长及其他重要行政官员之人选，实际国家大事均属其职权范围。

中政会尚有分会之组织，1926 年 1 月，国民党二大决议除国民政府所在地设置政治委员会外，经中央执行委员会常务委员会核准，可以设立政治委员会分会。

政治分会的权限是“依中央政治会议之决定，于其特定区域内，指导并监督最高级地方政府”，在不抵触中政会决定的范围内，“得对于中央政治会议未经明白或详细决定之事项为因地制宜之处分”，此项处分，“应于最短期间呈请中央政治会议追认。”政治分会的决议案“交该特定地域内之最高级地方政府执行之”。政治分会大体设置于北伐期间，先后设置的有广州、武汉、北平、山西等政治分会，1929 年间各地政治分会相继取消。

按照党的合议制原则，中政会在决策程序上应采合议制，然而在实际上中政会的合议制度却多有变形。首先是事实上无表决，以至于“出席”和“列席”并没有重大的区别，会议不取表决的方式，则所谓“决议案”只是主席“勉强集合众意下一概括之决议，”其含义自难鲜明而便于执行。其次，无严格的出席人数的法定规则，譬如国民党四大规定全体中委都有出席中政会之权，但四届中委实数为 167 人，出席中政会的人数从未达到半数，通常有 20 余委员出席，即可决定一切。由于开会没有出席人数的限制，没有表决制度，合议制并未落到实处。

“政治会议对于党，为其隶属机关，但非处理党务之机关，对于政府为其根本大计与政策方案所发源之机关，但非政府本身机关之一”。政治委员会（政治会议）的制度设计，在于建构一种党与政府在形式上既分离又相互联系的体制。

通过中政会，党的中央机关直接与中央政府相联系，在用意上是使整个党的机关对政治的指导权归于一个范围更小、也更为集中的权力中心，虽然在实际上由于中政会组成人员常常包括全部中委，且中委人数本身又是不断扩大的，这一目的并没有完全达到。

2. 国防最高委员会

国防最高委员会（前身是国防最高会议）是抗战开始后设立的代行中政会职权的党政联系机关。

组成方面，国防最高会议设立于1937年8月，以军事委员会委员长为主席，以中央政治委员会主席为副主席。其他组成人员，在党的方面有中央执行委员会和监察委员会常务委员、各部部长等；在政的方面有五院正副院长、行政院各部部长等；在军的方面有军事委员会委员，正副参谋总长及军令、军政、军训、政治部各部部长、军事参议院院长及其他主席提出经会议通过者。1939年1月，国防最高会议改组为国防最高委员会。国防最高委员会设委员长，由国民党总裁担任，以中央执监委的常务委员、五院正副院长、军事委员会委员及经委员长提名的若干人员为委员，委员会设常务委员组织常务会议。由国防最高会议改组为国防最高委员会，在组成人员上范围有所缩小。

职权方面，按组织条例，国防最高会议在职权上仍限于国防方针、国防经费、国家总动员事项之决定等，唯规定国防最高会议主席对于作战期间关于党、政、军一切事项得不依平时程序，以命令为便宜之措施。但1937年11月，中常会即议决中政会停开，其职权由国防最高会议代行，因此国防最高会议即是一个替代中政会职权的机关。1939年设立的国防最高委员会"统一党、政、军之指挥，并代行中央政治委员会之职权。中央执行委员会所属之各部、会及国民政府五院、军事委员会及其所属之各部、会兼受国防最高委员会之指挥。"委员长则"对于党政军一切事务，得不依平时程序，以命令为便宜的措施。"

国防最高委员会与政治委员会的不同在于，是一个党政军一体化的权力核心。国防最高委员会的设立，事实上是对原来相对独立的党政军机关的一次整合，其设置背景是在党内已经重新确立了领袖制的前提下，明确战时唯一的最高权力中心。国防最高会议时的军事委员会委员长与国防最高委员会的国民党总裁实际上都是蒋介石，且两个机关都包括有主席（委员长）提名的人员，体现了领袖权力。

一般国家在战争状态中也会采取特殊手段以集中国家权力，表现为宪法中的紧急状态条款的存在，紧急状态条款赋予政府一种紧急权力，如法国总统的“非常权力”。国家紧急权力行使的目的在于恢复正常的社会秩序，紧急权力行使具有不同于正常状态的特点，包括权力的集中、扩张等。立宪国家的国家紧急权力最主要的表现是行政权的扩大，但并未完全取消立法和司法机关对行政权的制约，而国民党党国体制在战争状态中的以国防最高委员会为核心的紧急权力配置则体现了党、政、军的紧密结合，使权力统一达到了极点。

二、民意机关

民意机关应是由选举产生，代表人民行使国家主权的机关，党国体制下不存在严格意义上的民意机关。党治时期的民意机关只是一种准民意机关，指由选举或聘任方式产生，但成员来自社会各阶层，即至少具有一定的代表性，目的或为辅助执政党行使部分立法权或为征集民意，能在一定程度上反映国民意见的机关，党治期间的这类机关前后约有三种：国民会议、国难会议和国民参政会。

1. 国民会议

国民会议是 1931 年国民政府召开的主要为议决约法的代表会议。

国民会议采取职业代表制，职业团体代表由农会、工会、商会、实业团体、教育会、自由职业团体及国民党中选出，对于前四种团体的代表，尚有 5 ~ 10 年的服务年限的要求。而国民党的中央执监委员及国府委员有当然资格出席，国民党的中央候补执监委员、五院所属部会长官及国民会议主席特许的人员则可以列席。时人以为，国民党对该会议具有绝对的支配能力。

国民会议的议决案“由国民政府分别办理之”，1931 年的国民会议讨论通过了《中华民国训政时期约法》，也通过了一些其他议案。

召开国民会议是孙中山先生生前一贯的主张，在总理遗嘱中，还专门提到国民会议。按照孙中山的观点，地域代表制易为有权有势者操纵，因此他提倡职业代表制，在他的国民会议的设想中即主张职业代表制。国民会议的性质，最初被设计为议决重大国事的民意机关。1931 年的国民会议是专为议定约法设置的民意机关，虽然会议也有一些其他的议程，但是国民会议只是依议题一次性设立的民意机关，而不是常设机构，这些议案有否执行，执行的结果如何，不由该民意机关负责。

国民会议的作用，不是行使通常议会的选举、立法、财政、监督等权能，而是起到一种确认授权的作用。即通过约法正式授权中国国民党代行中华民国国民所拥有之政权。从党治时期开始，国民党即自认为肩负人民之托付，负有领导人民建设国家之责任，但是这毕竟只是国民党自己的说法，而通过国民会议的召开，国民党政权在形式上得到了人民的认可，获得了法理上的支持。当时的立法委员陈茹玄说："此项约法经国民会议通过之后，则理论上党治原则已经国民正式接受；国民党政权在训政时期可以益形巩固矣"。既然如此，通过了约法，国民会议也就完成了其历史使命。

2. 国难会议

国难会议是国民政府 1932 年 4 月召开的商讨国事的议政会议。

国难会议是在"九・一八"、"一・二八"之后，民族危机异常严重的情况下召开的。《国难会议组织大纲》规定："国难会议会员，由国民政府就全国各界富有学识经验资望之士聘任之。"据此，国民政府行政院聘定了 424 名会员。国难会议的议事范围被规定为"御侮、救灾、绥靖"三项，即就这三项事宜形成决议供政府参考。

召开国难会议是 1931 年 11 月在南京召开的国民党四大（国民党四大分别在南京、广州、上海三地召开）上作出的决议。1932 年 4 月，国难会议在洛阳举行。

从国难会议会员的产生和国难会议的议事范围来看，国难会议显然并非议会性质。其会员不是民选的，而是由政府指定的。国难会议的议事范围被严格限制（实际上有所突破），国难会议议定的各项提案对国民政府并无法律上的约束力，仅能供其参考。国民党认为："国难会议并非立法机关，不过讨论出办法来，供中央之参考"。同时国难会议也是一次性设定，总共只有六天的会期，不是常设机关。国难会议主席曾声明："闭会之后，会务完全结束。今后在国难期间，个人可以以国民的资格奔走国事，不可再以国难会议会员的名义说话"。总体而言，国难会议是一个临时性的关于特定事项的咨询机关。

国难会议虽然只是一个职能受到严格限制的咨询机关，但是却也对于推动民主进程有一定的意义。尽管有的学者认为召集国难会议只是国民党推卸丧失国土罪责、逃避舆论攻击的手段，但国难会议至少给了在野人士一个发表意见的讲台。由于国民党坚持国难会议的议题范围不能扩大，导致许多被邀请的民主人士拒绝参加会议，实际参加会议的人不到被邀请人数的一半。但是参加会议的会员们仍然不顾国民党的一再申明，提出了诸多不在三项议题之中的议案，比如承认各政党合法地位，结束训政实行宪政等等。

3. 国民参政会

国民参政会是国民政府 1938 年～ 1948 年间设立的国民参政机关。

国民参政会的成员称为参政员，人数逐届有所增加，从 200 名增至 290 名。

参政员必须具备四项资格之一：①曾在各省或院辖市公私机关或团体服务 3 年以上著有声望者；②曾在蒙藏地方公私机关或团体服务，著有声望，或熟谙各该地方政治社会情形，信望久著者；③曾在海外侨民居留地工作 3 年以上，著有声望，或熟谙侨民生活情形信望久著者；④曾在各重要文化团体或经济团体服务 3 年以上著有信望，或努力国事信望久著者。参政员遴选的方法，①项参政员由各省市临时参议会选举产生；②、③两项参政员候选人分别由蒙藏委员会、侨务委员会提名，由中执委选定；④项参政员候选人由国防最高委员会提名，中执委选定。名额分配上则以①、④两项占据绝大多数。实际上④项参政员指的就是各政党、政派、无党派政治活动家及其他社会活动人士。国民党不允许其他政党公开以政党名义参与政治活动，只允许他们以文化团体或经济团体的名义出现，譬如共产党就是作为文化团体参加国民参政会的。

按照国民参政会的组织条例规定，参政会有五项职权：（1）议决权，“政府对内对外之重要施政方针，于实施前，应提交国民参政会议决”；（2）建议权，“国民参政会得提出建议案于政府”；（3）知情与询问权，“国民参政会有听取政府施政报告及向政府提出询问案之权”；（4）调查权，“国民参政会得组织调查委员会，调查政府委托考察事项”；（5）预算初审权，“政府编制国家总预算，应于决定前提交国民参政会或其驻会委员会作初步之审议”。

设立国民参政会的意见，最早提出于 1932 年 12 月的国民党四届三中全会。

但是正式组成和召集则是 1938 年的 7 月。国民参政会前后共召开了四届十三次会议。

国民参政会是一个常设的准民意机关，作为“民主政治的阶梯”，有一定的民意机关的性质，从人员构成看，有一部分成员是间接选举产生的，一部分成员虽然是国民党中央选聘，但也可以代表各个政治团体。同时国民参政会组织法规定：“现任官吏不得为国民参政会参政员”，有保证参政会行使对政府的监督权之意。从职权看，国民参政会的权能中涉及立法、监督、财政权。说其是“准”民意机关，因为其人员构成不是一律经由选举产生，国民参政会的议长或主席团成员可以为政府官员（汪精卫、蒋介石都曾先后为议长），国民参政会的职能中多是初议权、初审权，并不拥有决定的权力。

国民参政会的实际作用大体为：首先，参政会多次通过支持政府抗战到底和声讨叛国投敌行为的决议，参政会作为民意的集中体现，在国家存亡关头，有鼓舞民族士气的作用；其次，参政会推进了民主宪政运动，其组织的“宪政期成会”，还制定了一份“五五宪草修正案”；最后，参政会对政府具有一定的监督作用，参政会的会议往往成为揭露腐败的讲台。

从国民会议到国难会议到国民参政会，国民党政权所设立的民意机关，从一次性的确认机关到专项问题的咨询机关到常设性的准民意机关，应该说体现了民主程度的逐渐提高。但是总的来说，这些机关本质上仍然只是咨询机构，它们或者没有决定性的权力，或者完全受国民党支配，距离真正意义上的议会还有相当的距离。作为确认人民授权的必经形式的国民会议，即使在当时的舆论中也被普遍认为是完全受国民党操控。国难会议则在召开之时即受到了广泛的抵制，国民参政会是在国共合作的背景下组织的，但是国民参政会后半段的会议，共产党基本上没有参加。这些或临时或长期的类似民意机关的设立，多多少少给了来自不同政治势力集团一个在公开和正式场合发表意见的机会。他们会不断地利用这种机会来要求更多的民主。这就使言论自由以至政权部分的开放，成为要求更多的开放的过程中的一部分。一个权威政权所面临的困境往往是对政权的有限开放会带来更强烈的政权开放的压力。

国民党时期的国民会议、国难会议和国民参政会，与袁世凯时期的行政会议、政治会议、约法会议具有某种相似性。行政会议、政治会议、约法会议分别为袁世凯时代北京政府的咨询机关、造法机关。都是在最高权力的控制下，吸纳一定的政府外人士参与的咨政机构，其建立都含有扩大政权的社会基础、提升政权的合法性的目的。这些咨政机构对成员选定有严格规定，普通民众被排除在外，它们的组织原则不体现民主的代表性原则。

三、中央权力架构

卢梭认为主权是不可分割的，他因此反对三权分立，主张权力的统一。权力统一是指权力的不可分割性，权力统一下所存在的权力划分是分工而不是分权。

权力统一非常符合传统中国社会中，权力是一次性地由上天整体授予统治者的思想。国民党自认担负着领导中国革命的历史性职责，自然也是认为这种职责是历史和人民一次性整体地授予的，这是党国体制之权力统一的起点。党国体制的权力统一原则除了基于主权之不可分割外，还来自建设现代国家需要提高政府效率这一思想，孙中山设计的政府体制是一个全能政府。主要考虑的是怎样使这个政府拥有足够的能力，来进行国家建设和为人民谋福利。一个积极的政府对人民承担着巨大的责任，担负着谋求国家富强、人民幸福的重要使命，因此应尽可能给予充分的权力，以使其能够有足够的施展空间，来完成政府的职能。权力统一原则在国民政府中央权力架构上主要体现为国民政府作为政府各部门（五院）的集合体应统一行使权力，各机关是分工合作的关系，五院是分工而非分权，五院之权统一于党的一元权力。

1. 国民政府体系

国民政府成立于 1925 年 7 月 1 日，当时不是全国性的政府，只是一个偏处广东一隅的一个割据政权，到 1928 年，北伐战争胜利后，国民政府才成为一个全国性的政府。在时间上，国民政府特指国民党党统治时期的政府。1948 年，《中华民国宪法》施行之后，国民政府之名即不复存在。国民政府实际上具有党治政府的特定含义，按陈之迈的说法，训政时期是一个过渡的时期，党治也是暂时的制度，所以特地标明为“国民政府”。大体上国民政府应视为国民革命的产物，同时又体现了国民党的党义。作为中央政府的国民政府体系，其组织基本上由《国民政府组织法》予以规定。

1925 年 7 月 1 日，中华民国国民政府成立，《国民政府组织法》规定国民政府由国民政府委员会及下辖各部组成。国民政府委员会是国民政府的决策机关，国民政府委员会由国民政府委员组成，采用合议制，以会议方式处理政务，国民政府主席并没有高于其他政府委员的地位。国民政府委员会设立常务委员会处理日常政务。国民政府委员会下辖各部的具体设置最初是军事、外交、财政等部，后来政务逐渐复杂，又增加了交通、司法、教育、劳工、农政、实业、卫生等部以及最高法院、监察院、考试院、大学院、审计院、法制局、建设委员会、军事委员会、蒙藏委员会、侨务委员会等院会。在此一时期，各部院会是国民政府的下属机构，地位平行，各部院会之间没有明确的制约关系，也没有进行职能分类和区分。

训政时期开始后，国民党依据孙中山《五权宪法》思想，按照胡汉民、孙科等的建议，试行五院制。1928 年 10 月的《国民政府组织法》第五条规定，“国民政府以行政院、立法院、司法院、考试院、监察院组织之”。国民政府委员组成国务会议处理国务，是五院汇集的总枢纽，五院院长、副院长均由国民政府委员兼任。国民政府设主席委员 1 人，代表国民政府接见外使，并举行或参与国际典礼，国民政府主席兼任陆海空军总司令，并且是国民政府国务会议的主席。1930 年 11 月的《国民政府组织法》将国务会议移至行政院，具体政务由行政院组织的国务会议处理。国民政府公布法律、发布命令就不再经过国民政府委员议决。

原国务会议改称国民政府会议，唯一职权是议决院与院间不能解决之事项。1931 年 6 月的《国民政府组织法》增加了国民政府委员人数，设委员 24 ~ 36 人，五院院长等为名额以外的当然委员。提高了国民政府主席的权力，规定国府主席提请国民政府任免五院正副院长、陆海空军副司令、及国民政府直属部、院、会长官。

1931 年 12 月，《国民政府组织法》规定国民政府主席不负实际政治责任，国民政府委员会由国民政府主席和委员组织，五院院长、副院长、各部部长、委员长以及现役军人不得兼任国民政府委员。事实上，国民政府委员至此也和国民政府主席一样不负实际政治责任。1943 年，国民政府主席的权力得到恢复，主席为海陆空军大元帅，五院院长、副院长由主席在国民政府委员中提请中执委选任，五院院长对主席负责。训政时期国民政府的机构设置是以五院制为主体，五院之外尚有一部分机构直隶于国民政府，这些机构屡有变迁，但大体上有几类：国民政府的事务机构，如文官处、参军处；独立的会计和审计机构，如主计处；军事机构，如参谋本部，军事委员会等；其他不便隶属于五院的机构，如中央研究院、政务官惩戒委员会等。五院与国民政府的关系在不同时期也有所不同，当国民政府主席负实际责任之时，五院是分别行使五种治权，五院是国民政府的下属机构，对国民政府负责；当国民政府主席不负实际责任之时，五院独立行使五种治权，名义上五院仍是国民政府的下属机构，但事实上国民政府仅仅只是完成一个形式上的过程，即“国民政府所有命令处分以及关于军事动员之命令由国民政府主席行之，但须经关系院院长副署始生效力。”政治责任由副署者承担。

国民政府体系的特点是在各个政务部门之上始终有一个国民政府委员会存在，尽管大半时间国民政府委员会并无实际权力，但是具体负责政务的部门却因其存在而从未获得完全独立的地位。

2. 五院体制

五院体制是国民政府体系的主体部分。行政院、立法院、司法院、考试院、监察院分别为国民政府最高行政、立法、司法、考试、监察机关。五院成为中央国家机关的基本结构。国民政府主席为首的国民政府委员会则起着联络协调五院关系的作用。

行政院为国民政府最高行政机关，设有院长、副院长，正副院长由中执委选任或由国民政府主席提名国民政府或中执委任命。行政院下设各部、会、署具体管理全国行政事务，各部、会、署长官由行政院院长提请国民政府任命。抗战之前行政院主要有内政部、外交部、经济部、教育部、交通部、农林部、社会部、粮食部、司法行政部（一度隶属司法院）、蒙藏委员会、侨务委员会、振济委员会、卫生署、地政署等，抗战开始后则有所调整。行政院在国民政府主席负实际责任时，对国民政府负责，在国民政府主席不负实际责任时，则直接对中政会负责。行政院是首长制，但也有合议制的成分，行政院会议（一度曾改称国务会议）是决定重大行政政策的机关。行政院会议由院长、副院长、各部长、各委员会委员长组成，会议以院长为主席，行政院会议决定提交立法院的各种法律案、预算案、大赦案、宣战案、媾和案、条约案及其他重要国际事项和官员任免以及各部、会、署间不能解决的事项。不过由于行政院长是各部、会、署官员的上级，会议主席的态度往往会直接左右决策。行政院在五院之中主要和立法院发生关系，行政院的法律案需经立法院通过，预算案要经立法院同意。有学者将行政院比之为一般国家的内阁，这种比拟建立在行政院与国民政府主席的关系上，也有一定道理，但是若以立法院为国会，则行政院并非由立法院产生，也不对立法院负责，更不能解散立法院；若以中执委中政会为国会，行政院对中执委和中政会负责，但行政院并无一般议会内阁制国家中内阁所具有的解散议会的权力，只能服从中执委和中政会的决定，不能以任何方式与之相抗。因此行政院与宪政国家中的内阁不可同日而语。

立法院是国民政府最高立法机关，立法院由院长和委员组成，院长、副院长产生与行政院同，立法委员由立法院院长提请国民政府主席任命，立法委员不得兼任其他职务。1931 年底出台的《国民政府组织法》规定立法委员之半数由人民选举产生，但是这一规定并未实施，立法委员仍全部由院长提名国民政府主席任命。

立法院有议决法律案、预算案、大赦案、宣战案、媾和以及其他重要国际事项的职权，但当国民政府主席负有实权之时，立法院的决议还需由国务会议议决公布。

立法院议决之法律案，据 1929 年的法规制定标准法，有三项：关于现行法律之变更或废止者；现行法律有明文规定应以法律规定者；其他涉及国家各机关之组织或人民权利义务关系经立法院认为有以法律规定之必要者。立法院以立法院会议形式行使职权，立法院会议由院长主持，会议至少每周举行一次，立法委员非请假获得批准必须出席会议。在议程安排上，中政会交议事项为第一位，其次是国民政府交议案，再其次是各院案，最后是立法委员提案。立法院议事规则尚且规定，“立法院会议否决或废弃之议案，院长认为有复议之必要时，得具意见提请中央政治会议表决，发交复议，立法院会不得再加否决”。立法院是法律规定的最高立法机关，但在实际政治运行中，在其之上还有国民党全国代表大会、国民党中央执行委员会、中央常务委员会及中政会、国防最高会议（国防最高委员会）。按《立法程序纲领》的规定，各机关提出于立法院的法律案，除中政会自己提出者以外，都必须由中政会先行确定立法原则，而立法院对于中政会所定原则不能变更，只能据以立法。对于立法院通过的法律案，中政会认为有修正的必要时，可将决议案发交立法院根据中政会的意见进行修正。由此可见，立法院的立法权实处于中政会严密拘束之下。抗战开始之后，立法院权限进一步受到限制，“凡应交立法院议决之案，国防最高会议认为有紧急处置之必要时，得依国防最高会议组织条例第七条，为便宜之措施，事后按立法程序送立法院。立法院所议各案，与战时有关者，应先行送国防最高会议核议”。

司法院是国民政府的最高司法机关，司法院设院长、副院长各一人，院长、副院长的产生与行政院相同。司法院直辖最高法院、公务员惩戒委员会、行政法院，尚有司法行政部一度隶属司法院（1928～1931,1934～1942）综理司法行政事务。

司法院下属机关的长官由司法院长提名国民政府任命。司法院有司法审判、法令解释、司法行政、官吏惩戒及行政审判等职权，关于特赦、减刑及复权事项提请国民政府核准施行。最高法院对于民、刑诉讼案件，依法律行使最高审判权。行政法院掌理行政诉讼审判事项。公务员惩戒委员会掌理文官、法官的惩戒。司法院长经最高法院及所属各庭庭长会议议决，行使统一解释法令及变更判例之权。

在司法院的职能中，审判机关独立行使审判权，但是由于地方法院的建设滞后，地方官署兼理司法的现象依然严重，同时各地司法经费附属于地方财政，司法独立不能不受影响。

第五节　均权与法制

一、均权

孙中山认为集权会导致专制，分权又可能产生割据，只有均权是最合理的权力配置方式。均权与自治的结合，被杨幼炯称为“民治均权”，可谓折衷集权与分权的良法美意。但是这样一种官治与民治的结合，离分权固然相去甚远，却并未真正远离集权。自治与分权的区别在于训政时期的地方自治与现代宪法所说的地方自治权不是一个概念。

中央与地方的关系是一个国家结构问题，地域、人口、民族以及历史传统等都是决定国家结构的因素，在党国体制之下，政党的因素，尤其是政党的组织机制是影响国家结构的重要原因。一个集权制的政党只会产生单一制的国家，譬如在苏联，由于政党的中央集权制的存在，虽然各加盟共和国在法律上保留有退出联邦的权利，苏联的联邦制仍是一种事实上的中央集权制。国民党奉行民主集权制，但是集权优先于民主，国民党的党国体制在中央地方关系上仍实行权力统一原则。在中央地方关系中，虽然宣称均权并试行地方自治，但是地方机关的主要定位仍然是中央和省一级行政机关的下级行政机关，地方未能构成对中央的制约。同时在地方党政关系上，中央通过政党和政府两种渠道对地方进行控制。

二、法制

是否实行法治是区分共和政体和专制政体的界限，是判断政体性质的重要标尺。党国体制并不是传统意义上的专制政体，它的目标是建立一个可以在规范意义下进行统治的现代国家。党国体制无疑存在法制，问题的关键是党国体制是否存在法治。在党国体制下，法制是重要的统治手段。党国体制有法制无法治，尽管国民党政权到 30 年代中期，以《六法全书》为主体的法制建设已经相当完备，形成了包括法典、法规和判例、解释例的法律体系。但是，党国体制的法制只是执政党的意志的反映，而非民主的产物，它维护的是党国体制的存在和价值。

三、作为政策工具的“根本法”

在最狭义的理解上，根本法就是宪法。在这个意义上讲，国民党党国体制不存在根本法。但是如果以根本法作为确定一个国家根本制度和根本问题的法律规范，党国体制自然有根本法。

关于国民党党国体制根本法的具体内容并无定论。1941 年，国民党中央训练团编印的《中华民国法规辑要》中根本法部分包括《中国国民党政纲》《国民政府建国大纲》《训政纲领》《训政时期约法》《中华民国宪法草案》……党国体制的根本法似应包括党的基本纲领、确定党和国家关系的规范、党政联系机关与政府机关的组织法、确定人民地位的规范以及人民参与国家政治的法律规范。依此认识，上述内容都在党国体制根本法的范畴之中。

第六节 国民党党国体制的衰落

政体确立后并不能自然地保持永恒不变，政体的蜕变既可能有外部的原因如对外战争等，也可能有内部的原因如掌权者的腐化等。国民党党国体制按其初衷而言，应该是一个党权至上、党内民主，以民众福利为价值取向的政体，党国体制被设计为一个向宪政转化的过渡政体，但其演变的方向却背离了应有的原则和价值追求。党国体制的衰落，一方面是由于其所面临的各种挑战，另一方面也是由于专制传统和西方文化的影响。党国体制的蜕变表现为主权在党向军权至上演变，党内民主向独裁演变和公共利益向寡头利益转化。

一、政体蜕变的原因

1. 党国体制面对的挑战

国民政府建立之初，只是一个控制地域极为有限的南方政权，即使1928年大体上统一全国之后，国民政府也仍然需要面对一系列问题，对外关系上，外国政府拒不承认，关税不能自主，国民经济的薄弱以及不平衡发展，农村经济的濒于破产，都是关系国计民生的基本问题。但是最直接地威胁到国民党党国体制的还是另外一些挑战。

对于国民党政权而言，主要危机来自以下几个方面：党内的派系斗争，共产党的武装反抗，日本的侵略。国民党内的派系斗争非常复杂，既有西山会议派、改组派等以理论争论为主的政治派系，也有陈济棠、李济深、白崇禧、冯玉祥、阎锡山等地方实力派，这些派系和蒋介石代表的中央政权之间明争暗斗，对国民党政权的稳定构成了长期的威胁，从西山会议派另立中央，到蒋桂战争，到蒋阎冯中原大战，北平扩大会议，西南政务委员会，直到抗日战争前后，派系斗争才趋于缓和。“党外无党，党内有派”，党的日益寡头化加剧了派系斗争，缺乏充分发展的党内民主，使派系斗争不可避免。不过，随着民族矛盾的激化，派系斗争受到抑制，暂时的党内团结巩固了国民党政权。

相对于党内派系纷争，共产党政权的存在对国民党政权的挑战显然是更为严峻的。共产党是一个真正的总体党，而国民党是一个准总体党，两者在组织原则上有很多相似之处，如果彼此的纲领、意识形态不改变和调整，两者就不能共存。蒋介石甚至有过“日本人的问题只是皮肤之痒，共产党才是心腹之患”的判断。虽然国民党在所谓“剿共”期间，也采用过杨永泰提出来的“三分军事，七分政治”和共产党争夺民心，但是蒋介石认为拼党力，搞工农运动，“均逃不出共产党之掌握”。在毛泽东得出来“枪杆子里出政权”的论断的同时，蒋介石则决心“攘外必先安内”，发誓要彻底消灭共产党。虽然抗日战争爆发，在举国上下一致对外的呼吁下，国共两党第二次合作，但是蜜月并没有持续太久。还没等到抗战胜利，两党的关系已经是貌合神离了。战后，当美国的特使赫尔利踌躇满志地从延安带回一份和共产党人签订的关于成立一个联合政府的协议，却被国民党一口拒绝的时候，他实在弄不明白为什么共产党和国民党就不能像美国的民主党和共和党那样在同一个体制框架内和平竞争。对于国民党政权来说，共产党是一个随时准备取而代之的并且不能通过谈判妥协的竞争对手。

日本的侵略对于国民党政权的影响是多重的，一方面，日本的入侵威胁着中国的民族独立和领土完整，20个省先后沦陷，国民政府偏处于一个西南一隅狭小的地域。伪满、伪蒙、汪伪政权的建立更是直接影响国民党政权的统一性。另一方面，日本的入侵也提升了国民党政权的合法性，国民党参与领导了这一场艰苦的抗日战争，而战争的残酷和激烈使其他许多问题被掩盖了，民族矛盾暂时取代社会矛盾成为人们关注的焦点。中国没有如日本军方预计的那样在3个月内灭亡，国民党政权没有投降，而是在敌我力量悬殊的情况下，与全国军民进入艰苦卓绝的对日持久战。国民党再次举起民族主义的旗帜，这极大地增加了其政权的合法性。最后也是意义更为深远的一方面，恰恰是日本的入侵，使得国民党不得不和其曾经的死对头共产党再度携手，至少是在很长一段时间维持表面上的互不侵犯，而最终其看到共产党在战争中已经发展壮大到可以和自己分庭抗礼的地步。对于国民党而言，更为致命的是，在抗战期间，共产党政权在敌后广大的农村地区，实行减租减息，进行了广泛的社会改革，组织了各种选举，实现了政权开放通过这一切，共产党已经日益赢得了广大中国民众的衷心的支持。外国学者认为“共产党强调和谐和自我牺牲精神，试图压过国民党，获得全国支持，体现他们才是真正的共和者和孙中山的继承人。”国民党在战后错误地采用了武力解决党争的思路，发动了不得人心的内战而招致了无可挽回的失败。

从客观上看，国民党在执掌大陆政权期间，所需要面对的危机是空前的，需要应对来自内部派系的权力的竞争，来自共产党的意识形态的竞争，来自日本人的国家主权的竞争，这一切都要求其必须把政权存亡放在首先考虑的位置上。

而国民党基于这种考虑所采取的应对措施，又会损害政体的原则，使党国体制变形。

2. 西方文化对党国体制的冲击

（1）多元政治

自由民主理论信奉多元主义，相信社会中意见和利益本来就是分歧的。民主是达成共识的过程，但是这种共识，是建立在多元主义的基础上的，不是单一世界观要求的一种思想所组成，而是将许多意见不同的思想（利益）加以协调，以成常变的互相联合。多元政治客观上要求不同的利益和意见都要有自己的代表，都可以公开地真实地表达。多元主义是多党制的基础。通常多元主义政治也只有通过多党制才能实现。多元主义的西方文化相信社会在本质上是分歧的，因此应该允许不同的声音同时存在，这就和力图塑造一种全民利益和一种公共意志的党国体制存在不可弥合的矛盾。

多元主义的政党制度下，政党只是人群的一个部分，社会的全体是多个部分互动的结果。而在一党制下，这唯一的党则宣称代表全体。多元与一元的根本区别在于，承认多元，就是承认分歧，承认争议的合理性，而认可一元，则否定了分歧的合理性。唯一的党必然会致力于消除异议，消灭争议。也唯有如此，其对全体的代表才可能成立。党国体制正是试图用一种高于个人的可代表的共同利益取代利益分歧，用一种抽象的共同意志取代分散的个体的特殊意志。简而言之，用一元取代多元。

党国体制认为国民党为全体人民的唯一代表，实行“党外无党”，不允许其他政党合法活动，但是由于多元主义思想的影响，国民党并不能从实际上杜绝其他政党的存在。除了共产党以武装斗争的形式争取合法地位以外，民盟、青年党、国社党等民主党派则主要通过民主运动发出要求取消一党专政的呼声。青年党领袖陈启天批评国民党所主张的宪政是“党主宪政”而非“民主宪政”。张君劢指出：“党治之下，独有一党，不容有他党。独有党法，而无所谓国法。独有对党之责任，而无对国家人民之责任”。

罗隆基则明确呼吁人们“向主张”‘党高于国’‘党权高于国权’的国民党收回我们国民的政权”。中间党派强烈要求开放党禁，结束党国体制。

（2）宪法问题

按照国民党的革命程序论，军政、训政统称革命时期，训政的发展目标是宪政。训政的期限原定为6年，即1934年应该是结束训政的时间，但是国民党实际上直到1947年底才在形式上结束训政。因此在漫长的训政期间，宪法问题就成为对党国体制的一种挑战。自由派力量借助宪政运动对国民党的一党专政提出种种抗议，要求其尽早结束训政，还政于民。宪法问题围绕两个方面展开，一是要不要有宪法，二是要什么样的宪法。

在要不要宪法的问题上，在党国体制实行之始，就有民主人士呼吁宪法之治。

1929年，马相伯曾对胡适说：“此时应有一个大运动起来，明确否定一党专政，取消现有的党的组织，以宪法为号召，恢复民国初年的局面。”以后由于形势的变化，这种呼吁转变为对约法和人权的要求。20世纪30年代，由于法西斯主义在世界范围内的兴起，中国国内发生了一场专制与民主的大论战，一些过去的民主人士，如蒋廷黼、丁文江等都开始主张开明专制，但是胡适等则仍坚定地抱持自由民主思想，要求实行宪政。抗战兴起之后，由于国民党在事实上开始允许其他党派公开活动，宪政呼声空前高涨，而国民党为动员全民抗战，也主动宣传要制定宪法，实行宪政。但是国民党只提实行宪政，却不提结束党治，实际上是欲把宪政纳入党治的轨道。这与民主党派以制定宪法、实行宪政为党治之结束是有根本区别的。

3. 传统文化的侵蚀与政体变异关系

（1）人治侵蚀法制

之所以国民党党国体制有法制而无法治，与孙中山对法治的误解是有关系的。按照孙中山的设想，治理国家当然要讲法治，但在党内则仍以人治为主，因为民主自由是对人民而言的，党员则应以奉献为主，不能要求个人的民主自由。

这样一种法治、人治结合的想法是一种西方民主和传统的精英理论结合的产物。

但是根据不同范围决定民主自由原则的适用与否，实际上是无法实现的区分，党员也有作为普通人民出现的时候。同时党的组织结构是党国体制中最重要的社会结构，很难想象实行人治的政党可以造就一个法治的国家。这就为人治侵蚀法制埋下了伏笔。

人治影响法律的权威性和稳定性。以《国民政府组织法》为例，其前后经过了数次修订，每一次的修订都是由于人事上的变动，国民政府主席由协调五院、统帅军队的实权元首变为不负实际政治责任的虚位元首，再到恢复实权地位，主要的原因其实只是蒋介石个人的进退。

人治侵害权力运行的程序制度。身为军事委员会委员长的蒋介石以“手令”的方式指挥党政军各机关，据统计，从 1936 年 1 月到 1948 年 4 月军事委员会侍从室积累的蒋介石的手令就有 120 多公文箱。

人治破坏权力组织的制度。1932 年至 1937 年间的“三民主义力行社”是蒋介石亲自掌握并用以实施社会控制的秘密组织，外围组织则有几十万人。力行社的活动渗透到各种公开机关的活动之中，但本身却保持秘密状态，其成员只服从蒋介石个人的旨意。除了蒋介石以外，一些独霸一方的军政要员也利用秘密组织巩固个人权力，如胡宗南组织了“铁血团”对军队实施控制，而桂系也有“中国国民党同志会”的秘密组织。

人治危害司法公正。汪伪政权的要人周佛海本来必死无疑，据传却因其妻的几行眼泪而大难不死。孔二小姐走私案，其查处结果因为人情关系的斗争由本应严处到有意放纵到仍旧处罚，充分体现法律在权力之下的随意性。

人治是专制传统的特色。党国体制中，党创造了国家，先有党权后有国法，既然法律源自权力，权力突破法律就很自然。党的高层领导如果率先滥用权力，就无法期望下级官员和下级机构严格遵守规则。

（2）独裁损害民主

需要说明的是，国民党的民主是有限的民主，即限于统治者的民主。党国体制中的党内民主着重点是在集思广益上，对于民主制度本应有的制约权力、防止权力滥用的监督权力则未加以适当的注意，尤其是当党内再度出现所谓“众望所归”的领导人的时候，按照国民党的想法，民主制度的存在就丧失了必要性。

（3）私利与公益的消长

传统社会是未分化的，当官是取得财富的最主要途径，权力和个人利益联系在一起，踏入仕途就意味着一定的物质利益和身份权益的获得。而传统政治是一种伦理政治：在群己之间，要求人民尤其是士人舍小我就大我，士大夫要以天下为己任，更进一步则是舍己为人。公私之辩被上升到义利之争的高度。孙中山先生一向以只争主义，不竞私利为职志。因此国民党必然对党员的道德品质提出较高的要求，要求党员立志公益而不谋私利，更有甚者，则要求从心理上根本消除不良的私念，以至于“存天理，灭人欲”。可以这么说，正是传统社会义利之辩影响了孙中山和国民党对党员的要求。“利”在传统文化中一直是一个贬义词。但是，由信仰产生的道德约束毕竟只有自律的作用，缺乏有效的权力制约，以权谋私是不可避免的，其结果就是吏治腐败，官员贪赃成了党国的一大难题。

二、政体蜕变的表现

1. 主权在党到军权至上

（1）军人兼任行政长官

国民政府时期，中央固然是以蒋介石为首的军事首脑的舞台，地方则尤其是实际上的军治。国民政府在抗战以前，相当一部分省的政权为地方实力派把持，军事首脑兼任地方行政长官的现象非常普遍。这样，不可避免地会造成军事力量干预行政，破坏行政程序的规则，严重的还会助长地方的分裂主义，危及国家统一。

（2）军权介入司法

国民政府宣称奉行司法独立的原则，但是在事实上，这一原则不能得到遵守，党权和军权都影响着司法独立原则的实施，党权对司法独立的影响主要表现为对法官进行党化教育等间接的形式，而军权对司法独立则构成直接的干预。

军权干预司法有多种表现形式，最突出的表现是扩大军事审判的适用范围。

另一表现是军方特务机关对司法的干预。军方特务机关自设审讯和拘押机关，完全剥夺司法机关对政治犯的管辖权。

2. 党内民主到领袖独裁

《国民党总章》规定党员有发言权、表决权、选举权和被选举权，同时规定党的各级权力机关均由选举产生，各级党员大会或党员代表大会选举产生各级执行委员会和监察委员会，各级执行委员会应执行党员大会或党员代表大会的决议。这一体制是基于民主原则设置的。但是由于国民党党内的民主是和集权因素混合在一起的，这就使民主集权体制内在地蕴涵了产生独裁的因素。

党内民主演变为领袖独裁还有一个重要的原因就是长期专制政体中形成的权力崇拜和权威人格所导致的权力非规范运行。

对于国民党而言，其民主基础原本就比较薄弱，从历史来看，在中华革命党时期，孙中山就曾经要求全体党员无条件服从他本人，并且以按指模的方式表达忠诚。在后来的南方政权时期，无论是非常大总统还是大元帅，政权的性质也都有着很强的独裁的性质。

由于专制传统的影响，权力的非制度化运行严重损害了党内民主，从国民党一大开始，中央执行委员会委员的产生就是总理选定或圈选。党的监察机构的活动也失去应有的独立地位。

专制政体的最重要特征就是权力的非规范运行。而党国体制中权力的非规范运行也正是长期专制传统影响的结果，在权力的非规范运行中，个人的影响力发挥着非正式权力的作用，使民主程序仅仅具有表面上的意义。

3. 公共利益到寡头利益

党国体制是一种善德政治，其预设了一个由人群（或阶级）中最优秀、最先进的分子组成的团体，认定由这样一个团体掌握统治权必然可以为全体人民带来幸福。设想这样一个团体的组成人员是最高尚、最无私、最正直的人，他们心中没有个人的私欲，只有公共的利益，如果需要，他们会毫不犹豫地放弃个人的利益以保全公共利益。党国体制寄希望于党员的先进性，认为这种先进性可以产生一种道德上的自律机制，从而令党国体制可以保持其以公共利益为转移的特质。孙中山的性三品说相信人可以分为三种，而国民党是觉悟的人的集合。但是这种区分是一种理念上的分类，本身是无法证明的。实际上党国体制对人性作了一个更强的假设，其不仅要假设人性善，还要求人性之善恒久不变。

作为一个组织，可以对其成员有理想的要求，信仰可以增加组织的内聚力，但是一个政体假如必须把其原则完全建立在道德的基础上，那必定是信仰所不能承受之重。内心的约束终归是不确定的，没有任何一种制度可以完全依赖心理的因素。

（1）权力异化

党国体制设计的是一个以国家的力量改造社会的大政府，政府被赋予了不受限制的权力。这种权力一方面使政府具有了集中资源，发展国有经济的能力，另一方面在共同利益的名义下，公共权力丧失了应有的边界，从而为少数人利用公共权力谋取私利提供了便利。公权的过度扩张及其缺乏制约，必然导致权力异化，掌握权力的人将公权力变为满足私欲的手段。

正是由于党国体制所设计的全能政府是现代化进程的主导力量，在国家权力向社会扩展的过程中，执掌公权力的人化公为私，使公共利益变成了寡头利益。在国家的名义下，本应属于人民的利益变成了寡头的巨额财富。权力异化，使政体的价值取向发生了严重扭曲。

（2）民主财政缺位

党国体制是一个代表公共利益的政体，导致公共利益转变为寡头利益的原因是多方面的，缺乏民主财政是制度内生的一个因素。

在党国体制下，党行使政权，国民政府是党领导下的政府，政府由党产生，对党负责，党有权监督政府行政，但政府不用对人民负责，作为民主财政体制的替代，由党对政府财政进行监督，在党的全国代表大会和中央全会上，国民政府的有关部门要进行财政报告。在政府体系内部也设有审计部负责财务审计。但是这种财政监督和民主财政制度是完全不同的，是在垂直领导的权力结构中的监督，而不是分立的权力之间的制约。当破坏性的力量来自体系内部的时候，这种监督就难免流于形式了。

党和国民政府的关系从形式上看有一些类似于议会和政府之间的关系，但是党政双轨制并不是截然分开的两套结构，党的机关和国民政府常常在人员上是混同的，党政兼职是普遍存在的现象。

国民党党国体制曾被设定为一种过渡政体，当“主权在民”与“一党专政”之间的张力归于消解，政体的名实最终将趋于统一，因其原本就没有期望成为一种永恒的体制，但是党国体制演变的方向却背离了其原来的价值取向。虽然在外来文化和外来势力的影响下，勉强进行了原定的转化（即向宪政的过渡），但是早已背离了政体原则的党国体制却无法支持这一演变。

第五章

中华人民共和国政制

第一节　社会主义国家政治制度的性质

一、国家的阶级性

社会制度主要包括政治制度和经济制度。经济制度是社会制度的基础，政治制度主要是国家制度，包括国体、政体和国家结构，是社会上层建筑中的主要部分。

国体指各阶级在国家中的地位，也就是国家的阶级性质。国家的阶级性质是马克思主义的概念。在经济上占统治地位的阶级，借助其经济上的优势，同时也必然成为政治上的统治阶级，并且建立起来实现其阶级统治的工具，即国家。有了统治阶级，也就有了被统治阶级。统治阶级是民主的对象，被统治阶级是专政的对象，任何国家都是这种民主和专政的统一。处于统治地位的阶级和处于被统治地位的阶级并不一定只有一个。处于统治地位的也可以是两个或者两个以上阶级的联合。在各阶级联合实行统治的国家中，有处于领导地位的领导阶级，有处于被领导地位的同盟军。有坚固的长期的同盟军，也有特定历史时期的联盟。被统治阶级中，往往也分为不同的阶级、等级或层次，被分别采取不同的措施实行专政。对统治阶级实行民主和对被统治阶级实行专政并不是国家的最终目的，其目的是运用民主和专政的两种手段，保卫统治阶级的根本利益，实现统治阶级的阶级任务。也就是说，国体所表示的各阶级在国家中所处的地位，不仅包括谁是统治阶级，谁是被统治阶级，而且包括对谁实行民主和对谁实行专政，以及通过这种民主和专政所要完成的阶级任务。概括起来就是，国体表示国家属于谁、依靠谁、为了谁这三个方面，前一个方面是决定性的，后两个方面是前一个方面的具体实现。按照国体，即国家的不同阶级性质，可以把国家划分为各种不同的历史类型。这是国家的基本分类。在人类社会发展的历史上，有过四种不同类型的国家，即奴隶主阶级专政的国家，封建地主阶级专政的国家，资产阶级专政的国家，这都是剥削阶级的国家。此外，还有无产阶级专政的国家。其中资产阶级专政国家和无产阶级专政国家是近代国家，都制定了宪法，作为其国家的总章程。但是，在宪法中如何反映其国家的阶级性质，如何规定他们的国体，却不相同。

二、社会主义国家的国体

在资本主义政权的国家，社会居民基本划分为资产阶级和无产阶级两大阶级。与这种阶级关系相适应的是资产阶级的共和国。1917 年，列宁领导俄国无产阶级夺取政权，建立的无产阶级专政的社会主义国家，由于世界形势发生了变化，发生无产阶级革命的情况与马克思、恩格斯当时所设想的不同。马克思主义认为，这样的国家，就是由资本主义社会向共产主义社会实行革命转变相适应的；政治上过渡时期的国家。人类社会正是通过这种类型的国家进入既无阶级也再无国家的共产主义社会。它说明了工人和广大劳动者，主要是说明劳动农民是国家的主人，在国家中处于统治地位。当时的苏联无产阶级专政是社会主义国家的国体。新中国是人民民主专政的国家，无产阶级专政理论在中国的具体实践，反映了中国的特殊历史情况，但是其基本点和其他各社会主义国家是一致的，而且也在中国的宪法中作了明确的规定。

三、社会主义国家的政体

与无产阶级专政的国体相适应的政体，可以通称为人民代表制。其特点概括起来为：（1）以劳动人民为主体的人民掌握全部国家权力，并平等地参加管理国家；（2）通过选举产生的代表组成国家权力机关，行使国家权力；（3）人民代表机关产生其他各种国家机关，并以人民代表机关为基础统一并监督其他各种国家机关的活动，实行民主集中制。其具体形式最初是 1871 年巴黎工人起义中所创造的巴黎公社。后来 1917 年俄国“十月革命”胜利后所建立的苏维埃制度是社会主义人民代表制的胜利和成熟。第二次世界大战以后先后取得胜利的社会主义国家也建立了适应自己国情的人民代表制。中国人民也在这一历史阶段内经过曲折道路，逐步建立起自己的人民代表制即人民代表大会制。

政体就是国家的组织形式。也就是按照统治阶级所选定的原则，具体组成并代表国家系统地行使权力，以实现阶级任务的国家组织体系。其是国家生命的具体形态，以掌握全部国家权力的机构以及所实行的基本原则为代表，统一着整个国家各个构成环节的组织和活动，并形成为一种确定的制度。所以，也有把政体叫做国家的基本制度或者称为政治制度的。任何国家都是一定的国体和一定的政体的统一。没有政体，国体就无从体现；没有国体，政体也就无从着落。每一种类型的国家都有与其国体即阶级性质相适应的政体即政权的组织形式。社会主义国家的宪法作为国家的总章程，对其政权组织形式才用根本法予以全面的系统规定。与资产阶级专政的国体相适应，其政体可通称为议会制；与无产阶级专政国体相适应，其政体可通称为人民代表制。

但是，同一类型的国家，在基本原则一致的情况下，由于各国的具体条件不同，其具体组织形式也可以互有区别。如当今与现代民主思想相结合的贵族政体：传统的贵族政体与民主思想相接合的政体具有各种表现形式，这种结合是历史、自然地理等的不同各国选择的适应自身发展需要的一种全新政体，比如，英国的君立宪治体制，就是贵族政体与民主思想在欧洲的良好表现形式；新加坡的一党执政体制，就是贵族政体与民主思想在南亚的表现形式；日本的君主立宪治体制，就是贵族政体与民主思想在东亚的表现形式。

无产阶级国家的人民代表制，基本原则都是民主集中制，但也不都是一个模式建立起来的。无产阶级专政与资产阶级专政虽然在阶级性质上根本不同，但在实行民主制，建立共和制的形式方面却有许多相同之处。也可以说，社会主义的民主共和国是批判继承了资产阶级共和国而来的。政权的组织形式是非常重要的，但是具有决定意义的仍然是政权的阶级性质即国体。

第二节　中国社会主义政治制度的产生和确立

一、历史背景

中国的社会主义政治制度，是在中国共产党的领导下，以马克思列宁主义，毛泽东思想为指导，从中国的基本国情出发，经过新民主主义革命后建立的。旧中国是一个有长期封建专制传统的国家。从1840年鸦片战争后，逐步沦为受到许多外国帝国主义宰割的半殖民地半封建社会，经历了清王朝末年、北洋军阀到以国民党为代表的地主官僚买办资产阶级的专制统治。

在帝国主义、封建主义和官僚资本主义的压迫剥削下，造成旧中国十分贫穷落后，广大劳动人民毫无民主自由权利。

为了中华民族的独立和人民的民主解放，革命的仁人志士努力探索救国救民的真理，进行了前仆后继、可歌可泣的英勇斗争，但是都失败了。资产阶级共和国的方案在中国行不通。以马克思列宁主义为指导思想的中国共产党，从旧中国的国情出发，第一次提出了反帝、反封建的革命纲领，建立了革命统一战线，领导人民大众进行新民主主义革命。中国共产党主要依靠农民，在农村建立革命根据地，走农村包围城市、最后夺取城市的武装夺取政权的道路。经过了28年浴血奋战，终于夺得了国家政权，建立了中华人民共和国。中国共产党把马列主义普遍真理与中国革命实际相结合，形成毛泽东思想，给中国人民指明了革命的方向和正确道路。

1. 中央工农民主政府的建立

在轰轰烈烈的大革命中，中国共产党领导广大人民建立起多种具有政权性质的组织，制定了许多规约禁令，在保护人民的民主权利和向反动分子实行专政方面，取得了一定的经验，成为中共领导下人民民主专政的萌芽。

1927年，中国共产党举行了南昌起义、秋收起义、广州起义等一系列武装起义，开辟了农村包围城市最后夺取全国政权的革命道路，创立了以井冈山为起点的多个农村革命根据地，开始了人民革命政权的建设。1928年7月，中共六大通过了《十大政纲》《苏维埃政权组织问题决议案》和《土地问题决议案》，成为各革命根据地工农民主政府的施政方针和立法依据。

当时，各革命根据地都采取了苏维埃的政权组织形式。苏维埃是俄语的音译，即“代表会议”，是俄国工人阶级于1905年革命时创造的一种崭新的政治制度。此时，各革命根据地先后建立了边界（省）、县、区、乡（村）各级地方政权。由于暂时没有全国统一的中央政权机关，因此各根据地的红色政权并无隶属关系，分别以各根据地的边界（省）政府作为最高政权机关，在中共中央的统一领导下，分别领导各自根据地的政权建设，具有相对的独立性。随着革命根据地的不断发展扩大及巩固，建立工农民主共和国，制定宪法，统一各根据地的政权组织的条件已成熟。

1931年，经过两年的积极筹备，中华苏维埃第一次全国代表大会在江西瑞金叶坪召开。参加大会的有中央苏区、闽西、琼崖苏区等地区的代表和红军以及中华全国总工会（全总）、海员的代表共610人，朝鲜的来宾也参加了大会。大会一致通过了《中华苏维埃共和国宪法大纲》（简称《宪法大纲》）以及十大政纲、土地法、劳动法、工农检察问题等重要法律和决议。《宪法大纲》中明确规定，中华苏维埃共和国是工农民主专政的政权，其任务是消灭一切封建残余，赶走帝国主义列强在华的势力，统一中国，有系统地限制资本主义的发展，进行国家公营经济的建设，提高无产阶级的团结力与觉悟程度，团结广大的贫农群众在其周围，以转变到无产阶级专政。大会选举毛泽东、周恩来、刘少奇、朱德、方志敏等63人为全国代表大会中华苏维埃共和国中央政府执行委员，由他们组成中央执行委员会，为全国代表大会闭会后的最高政权机关。大会决定改瑞金为瑞京，作为中华苏维埃共和国的首都。

2. 工农民主政府的组织机构

（1）中央政府的组织机构

根据《中华苏维埃共和国宪法大纲》建立起来的临时中央政府，由全国苏维埃代表大会、中央执行委员会、人民委员会和最高法院四部分组成，不久又增设中华苏维埃中央执行委员会主席团，1934年2月17日，《中华苏维埃共和国组织法》公布，具体规定了中央苏维埃政权的组织体系和职权。

（2）地方苏维埃组织机构

根据1931年11月中央执行委员会第一次全体议通过的《地方苏维埃政府的暂行组织条例》规定，中华苏维埃共和国地方政权采取乡（市）、区、县、省四级制度。

由乡（市）选民根据宪法的规定而选出的全乡（市）的政权机关，是苏维埃政权的基本组织。1933 年 12 月 12 日，中华苏维埃共和国中央执行委员会颁布《中华苏维埃共和国地方苏维埃暂行组织法（草案）》，对各级地方苏维埃政权的组织和政权做了新的规定。从此地方苏维埃政权统一采用省、县、区、乡（城市）四级制度。

二、中国社会主义政治制度产生和确立的过程

1947 年 7 月，人民解放战争由战略防御转入战略进攻，这成为整个近代中国革命史上的一个根本转折点。国内形势使全国人民、各民主党派都把希望寄托在中国共产党身上，建立人民民主专政的全国政权提上了日程。1948 年 4 月 30 日，中共中央根据毛泽东的提议，发布了具有历史意义的《纪念“五一”劳动节口号》，号召全国劳动人民团结起来，联合全国知识分子、自由资产阶级、各民主党派、社会贤达和其他爱国分子，巩固与扩大反帝国主义、反对封建主义、反对官僚资本主义的统一战线，为打倒蒋介石，建立新中国而共同奋斗，并提出“各民主党派、各人民团体、各社会贤达声速召开政治协商会议，讨论并实现召集人民代表大会，成立民主联合政府”。中国共产党的这个号召立即得到各民主党派和各民主阶层的热烈响应，他们纷纷从国统区及海外来到解放区，积极参与新政协的筹备工作。中国共产党与各民主党派合作，共同筹建人民共和国，这是他们长期进行革命合作的结果，为新中国实行中国共产党领导的多党合作制、政治协商制度提供了依据和奠定了基础。

1949 年 6 月，在中国共产党的领导下于北平（北京）成立并召开了新政治协商会议筹备会。参加会议的有中国共产党，各民主党派（中国国民党革命委员会、中国民主同盟、民主建国会、中国民主促进会、中国农工民主党、中国人民救国会、三民主义同志联合会、中国国民党民主促进会、中国致公党、九三学社和台湾民主自治同盟等）、各人民团体、各界民主人士、国内少数民族、海外华侨等 23 个单位共 134 人组成，以毛泽东为常务委员会主任。常委会下设 6 个小组，分别筹备各项工作。会议讨论通过了《新政治协商会议筹备会组织条例》。会议一致认为，召开新的政治协商会议

成立民主联合政府的一切条件已成熟。

1949年9月21日至30日，中国人民政治协商会议第一届全体会议在北平隆重召开。经过10天的协商讨论，会议一致通过了起临时宪法作用的《中国人民政治协商会议共同纲领》。大会通过了国旗、国歌、采用公元纪年及定都北平、改北平为北京等议案。10月1日下午，中央人民政府委员会召开第一次会议，在首都天安门广场举行了有30万人参加的开国大典，在天安门城楼上，毛泽东主席向全世界庄严宣告："中华人民共和国中央人民政府成立了！"

第三节　中国特色社会主义政治制度（上）

一、中华人民共和国国体

社会主义国家的阶级属性是无产阶级专政。在中国，无产阶级专政一般表述为人民民主专政。中国宪法对中华人民共和国的国体作了如下规定：中华人民共和国是工人阶级领导的，以工农联盟为基础的人民民主专政的社会主义国家。

1. 人民民主专政的形成

马克思列宁主义认为，无产阶级在夺取政权以后，必须建立无产阶级专政，但无产阶级专政采取什么形式，只能根据各国的历史条件和具体情况而定。在中华人民共和国建立以前，中国是帝国主义支持的封建地主阶级和官僚资产阶级掌握政权的半封建半殖民地国家；无产阶级人数很少，产业工人只有200万，但很集中；农民众多，占全国人口的80%以上；民族资产阶级具有两面性；分散落后的个体农业和手工业占国民经济的90%以上。这种国情决定了中国无产阶级领导的革命斗争必须分两步走：第一步进行新民主主义革命，第二步进行社会主义革命。中国的工人阶级必须与广大农民联盟，团结一切可以团结的力量，建立广泛的统一战线，才能取得政权和巩固政权。在长期革命实践过程中，中国共产党把马克思主义的基本原理同中国革命的具体实践相结合，逐步形成了关于中国新民主主义革命的理论体系。在党的许多文件和毛泽东的许多著作如《新民主主义论》

《论联合政府》《将革命进行到底》《论人民民主专政》等文中都明确地提出了工人阶级领导的、以工农联盟为基础的人民民主专政的主张。《论人民民主专政》一文指出“对人民内部的民主方面和对反动派的专政方面，互相结合起来，就是人民民主专政”。把专政同民主联系在一起，这是对无产阶级专政最本质的概括。在新民主主义革命阶段，中国共产党在广大农村建立的革命根据地的革命政权，就是人民民主专政的雏形。1949 年 10 月 1 日，中华人民共和国建立，人民民主专政政权正式建立。

2. 人民民主专政的内涵

人民民主专政实质上是无产阶级专政的一种形式，和无产阶级专政本无实质上的区别。其共同点表现为：是工人阶级通过自己的政党对国家政权实行领导；是新型民主和新型专政相结合的国家政权；是以工农联盟为基础的国家政权；是多数人对少数人的专政；对内和对外的职能是相同的；担负着建设社会主义的历史使命。

人民民主专政这种政治形式，不仅与资产阶级政权形式有本质的区别，而且与十月革命后俄国建立起来的无产阶级专政也不完全相同。人民民主专政意味着“对人民内部的民主方面和对反对派的专政方面，互相结合起来，就是人民民主专政”。

人民民主专政说明了人民是国家的主人，在国家中处于统治地位；人民以外的敌人是被统治阶级，在国家中处于被统治的地位。宪法规定：在人民内部实行民主，对阶级敌人实行专政，这是各阶级在国家中所处的不同地位的具体表现。在人民内部实行民主，就是人民平等地享有管理国家政治、经济、文化教育等各项事业的权利，享有选举监督国家机关及其工作人员的权利，等等。

对于阶级敌人实行专政，就是依照法律剥夺反动阶级分子的政治权利，同时给以生活出路，使他们在劳动中改造成为守法的自食其力的公民；对于反革命分子和其他严重的刑事犯罪分子则要依法处以刑罚。按照宪法第 28 条规定：“国家维护社会秩序，镇压叛国和其他反革命的活动，制裁危害社会治安、破坏社会主义经济和其他犯罪的活动，惩办和改造犯罪分子。”这主要是对敌人的专政。

民主和专政归根结底都是一种手段，是一个问题相互结合的两个方面。

两个方面相辅相成，互为条件，对立统一于一体。不能把他们割裂开来或者对立起来。民主靠专政来保卫，不对敌人实行专政，民主就要受到破坏；专政靠民主来实行，不发扬民主，就没有对敌人实行专政的力量。虽然国家作为一种暴力手段，首先是因为要镇压被统治阶级，即实行专政。但对被统治阶级实行专政的同时，对统治阶级自己就是实现了民主，两者是一个问题的不同方面。

3. 人民民主专政的特点和优点

人民民主专政同无产阶级专政也存在着差别。人民民主专政的本质是人民当家作主。人民民主具有广泛性和真实性的特点。第一，民主主体的广泛性。在我国，包括工人、农民、知识分子和其他社会主义劳动者，拥护社会主义的爱国者，拥护祖国统一的爱国者在内的全体人民都是国家和社会的主人。他们平等享有管理国家和社会事务的权利。第二，人民享有民主权利的广泛性。我国《宪法》第二章确认我国公民享有政治、经济、文化等社会生活各方面的广泛的民主自由权利。民主的真实性表现在：人民当家作主的权利有制度、法律和物质的保障。

人民民主专政，在概念表述上更全面、更明确地表示出人民民主和人民专政的辩证统一。它明确地表明了我国的阶级状况和政权的广泛社会基础；在实践上，能使人们正确理解我国政权的性质和职能，防止只强调专政而忽视民主或只强调民主而忽视专政的片面性，有利于人民当家作主和对敌人实行专政。

4. 坚持和发展人民民主专政

中华人民共和国建立初期，人民民主专政同过渡时期的情况和任务相适应，主要任务是继续完成新民主主义革命，进而对生产资料私有制进行社会主义改造，实现由新民主主义向社会主义的过渡。在社会主义制度确立以后的社会主义初级阶段，人民民主专政组成的阶级结构，发生了很大的变化。随着改革开放的深化，工人阶级（通过中国共产党）的领导力量更加增强了；工人、农民、知识分子三支基本的社会力量在社会主义建设事业中越来越发挥伟大的作用。改革开放以来，我国社会阶层的构成发生了新的变化，出现了民营科技企业的创业人员和技术人员、受聘于外资企业的管理技术人员、个体户、私营企业主、中介组织的从业人员、自由职业人员等社会阶层。而且，许多人在不同所有制、不同行业、不同地域之间流动频繁，人们的职业、身份经常变化，这种变化还会继续下去。在党的路线、方针、政策指引下，这些新的社会阶层中的广大人员通过诚实劳动和工作，通过合法经营，为发展社会主义社会的生产力和其他事业作出了贡献。他们与工人、农民、知识分子、干部和解放军指战员团结在一起，也都是中国特色社会主义事业的建设者。但是，在社会主义制度建立之后，剥削阶级作为一个阶级已被消灭，阶级矛盾已不是社会的主要矛盾。但由于受国内外因素的影响，阶级斗争还将在一定范围内长期存在，在某种条件下还可能被激化。因此，人民民主专政的专政职能仍不能削弱。

（1）依靠人民民主专政保卫和巩固社会主义制度。坚持和完善人民民主专政，是我国现阶段的一项基本政治原则。在现阶段，我们必须依靠人民民主专政保卫和建设社会主义制度。因为从国内来看，阶级斗争已经不是社会的主要矛盾，但还将在一定范围内长期存在，在某种条件下还有可能激化。历史上剥削制度和剥削阶级的影响，不可能在短期内消除；在现实的经济、政治、文化条件下，也不可能杜绝各种违法犯罪活动的孳生。从国际来看，存在着帝国主义、霸权主义和其他敌视我国社会主义的势力，他们不断对我国进行渗透、颠覆，搞“西化”“分化”阴谋。在这样的国内国际情况下，没有人民民主专政，就不能巩固和发展社会主义制度，保卫国家主权和安全，抵御外来侵略和威胁；就不能打击犯罪，惩治腐败，维护政治稳定和社会治安。邓小平明确指出：“依靠无产阶级专政保卫社会主义制度，这是马克思主义的一个基本观点。运用人民民主专政的力量，巩固人民的政权，是正义的事情，没有什么输理的地方”。

（2）坚持人民民主专政是建设有中国特色社会主义的保证。在新的历史条件下，人民民主专政还将更多地发挥国家对经济生活和社会生活的组织、管理职能，如制定经济社会发展战略和国民经济计划，制定和执行宏观调控政策，搞好基层政权建设，创造良好的经济发展环境，培育和监督平等竞争的市场体系，调节社会分配和组织社会保障，控制人口增长和保护生态环境，管理国有资产和监督国有资产经营等等，以实现国家的经济和社会发展目标。

（3）坚持人民民主专政要正确处理两类不同性质的矛盾。在新的历史条件下，坚持和完善人民民主专政，必须正确分析和处理两类不同性质的矛盾。在目前复杂的国内外环境中，我国的改革开放和现代化建设面临着大量的社会矛盾，其中大多数属于人民内部矛盾。对于人民内部矛盾要用民主的方法、教育和疏导的方法处理；对于敌我矛盾要用专政的方法依法处理。要进一步扩大和发展社会主义民主，并通过民主的法律化、制度化，切实地把民主扩展到政治、经济、文化和社会生活的各个方面。

二、中华人民共和国政体

主权在民原则几乎是所有现代国家都奉行的原则，中国也不例外。中国现行宪法第二条规定："中华人民共和国的一切权力属于人民。人民行使国家权力的机关是全国人民代表大会和地方各级人民代表大会。人民依照法律规定，通过各种途径和形式，管理国家事务，管理经济和文化事业，管理社会事务。"这就是说，中华人民共和国的政体是人民代表大会制度。

1. 人民代表大会制度的形成

1949 年 10 月 1 日，中华人民共和国中央人民政府在北京宣告成立。根据起临时宪法作用的《中国人民政治协商会议共同纲领》的规定，中华人民共和国的国家政权属于人民，人民行使国家政权的机关为各级人民代表大会和各级人民政府。"在普选的全国人民代表大会召开以前，由中国人民政治协商会议的全体会议执行全国人民代表大会的职权，制定中华人民共和国中央人民政府组织法，选举中华人民共和国中央人民政府委员会，并付之以行使国家权力的职权。"中国人民政治协商会议是中国共产党领导的各民主党派、各人民团体的广泛的人民民主统一战线组织，在建国初期的历史条件下，由其代行全国人民代表大会的职权，对于团结全国人民，胜利完成当时的革命和建设任务发挥了重要作用。这是人民代表大会制度发展历史上的一个重要阶段。1953 年，中国基层政权在普选的基础上，逐级召开了人民代表大会。1954 年 9 月，召开了第一届全国人民代表大会，标志着以人民代表大会为基础的国家政权制度全面确立，国家权力开始由人民选举产生的人民代表大会统一行使。

2. 人民代表大会制度的内涵

人民代表大会制度这一政体是我国根本政治制度的体现，是按照一切权力属于人民的原则，在普选的基础上产生人大代表组成的国家权力机关，按照民主集中制原则实现人民当家作主的政权形式。全国人民代表大会和地方各级人民代表大会都由民主选举产生，对人民负责，受人民监督。国家行政机关、审判机关、检察机关都由人民代表大会产生，对它负责，受它监督。全国人民代表大会是最高国家权力机关；地方各级人民代表大会是地方国家权力机关。

3. 人民代表大会制度的特点和优越性

人民代表大会制度是符合中国国情、体现中国社会主义国家性质、能够保证中国人民当家作主的政治制度。新中国成立 60 多年特别是改革开放 30 多年来，人民代表大会制度不断巩固和发展，显示出强大的生命力和巨大的优越性。既同资本主义的“三权鼎立”制度有根本性的区别，也具有同俄国十月革命后建立的苏维埃制度和其他社会主义国家的政治制度不尽相同的特点。

（1）我国人民代表大会制度是人民当家作主的主要制度形式。这一制度体现了国家一切权力属于人民的原则，具有真正的人民性和广泛的代表性。人民当家作主是社会主义民主的本质和核心，人民怎样管理国家？主要通过人民代表大会这种组织形式。根据法律规定，凡年满 18 周岁的我国公民（精神病患者和依法被剥夺政治权利的人除外）不分民族、种族、性别、职业、家庭出身、宗教信仰、教育程度、财产状况、居住期限，都有选举权和被选举权。人民有权选出自己的代表，到各级人民代表大会去行使国家权力，参加国家管理。在各级人民代表大会中，我国的各政党、阶级、阶层、地区、民族等都有一定比例的代表，使人民代表大会制度具有广泛的人民基础，保证国家权力始终掌握在人民手中。

（2）我国人民代表大会制度实行民主集中制原则。我国人民代表大会制度按照民主集中制原则组织和运行，这主要包括以下几点：第一，全国和地方各级人民代表大会都由民主选举产生，对人民负责，受人民监督；第二，国家行政机关、审判机关和检察机关都由人民代表大会产生，对其负责，受其监督；第三，中央和地方国家机构职权的划分，遵循在中央的统一领导下，充分发挥地方积极性和主动性的原则。全国人民代表大会制定的法律和作出的决议、决定，各地都必须遵照执行。人民代表大会及其常务委员会行使职权时实行会议制，集体决定问题，少数服从多数，也体现了民主与集中的统一。我国人民代表大会制度由于实行民主集中制，因而能够保证人民代表大会统一行使国家权力，并使其他国家机关按照各自的职权开展工作。我国人民代表大会制度既是民主的，又是富有效率的。

（3）我国人民代表大会制度实行一院制。我国的人民代表大会制度从我国的国情出发，实行人民代表大会一院制，不搞“两院制”。国家权力统一由全国人民代表大会和地方各级人民代表大会行使，各级国家行政、审判和检察机关都由本级人民代表大会依法选举产生，对其负责，受其监督。人民代表大会在国家政权体系中居于核心地位，具有全权性，其他国家机关都是其执行机关。国家权力机关与行政、司法机关之间在职能上有所分工，但不是各自分立、平等分权、相互制衡的关系，而是产生与被产生、决定与执行、监督与被监督、制约与被制约的关系。

（4）我国人民代表大会制度是中国共产党领导的人民民主制度。中国共产党是执政党，是领导我国社会主义事业的核心力量。共产党执政就是领导和支持人民掌握管理国家的权力，实行民主选举、民主决策、民主管理和民主监督，保障人民享有广泛的权利和自由。党领导人民建立了人民代表大会制度，并通过人大及其常委会实现对国家事务的领导，支持人民当家作主。坚持党的领导能从根本上保证人民实现管理国家事务的民主权利，有利于国家的统一和稳定，有利于有序地发展社会主义民主，这是我国人民代表大会制度的一大优势。

4. 人民代表大会制度与西方政体的区别

一个国家实行什么样的政治制度，归根结底是由这个国家的国情和性质决定的。资本主义社会讲的民主是资产阶级的民主，实际上是垄断资本的民主，无非是多党竞选、三权分立、两院制。我们实行的人民代表大会制度，是共产党领导下的人民民主制度，不能搞西方那一套。

（1）我国人民代表大会制度与西方资本主义国家政体的本质区别。人民代表大会制度是适应我国社会主义国家性质的政权组织形式，体现了国家一切权力属于人民，从根本上否定了“金钱民主”和资本统治。在我国，人民，只有人民，才是国家和社会的主人。人民当家作主的途径和形式多种多样，最根本、最重要的就是通过人民代表大会掌握国家政权，行使国家权力。人民经过民主选举产生自己的代表，组成各级人民代表大会。各级人大都由民主选举产生，代表人民行使国家权力，保证了把国家、民族的前途和命运牢牢地掌握在人民手中。资本主义国家虽然标榜“主权在民”，但实质上是“金钱民主”和资本统治。在资本主义国家，少数人凭借资本的强势可以左右弱势的社会中下层的民主诉求，金钱的魔力足以压迫多数人对资本的专制保持沉默。

（2）我国人民代表大会与西方议会的本质区别。我国人民代表大会制度是党在国家政权中充分发扬民主、贯彻群众路线的最好实现形式，确立了中国共产党的领导地位和执政地位，在政治框架中排除了“多党竞选”和“多党轮流执政”。中国共产党是中国特色社会主义事业的领导核心，是执政党。各民主党派是参政党，不是在野党，更不是反对党。西方资本主义国家实行多党制或两党制，有执政党，有反对党或在野党，各党派明争暗斗，但无论哪个党派上台执政，都不可能真正代表人民利益，都是极力维护自己及其代表的利益集团的利益。西方议会是各党派争权夺利的场所。我国的人民代表大会是中国共产党对国家和社会事务实施领导的国家权力机关，各级人民代表大会中没有议会党团，也不以界别开展活动。无论是人民代表大会，还是常委会或专门委员会，都不按照党派分配席位。我国的人大代表、常委会组成人员、专门委员会组成人员，无论是共产党员，还是民主党派成员或者无党派人士，肩负的都是人民的重托，都在中国共产党领导下依法履行职责，为人民服务，没有西方议会中各党派的勾心斗角、相互倾轧。

（3）我国人大和“一府两院”的关系与西方国家国家机关间关系的本质区别。我国人民代表大会制度是以人民代表大会为基础和核心构建起来的政权体系，国家行政机关、审判机关、检察机关都由人民代表大会产生，对其负责，受其监督，不像资本主义国家，不同利益集团、政治派别之间尔虞我诈和互相拆台。在我国，各国家机关虽然分工不同、职责不同，但目标是完全一致的，都在中国共产党领导下，在各自职权范围内独立负责地进行工作。人民代表大会与同级国家行政机关、审判机关、检察机关是产生与被产生、决定与执行、监督与被监督的关系，不是相互掣肘，不是唱对台戏。这是我国人民代表大会制度的重要特征，与西方国家议会、政府、法院“三权分立”有着本质不同，不会导致议而不决、决而不行和效率低下。

（4）人大代表与西方议员的本质区别。人民代表大会制度实行民主集中制原则，各级人大的代表由民主选举产生，集体履行职权，不像西方许多国家那样实行上院（参议院）、下院（众议院）“两院制”。我国的人大代表，来自各地区、各民族、各方面，具有广泛的代表性，不像西方议员是某党某派的代表。我们的人大代表，工作和生活在人民中间，同人民群众保持着密切联系，有各自的工作岗位。我们的人大代表，是通过会议的方式依法集体行使职权，而不是每个代表个人直接去处理问题，各级人大常委会办事机构是代表的集体参谋助手和服务班子。每个代表或常委会组成人员无论职务高低，无论来自什么职业和地域，都是平等的，每人只有一票，每票效力相同，最后按照多数人的意见作出决定。

5. 坚持和完善人民代表大会制度

世界上没有完全相同的政治模式，即使社会制度相同的国家，也存在着差异，根本没有也不可能有一种放之四海而皆准的政治发展道路。我们要进一步把人民代表大会制度坚持好、完善好、发展好，把新形势下人大的各项工作做得更生动、更扎实、更有效。习近平总书记说：“人民代表大会制度是中国共产党领导中国人民艰辛探索长期奋斗的成果，是从中国土壤中生长起来的全新政治制度，是人类政治制度史上的伟大创造”。

坚持人民代表大会制度，就是要高举人民民主的旗帜，坚持人民代表大会制度的根本性质和基本内容，坚持人民当家作主，坚持人民代表大会统一行使国家权力，坚持各级人大及其常委会集体行使职权，坚持中国共产党的执政地位，保持人民代表大会制度的主要特征、特点和特色。必须积极稳妥地推进政治体制改革，把人民代表大会制度完善好、发展好。充分发挥人民代表大会制度的优越性和独特功效。完善和发展人民代表大会制度，没有现成模式可以照搬，要靠我们在实践中探索和创新。站在新的历史起点上，我们必须勇于开拓、勇于创新，把各级人大建设成为名副其实的权力机关，建设成为全面担负起宪法和法律赋予的各项职责的工作机关，建设成为同人民保持密切联系的代表机关，推动人民代表大会制度与时俱进、不断自我完善和发展。

第四节　中国特色社会主义政治制度（中）

一、中国共产党领导的多党合作和政治协商制度

政党制度是现代民主政治的重要组成部分。一个国家实行什么样的政党制度，由该国国情、国家性质和社会发展状况所决定。各国政党制度的不同体现了人类文明发展的多样性。中国实行的政党制度，是中国共产党领导的多党合作和政治协商制度。中国《宪法》明确规定：中国共产党领导的多党合作和政治协商制度将长期存在和发展。在中国，中国共产党和各民主党派都必须以宪法为根本活动准则，维护宪法尊严，保证宪法实施。中国的多党合作和政治协商制度既不同于西方国家的两党或多党竞争制，也有别于有的国家实行的一党制。这一制度在中国长期的革命、建设、改革实践中形成和发展起来，是适合中国国情的一项基本政治制度，是具有中国特色的社会主义政党制度，是中国社会主义民主政治的重要组成部分。

1. 多党合作和政治协商制度的形成

在历史上，中国并不是没有搞过多党政治。辛亥革命后，中国曾一度效仿西方，实行议会制和多党政治，几年间就出现了300多个政党政团。但由于缺乏必要的经济、文化条件和政治环境，加之帝国主义和封建势力的阻挠，多党制并没有在中国的历史舞台上站稳脚跟。从国民党领袖宋教仁被刺杀到袁世凯胁迫议员选举他为大总统，从曹锟5000大洋1票贿选到黎元洪参加9个政党、伍廷芳在11个政党挂名，各党派斗争，或借助武力相威胁，或借助金钱相利诱，一时间乱象丛生、闹剧连连。梁启超批评道："乃各杂以私见，异派因相倾陷破坏，而同派之中，亦往往互相忌刻，势若水火……此种现象实非好兆，亡国之根，即在此耳。"这种混乱的政党政治，不仅没有带来政治清明、国泰民安，反而由于各党派的争夺倾轧，引致军阀混战、民不聊生。

中国共产党成立后，国共两党曾进行过两次合作，尤其是在第二次国共合作中，毛泽东曾多次表明中国共产党关于要实行多党政治协商、建立民主联合政府的主张，各民主党派也积极呼吁抗战胜利后实行多党制，但

是蒋介石顽固推行“一个主义、一个政党、一个领袖”的独裁统治，撕毁“双十协定”，挑起全面内战，疯狂进攻共产党领导的革命根据地，残酷屠杀人民群众和爱国民主人士，宣布各民主党派为非法组织，使中国最终没有走上议会民主制和多党政治的道路。1948 年，在解放战争将要取得决定性胜利之际，中国共产党发布“五一口号”，提出成立民主联合政府的政治主张，得到包括中国国民党革命委员会、中国民主同盟在内的 11 个民主党派和无党派爱国民主人士积极响应。各民主党派表示愿意在中国共产党领导下，共同为建立新中国而奋斗，中国共产党领导的多党合作和政治协商制度，就是在这个基础上形成和发展起来的。事实表明，中国的政党制度安排，是近代以来中国历史发展的结果，是各民主党派及全国人民共同作出的正确的历史选择，是符合中国国情的新型政党制度。

2. 多党合作和政治协商制度的政治基础及基本方针

中国共产党和各民主党派的合作，是建筑在深厚的政治基础上的。这种政治基础的具体内容随着时代和历史任务的变化而变化。在新民主主义革命时期，共产党同民主党派合作的政治基础是反帝反封建，建立一个独立、民主、富强的新中国。建国初期，多党合作的政治基础则是具有社会主义过渡性质和特点的中国人民政协《共同纲领》。1954 年 9 月，第一届全国人大制定并通过了中国第一部社会主义类型的宪法《中华人民共和国宪法》。随后，第二届全国政协会议通过了《中国人民政治协商会议章程》，依据宪法原则，规定了拥护宪法，巩固人民民主专政，实现社会主义改造，加强各族人民的团结等七条准则。宪法与政协章程总纲成了多党合作的共同政治基础。社会主义制度建立以后，共产党和各民主党派合作的政治基础是：坚持社会主义道路，坚持人民民主专政，坚持共产党的领导，坚持马克思列宁主义、毛泽东思想。这不仅符合中国最大多数人民的意志，同时也符合中国各民主党派多次宣布的政治主张。正因为中国共产党同各民主党派有共同的、牢固的政治基础，因此，能够长期合作，朝着共同的目标奋斗。

中国共产党与各民主党派合作的基本方针是：“长期共存，互相监督”“肝胆相照，荣辱与共”。这一方针是在多党合作的长期实践中逐渐总结完善起来的。新中国成立以后，中国共产党从中国国情出发，明确主张保留民主党派，不搞一党制，实行多党合作。这对共产党、对人民、对社会主义革命和建设都具有重要的意义。当时，九三学社等民主党派中有些人士认为，自己的党派已经完成了在民主革命中的历史使命，现在可以解散了。毛泽东得知后，当即表示不同意，他主张要“继续发展”各民主党派，其他中央领导同志也阐述了民主党派在新中国成立后的地位和作用，指出九三学社等不但不能解散，而且还要继续发展。所谓“继续发展”，实际上已经包含了后来提出的“长期共存”的思想。

3. 多党合作和政治协商制度的特色

中国多党合作制度是一种新型政党制度，既不同于许多资本主义国家的多党制或两党制，也不同于一些国家的一党制，而是根据中国实际作出的创造，具有鲜明的中国特色。

第一，一党领导，多党合作。中国的多党合作是在坚持共产党对整个国家实行政治领导这一前提下进行的。中国长期的革命和建设实践决定了中国共产党在全国各族人民和社会主义事业中的领导核心地位，决定了与各民主党派之间的关系，必然是友党之间的关系。

第二，一党执政，多党参政。中国共产党是执政党，各民主党派是参政党，这是中国政党制度的基本格局。执政党与参政党在国家政治生活中的地位、作用不同。执政党在把握国家发展方向，推动国家政治生活中起决定性作用，参政党辅助执政党起参与、补充作用。在这种制度下，执政党与参政党之间是为共同目标而奋斗的合作关系，不存在西方那种轮流执政，一党在朝、一党在野的情况。

第三，平等独立，协商监督。中国共产党领导的多党合作制度下，各党派的关系是平等独立，协商监督的关系。各民主党派都得到宪法的承认和保护，享有宪法赋予的权利和义务范围内的政治自由，组织独立和法律上平等的地位。中国8个民主党派都是合法的政党，这些党派虽然在政治生活上接受中国共产党的领导，但在组织上却是独立的。中国共产党对民主党派实行路线、方针、政策的领导，并不包办代替其作为政党应该有的功能，也反对任何个人以领导者自居，任意干涉民主党派的内部事务。这是中国共产党人处理民主党派关系的一条准则。同时，共产党与民主党派之间可以民主协商，互相监督。

第四，结构多元，目标一致。中国政党制度从结构来看具有多元性：共产党代表着全体人民群众的共同利益，而各民主党派则代表着一些特殊阶层、群体的特殊利益。共产党领导的多党合作制度正是通过其多元结构融合不同利益群体的要求，政治态度及时反映上来，加以加工、整合，从而制定出代表全体人民共同利益，又顾及到某些特殊利益的正确的方针、政策。尽管各民主党派反映的是一部分人的特殊利益和要求，但是他们都是社会主义的劳动者或爱国者。因此，在根本利益上他们和绝大多数人是一致的。这就决定了各民主党派同中国共产党合作的总目标也是一致的，都是以共同致力于社会主义事业为宗旨。

4. 多党合作和政治协商制度的优点

中国共产党领导的多党合作和政治协商制度在我国已经实行了 75 多年。75 年来，这一制度在充分发扬社会主义民主、推进我国民主政治建设中发挥了重要作用。实践证明，这一政党制度是符合我国国情的好制度。

（1）有利于发扬社会主义民主。中国共产党领导的多党合作和政治协商制度，汇集了各民主党派等各界各方面人士，在社会基础、组织构成上具有极强的广泛性和代表性，能够把各种社会力量纳入现有政治体制，广开言路、广求良策、广谋善举，实现最广泛的有序政治参与。据统计，全国各级人大代表和政协委员中有党外人士 50 余万人，担任县处级以上领导职务的党外人士有 3.2 万人，各省、市、自治区政府基本上都有民主党派或无党派人士担任副省级领导职务。这一制度，拓宽了民主渠道，能充分反映社情民意和各阶层的利益诉求，从而最大限度地保障了人民民主的实现。一些人从西方民主模式出发，认为只有竞选、一人一票才是民主的。这实际上是将民主形式单一化、绝对化。他们没有看到，人民通过选举、投票行使权利固然是民主的重要形式，人民内部各方面在重大决策之前进行充分协商也是民主的重要形式。通过充分协商，即使各方面的意见得以充分表达，又尽可能就共同性问题取得一致意见，意志更加统一，行动也更加统一，符合中国国情，符合中国的文化传统，在实践中效果也非常好。

（2）有利于执政党决策的民主化、科学化。中国共产党领导的多党合作和政治协商制度的制度设计，有利于把全社会的智慧和力量充分调动起来、凝聚起来。中国共产党同各民主党派、无党派民主人士在长期合作中形成了充分信任、相互协商的传统和机制。大家所熟知的延安时期民主人士李鼎铭提出“精兵简政”的建议，得到中共采纳，就是中国共产党重视民主人士意见的典范。这种重视民主人士意见的传统，在中国共产党取得全国执政地位后得到了更加充分更加全面的体现。近年来，中共中央在作出重大决策前，都要认真听取民主党派主要领导人和无党派代表人士的意见，共商国是。据不完全统计，1990 年至 2006 年年底，中共中央、国务院及委托有关部门召开的协商会、座谈会、情况通报会达 230 多次，其中由中共中央总书记主持召开的就有 74 次。各民主党派、无党派人士围绕三峡工程、西部大开发、振兴东北地区等老工业基地、抗击非典、完善宏观调控、建设社会主义新农村、应对国际金融危机冲击等一系列具有全局性、战略性、前瞻性的重大问题，提出了许多重大意见和建议，对于党和政府的科学决策发挥了重要作用。

（3）有利于巩固安定团结的政治局面。中国共产党领导的多党合作和政治协商制度吸取和弘扬了中华传统文化重视和合的长处，强调执政党和参政党合作共事、求同存异、民主协商，形成了强大的社会整合力，极大地调动了各方面的积极性和创造性。中国共产党与各民主党派是在共同的思想政治基础上团结协作、共同奋斗。各民主党派参加国家政权，参与国家大政方针和国家领导人选的协商，参与国家事务的管理，参与国家方针、政策、法律、法规的制定和执行，在我国政治、社会生活中发挥着重大作用和独特优势。这就从根本上消除了政党攻讦造成的政局不稳和政权频繁更迭，最大限度地减少了社会内耗，有利于维护政治和谐稳定与国家长治久安。

（4）有利于促进执政党的建设。中国共产党领导的多党合作和政治协商制度，既避免了多党竞争互相倾轧造成的政治动荡，又避免了一党专制缺少监督导致的种种弊端。各民主党派和无党派人士通过互相监督，尤其是对执政党的监督，能够更好地倾听人民群众的呼声和诉求，使执政党随时听到不同的意见和批评，克服和纠正官僚主义，及时改正工作中的错误。通过各民主党派和无党派人士的监督，还有利于防止或遏制执政党内出现腐败现象。近年来，中国共产党通过聘请民主党派成员和无党派人士担任特约人员、参加党风廉政建设的检查，使民主监督的渠道进一步拓宽，监督工作不断加强，有力地推动了自身建设。

5. 多党合作制度中的政治协商

（1）政治协商的含义

政治协商是中国多党合作制度的重要内容。中国共产党就国家重大方针政策和重要事务在决策前和决策执行过程中与各民主党派、无党派人士进行协商，是实行科学决策、民主决策的重要环节，是中国共产党提高执政能力的重要途径。中国共产党就国家重大方针政策和重要事务在决策前和决策执行过程中与各民主党派、无党派人士进行协商，是实行科学决策、民主决策的重要环节，是中国共产党提高执政能力的重要途径。

（2）政治协商制度的特点

政治协商制度具有以下特点：第一，政治协商是以坚持中国共产党领导为前提条件的。首先，这是由中国的国体决定的。中国实行工人阶级领导的、以工农联盟为基础的人民民主专政。中国共产党是中国工人阶级的先锋队，应当而且能够代表、照顾和协调现阶段中国一切爱国的和拥护社会主义的人们的利益和要求。其次，这也是由中国的政党制度决定的。中国共产党是社会主义事业的领导核心，是执政党；民主党派是各自所联系的一部分社会主义劳动者和一部分拥护社会主义的爱国者的政治联盟，是接受中国共产党领导的，同中国共产党通力合作、共同致力于社会主义事业的亲密党派，是参政党。第二，政治协商的主体是有组织的、高层次的和具有广泛代表性的，包括各政党、各人民团体和社会各界的代表人物，是中国知识层次最高的一个政治群体。第三，政治协商的内容具有政治性和全局性，包括党的路线、决策，国家的大政方针，有关全国和各地区经济建设的重要问题等等。第四，政治协商的组织形式是作为爱国统一战线组织的中国人民政治协商会议。第五，政协商的结果虽不具有法律效力，也不形成国家意志，但对党和国家的工作具有重要的建议、咨询、参考作用，在不同程度上对党和国家的决策产生影响。

（3）政治协商的方式

经过多年的实践，中国多党合作制度中的政治协商形成了两种基本方式：一种是中国共产党同各民主党派的协商；一种是中国共产党在人民政协同各民主党派和各界代表人士的协商。

中共中央同各民主党派中央政治协商的内容主要包括：中国共产党全

国代表大会、中央委员会的重要文件；宪法和重要法律的修改建议；国家领导人的建议人选；关于推进改革开放的重要决定；国民经济和社会发展的中长期规划；关系国家全局的一些重大问题；通报重要文件和重要情况并听取意见，以及其他需要协商的重要问题等。

中共中央同各民主党派中央政治协商的主要形式是：中共中央邀请各民主党派领导人举行民主协商会，就中共中央将要提出的大政方针进行协商；中共中央主要领导人根据形势需要，不定期邀请民主党派领导人举行高层次、小范围的谈心活动，沟通思想，交换意见；中共中央或中共中央委托有关方面召开民主党派和无党派代表人士座谈会，通报或交流重要情况，听取民主党派提出的政策性建议，或讨论某些专题；除会议协商外，民主党派中央还可就国家大政方针及其他重大问题向中共中央提出书面建议。

中共中央同各民主党派中央政治协商的主要程序是：中共中央根据年度工作重点，研究提出全年政治协商规划；协商的议题提前通知各民主党派中央、无党派人士，并提供相关材料；各民主党派中央组织相关人员阅读文件，调查研究，对协商议题进行集体研究后，提出意见和建议；在协商过程中充分发扬民主，广泛听取意见，求同存异；中共中央认真研究民主党派中央、无党派人士提出的意见和建议，对重要意见和建议的采纳情况及时进行反馈。

（4）政治协商与人民政协

中国人民在长期的革命和建设事业中，结成了由中国共产党领导的，有各民主党派、无党派民主人士、人民团体、少数民族人士和各界爱国人士参加的，由全体社会主义劳动者、拥护社会主义的爱国者和拥护祖国统一的爱国者组成的，包括台湾同胞、港澳同胞和国外侨胞在内的爱国统一战线。而中国人民政治协商会议（即人民政协或政协）就是中国人民爱国统一战线的组织。人民政协的任务，总的来说，是为实现党和国家在各个历史时期的总任务而奋斗。在新的历史时期，党和国家的总任务是领导和团结全国各族人民，以经济建设为中心，坚持四项基本原则，坚持改革开放，自力更生，艰苦创业，为把中国建设成为富强、民主、文明的社会主义现代化强国而奋斗。

中国人民政治协商会议，是由中国共产党、各民主党派、各人民团体等方面的代表为基础组成的。但就具体的组成单位而言，前后曾有所变化。例如，政协第一届全体会议除了包括中国共产党、各民主党派、各人民团体的代表外，还包括人民解放军、各地区、各民族和海外华侨的代表。而自政协第二届全国委员会开始，各地区和人民解放军的代表不作为独立的参加单位。

（1）政协全国委员会。人民政协的组织体系，前后曾有所变化。按照 1949 年 9 月 27 日通过的《中国人民政治协商会议组织法》规定，全国政协分“全体会议”“全国委员会”“全国委员会常委会”三个层次。1954 年 12 月 25 日通过的《中国人民政治协商会议章程》将之改为“全国委员会”“全国委员会常委会”两个层次。这一体系延续至今。政协全国委员会（即全国政协）每届任期 5 年。如遇非常情况，由常委会以及全体组成人员的三分之二以上的多数通过，可延长任期。全国政协设主席、副主席若干人和秘书长。全国政协全体会议每年举行一次。常委会认为必要时，可临时召集。

（2）政协地方委员会。政协地方委员会的设置，前后也有变化和发展。1949 年 9 月通过的《政协组织法》规定，在中心城市、重要地区及省会，经政协全国委员会决议，得设立政协地方委员会，为该地方民主党派及人民团体的协商并保证实行决议的机关。但根据政协全国委员会的决定，在普选的省、市人大召开之前，由省、市人民代表会议所产生的省、市协商委员会代行政协省、市地方委员会常委会的职权。1954 年 12 月制定的政协章程，鉴于新形势，规定省、自治县、直辖市和市设政协地方委员会，其他地方有必要时也可设政协地方委员会。政协各级地方委员会设主席、副主席若干人和秘书长。县、自治县、不设区的市和市辖区的委员会根据具体情况，也可不设秘书一职。政协各级地方委员会全体会议每年至少举行一次。其职权有：选举地方委员会的主席、副主席、秘书长和常务委员；听取和审议常务委员会的工作报告；讨论并通过有关的决议；参与对国家和地方事务的重要问题的讨论，提出建议和批评。

6. 发展完善多党合作和政治协商制度

中国有句古语“橘生淮南则为橘，生于淮北则为枳”，这非常形象地说明，做任何事都要从实际出发，不能盲目照抄照搬别人的做法。近年来，一些人无视中国的历史和国情，否定中国特色的政党制度，认为只有西方多党制才是民主的，提出中国应该实行西方的政党制度。这种观点在理论上是错误的，在实践上是有害的。坚持中国特色的政党制度，必须搞清楚为什么我们不能搞西方多党制。西方多党制，是资产阶级在政治实践中形成和发展起来的，虽然在反对封建专制的过程中发挥过积极作用，但这种政党制度，有一些难以克服的弱点，并不适合所有国家，在实际运行过程中暴露出了越来越多的弊端。我们如果盲目照抄照搬，必然带来无穷后患。历史和现实证明，世界上没有放之四海而皆适用的政治发展道路。我国实行的中国共产党领导的多党合作和政治协商制度，是我国近代以来历史发展的必然结果，体现了社会主义制度的本质要求，同我国的经济、政治、文化、社会状况相符合，也同我国疆域广大、人口众多、民族众多等基本国情相适应。

中国共产党领导的多党合作和政治协商制度，经过新中国成立以来60多年的发展，特别是改革开放以来的发展完善，已经成为比较成熟的政治制度。但也必须看到，同我国社会主义民主政治发展的要求相比，仍然存在不相适应、需要完善的方面。比如，如何建立健全政治协商、民主监督、参政议政的机制？如何进一步发挥各民主党派、无党派人士在民主监督方面的作用？怎样充分发挥人民政协在我国社会主义民主政治建设、发展社会主义政治文明中的重要作用？如何进一步拓展政治协商的范围和领域？如何进一步创新政协工作的方式方法？等等，这都需要我们在实践中不断探索，不断加以改进。

坚持和完善中国共产党领导的多党合作和政治协商制度，必须始终坚持中国共产党的领导，使党的领导在团结合作和民主协商中得到加强，确保多党合作的正确政治方向。必须始终坚持“长期共存、互相监督、肝胆相照、荣辱与共”的方针，充分调动各民主党派、无党派人士的积极性、主动性和创造性，更好地发挥各参政党作用。充分发挥各民主党派的自身优势和重要作用，广泛联系各界群众，及时反映社情民意，拓宽民主监督渠道，完善民主监督机制。充分发挥人民政协在多党合作、政治协商中的重要作用，围绕团结和民主两大主题，不断探索多党合作的新方式新机制。

要支持民主党派加强自身建设，不断提高政治把握能力，更好地履行参政党职能，推进我国多党合作事业发展。

二、国家元首制度

1. 国家元首制度的涵义及特点

任何一个国家，都有一个对内对外代表国家的最高代表，这就是国家元首。国家元首制度，就是有关国家元首的形式、产生的方式、在国家机构中的地位及其职权范围内的规定。国家元首制度通常在宪法中规定，但各国的具体情况很不一样。就国家元首的形式看，有单一的个体元首、集体元首，从国家元首的产生方式看，在君主立宪制国家，称为国王，一般采用世袭制；在共和国国家，称为总统、主席，一般由选举产生。选举国家元首的方式有通过公民普选投票独立选举产生的，又有由议会选举产生的。通过选举产生的国家元首，都有一定的任期。至于国家元首在国家机构中的地位及其行使的职权，各国也不尽相同。个体元首有的并不掌握国家实权，有的掌握国家实权；集体元首则掌握国家最高权力。虽然现代各国的国家元首制度有所不同，但是国家元首都具有以下一般特点：（1）在国际关系上代表国家，具有国家最高对外代表身份；（2）在国家机构体系中是独立的国家机关，居于首脑部位；（3）都是根据宪法规定行使国家元首职权。常见的国家元首职权有：公布法律权，经国家元首签署公布的法律才正式生效；最高外交代表权，以国家最高代表身份出国访问，接受外交使节递交国书；最高荣典权，由国家元首授予国家最高荣誉称号。

2. 中国国家元首制度的沿革

中华人民共和国实行的是集体元首制，由中华人民共和国主席和全国人民代表大会常务委员会结合行使国家元首的职权。中华人民共和国主席是中华人民共和国国家机构的重要组成部分，属于最高国家权力机关的范畴，而不是握有一定国家权力的个人。中华人民共和国主席本身不独立决定任何国家事务，而是根据全国人大及其常委会的决定行使职权。可见，中华人民共和国的国家元首制度与许多国家是有差别的。中国的宪法虽然没有明文规定谁是国家元首，但从建国以来颁布的几部宪法来看，中国国家元首制度有过多次变更。

（1）1949年新中国成立时，根据当时由第一届中国人民政治协商会议第一次会议所通过的，具有临时宪法性质的《共同纲领》，《中华人民共和国中央人民政府组织法》的规定，由中国人民政治协商会议选举产生的中央人民政府委员会，对外代表中华人民共和国，对内领导国家政权。中央人民政府委员会既是行使国家最高权力的机关，又是履行国家元首职权的机关，从其行使的具体职权的规定来看，大致可分为两类：一类属于国家最高权力机关的职权，包括制定和解释国家法律，监督法律和法令的执行，废除或修改政务院与国家法律、法令相抵触的决议和命令，规定国家法令，授予国家勋章、奖章和荣誉称号，代表国家进行外交活动，接受外国使节等。这就是说，从中央人民政府的职权来看，其同时兼行国家元首的职权。中央人民政府委员会由主席1人、副主席6人、委员56人组成，在具体执行后一类职权时，由中央人民政府主席毛泽东代表国家行使。但主席是中央人民政府的组成人员，他不是一个独立的国家机关，法律没有规定主席可以独立行使国家元首的职权。可见当时起草《中央人民政府委员会组织法》的指导思想，就是把中央人民政府委员会既作为最高政权机关，又是履行国家元首职责的机关。

（2）1954年公布的中国第一部宪法，规定在全国人民代表大会之下设立全国人大常委会和中华人民共和国主席，规定主席对外代表中华人民共和国。这与解放初期法律规定中央人民政府代表国家有所不同：国家主席不是最高国家权力机关的组成人员，而是一个相对独立的国家机关。按照1954年宪法规定，国家主席由全国人民代表大会选举产生，对外代表中华人民共和国，对内统率全国武装力量，提名国务院总理人选，并根据全国人大及其常委会的决定，公布法律和法令，任免国务院总理、副总理、各部部长、各委员会主任；发布戒严令，宣布战争状态，发布动员令等。从而表明：中国采取由合议制的集体领导和个人作为国家代表相结合的国家元首制度。

3. 中国的国家主席制度

从中华人民共和国的宪法和法律的有关规定来看，新中国的国家元首制度大致经历了这样几个阶段：

第一，1949～1954年。根据起临时宪法作用的《共同纲领》和《中央人民政府组织法》规定，由中国人民政治协商会议的全体会议代行全国人民代表大会的职权，选举产生中央人民政府委员会，并付之以行使国家权力的职权。

第二，1954 年 ~ 1975 年。根据 1954 年宪法规定，在全国人民代表大会之下，不设中央人民政府委员会，而设立全国人民代表大会常务委员会和中华人民共和国国家主席。

第三，1975 年 ~ 1978 年。1975 年 1 月，第四届全国人民代表大会第一次会议修改、通过的《中华人民共和国中央人民政府组织法的草拟经过及其基本内容》，正式取消了国家主席职位。中共十一届三中全会召开后，为了总结经验教训，加强社会主义民主制，适应社会主义现代化建设的需要，党和国家就开始酝酿修改 1978 年宪法。在各种层次、各个方面广泛讨论宪法修改草案的过程中，对于要不要恢复设置国家主席职位的问题，主要有两种意见。一种认为没有必要再设国家主席；另一种认为应当恢复设置国家主席职位。中国的国家主席制度比起世界各国的总统制没有什么太大的职权，只不过在形式上代表着国家。现在的主席地位比起 1954 年宪法通过的主席地位又低一些。因此，其不参与国务院的业务，只根据全国人民代表大会的决定或人大常委会的决定来行使职权，并不负任何的刑事责任。

4. 中国国家主席的职权范围

国家主席是中国最高国家机构的重要组成部分，是一个独立的国家机关。按照现行宪法的规定，国家主席行使的职权是：根据全国人大及其常委会的决定，公布法律、法令；提名国务院总理的人选，并根据全国人大及其常委会的决定，任免国务院总理、副总理、国务院委员、各部部长、各委员会主任、审计长、秘书长；根据全国人大及其常委会的决定，授予国家的勋章和荣誉称号；根据全国人大及其常委会的决定，发布戒严令，宣布战争状态，动员令；代表中华人民共和国接受外交使节递交国书；中国的1982年宪法规定的国家主席的职权，同1954年宪法比较，有三点不同：

第一，没有规定国家主席统率全国武装力量，而是另设了国家中央军事委员会对全国武装力量进行领导。

第二，1954 年宪法规定国家主席在必要时召开最高国务会议。所谓最高国务会议，是国家主席召集和主持的，由国家副主席，全国人大常委会委员长，国务院总理以及有关人员参加的，协商研究国家重大事务的会议。研究的意见由国家主席提交全国人大、全国人大常委会、国务院或者其他有关部门讨论并作出决定。现行宪法不再规定国家主席有召开最高国务会议的职权。

第三，1954年宪法规定的国家主席可以向全国人大提出议案，现行宪法不再有这个规定。

按照现行宪法规定，国家主席拥有如下职权：

①对内方面

根据全国人民代表大会和全国人民代表大会常务委员会的决定，公布法律。公布法律是立法程序中的最后一个阶段。仅仅从这个意义上说，国家主席也参与立法活动。向全国人民代表大会提名国务院总理人选并根据全国人民代表大会和全国人民代表大会常务委员会的决定，任免国务院总理、副总理、国务委员、各部部长、各委员会主任、审计长、秘书长。根据全国人民代表大会常务委员会的决定，授予国家的勋章和荣誉称号。根据全国人民代表大会和全国人民代表大会常务委员会的决定，发布戒严令，宣布战争状态，发布动员令。

②对外方面

代表中华人民共和国，接受外国使节。根据全国人民代表大会常务委员会的决定，派遣和召回驻外全权代表。根据全国人民代表大会常务委员会的决定，批准和废除同外国缔结的条约和重要协定。

从现行宪法所规定的国家主席的职权来看，基本上是全国人大及其常委会所决定的，由国家主席以国家最高代表身份予以宣布的各种程序性的职权。这样，国家主席个人既不能单纯决定国家事务，也不参与国家最高权力机关的工作；既不参与国家法律的制定，不享有向全国人大及其常委会提出议案权，也无权否决全国人大及其常委会通过的决定和制定的法律。作为国家最高行政机关的国务院，不对国家主席负责，而是对全国人大及其常委会负责，从而国家主席也不负有行政责任。这样，国家主席所从事的各种职务活动，在相当程度上是属于程序性的或礼仪性的。

三、司法制度

司法制度是国家制度中的重要组成部分。在中国，人民民主专政的国家性质决定了，司法制度必须有利于惩治危害国家安全与人民利益的一切犯罪行为与犯罪分子；有利于保障广大人民群众依法行使民主权利与维护自己的正当利益；有利于实现国家、社会的长治久安与健康发展。在走向依法治国的进程中，司法制度承担着体现民主制度化、法律化的重任。

新中国成立后，中国共产党十分重视共和国司法制度的建立和发展，但由于经历了严重的曲折和破坏，到1978年中共十一届三中全会后，才走上了健康发展的道路，使共和国成为一个法制健全的国家，从根本上摆脱了法制混乱的局面，实现了依法治国，为建设强大的社会主义现代化国家奠定了基础。从1949年10月1日中华人民共和国建立到1954年第一届全国人民代表大会召开之前，是共和国司法制度初步确立的历史阶段。在这一阶段中，一方面从根本上废除了旧中国半殖民地半封建国家的各种司法制度，另一方面充分地发展了各种地方性的司法制度，从而开始建立共和国的司法制度——人民司法制度。

1. 司法制度的涵义

人民共和国的司法制度是指司法组织的性质、任务、组织体系，以及组织与活动的原则、工作制度等，包括：审判制度、检察制度、侦查制度、执行制度、律师制度、调解制度、仲裁制度和公证制度等。这些制度的形成，对共和国的巩固和发展，对社会主义现代化建设的顺利进行，对社会秩序的稳定，以及对人民生命财产的安全保障，起着极为重要的作用，同时对各种违法犯罪分子改恶从善、改过自新、重新做人有着深远意义。

人民司法制度的建立应以1949年中华人民共和国的诞生为标志。但其经历了长期的历史发展过程。早在第一次国内革命战争时期，由于农民革命和工人运动的发展，以及农村政权和工会组织的大量建立，人民司法制度也随之萌芽，出现了运用基层政权组织的力量和方式，处置各类破坏革命的犯罪分子。无疑，这类处置不一定完全正确和恰当，但是人民司法制度的表现形式。到第二次国内革命战争时期，由于革命根据地的建立和根据地政权建设的加强，各根据地政权中普遍建立了人民司法制度。因此，共和国的司法制度，无论是性质、原则和方式等方面都与旧中国半殖民地半封建国家的司法制度根本不同。

《中央人民政府组织法》规定，在中央设立最高人民法院、最高人民检察署、公安部、司法部、人民监察委员会、政治法律委员会、法制委员会等机构，分别行使审判、检察、侦查和司法行政的职权。同时自上而下迅速地建立起地方各级人民法院、地方各级人民检察署、地方各级公安机关和司法部门。从而建立起强有力的司法机构和司法制度，以巩固人民民主专政的国家政权。

2. 共和国司法制度的初步建立

1949 年 10 月至 1953 年底，按照中共中央和政务院的部署，自上而下地完成了各级地方政权、各级人民法院、各级地方人民检察署、公安机关、司法部门的组建任务，在巩固人民民主专政的国家政权、安定社会秩序、开展各项政治运动和社会改革、恢复国民经济、保障人民生命财产安全等方面发挥了极为重要的作用。1950 年 7 月，召开了第一届全国司法工作会议，董必武在会上提出，要建立人民的司法工作，必须完成：（1）建立和健全各级司法机构；（2）培养各级司法干部；（3）制定必要的法律。目前，最缺乏的是各级干部，尤其是新解放区更为突出。

没有干部，即使把司法机构建立起来了，也难于开展工作，完成任务。同时，也抓了各种法律、法令的制定工作。1951 年 9 月，中央人民政府委员会颁布了《中华人民共和国人民法院暂行组织条例》《中央人民政府最高人民检察署暂行组织条件》和《各级人民检察署组织通则》，对人民法院和检察机关的性质、任务、组织体系与活动的原则以及工作制度作了明确规定。

根据《人民法院暂行组织条件》规定，人民法院的设置分为三级：县（市）人民法院、省（直辖市）人民法院、最高人民法院。省人民法院在各专区设分院或分庭。最高人民法院在各大行政区设分院。各民族自治区域，依其具体情况，设立相当于各级人民法院。人民法院的任务是：审判刑事案件，惩罚危害国家安全、破坏社会秩序、侵害国家、集体和个人合法权益的罪犯；审判民事案件，解决机关、企业、团体、个人等相互间的纠纷；并且通过审判和其他方法，对诉讼人及一般群众进行遵守国家法纪的宣传教育。基本上实行三级两审制。并规定了实行公开审判、人民陪审等司法原则和制度。根据《最高人民检察署暂行组织条件》和《各级人民检察署组织通则》规定：人民检察署的设置基本上与人民法院相一致，即分为：最高人民检察署、省（直辖市）人民检察署、县（市）人民检察署。最高人民检察署在各大行政区设分署。省人民检察署在各专区设分署。最高人民检察署是全国最高检察机关，对政府机关、公务人员和全国人民遵守法律负最高的检察责任。地方各级人民检察署即受上级人民检察署的领导，同时又受同级人民政府委员会的领导。为了及时、准确地处理“三反”“五反”运动中的案件，中央人民政府政务院于1952年3月24日和3月30日分别分布了《关于“三反”运动中成立人民法庭的规定》《关于“五反”运动中成立人民法庭的规定》。“三反”“五反”运动中设立的人民法庭都是一种特别法庭，在实践中推动了“三反”“五反”运动的顺利进行。

1950年11月3日，中央人民政府政务院发出关于加强人民司法工作的指示。强调要加强人民司法工作，划清新旧法律的原则界限。人民司法工作的当前主要任务，是镇压反动分子，保护人民利益。同时，人民司法工作还须处理人民间的纠纷，一方面，应尽量采取群众调解的办法减少人民诉争，另一方面，司法机关在工作中应力求贯彻群众路线，推行便利人民、联系人民和依靠人民的诉讼程序与各种审判制度。在“三反”运动中暴露出司法队伍中存在着严重的组织不纯问题，经中央批准，1952年下半年至1953年2月，在全国范围内开展了司法改革运动，针对人民法院特别是大中城市和省级以上的人民法院的人员中旧有司法人员占很大比重的情况，集中进行人民法制思想教育，划清两种法律观的界限。对旧有司法人员，原则上不再从事司法工作，对确有必要继续留任的，也要调离原工作的地点。经过司法改革，进一步加强了党对司法工作的领导，密切了司法工作与人民群众的关系。

3. 共和国司法制度的特点

中国把公安机关、人民法院、人民检察院定为三大司法机关。公安机关有侦查职能、人民法院有审判职能、人民检察院有监督职能。建国初期，在完善各级司法机关建设过程中，初步建立了依靠人民、联系群众、便于人民的司法制度。主要包括就地审判、调解和领导区村调解、人民陪审制、辩护制度、死刑复核制度等。在诉讼程序上废除了旧法院繁琐的诉讼程序，实行了便利于人民群众诉讼的制度。中国各地人民法院所采取的公开审判、集体审讯、就地审判、巡回审判等方式，已经获得了经验和成绩，同时也表现了建国初期人民司法制度的特点：第一，人民司法工作从属于行政。例如死刑执行须上级人民政府主席以命令执行。县人民法院及其分庭所判决之死刑、没收财产及 9 年以上徒刑的批准权，属于省人民政府。第二，建国初人民司法制度的建立是围绕恢复国民经济和各项政治运动进行的。当时人民最迫切和需要的就是恢复和发展生产，这也是共和国的中心任务，司法工作在实践中必须从中心任务出发。在"三反""五反"运动中设立专门的人民法庭，既推动了运动的健康发展，又促进了人民司法制度建设与完善。第三，经过司法改革运动，肃清了旧法观点，解决了司法队伍中的组织不纯、思想不纯问题，培养了大批人民的司法干部。

4. 公、检、法的相互关系

人民法院、人民检察院和公安机关办理刑事案件，分工负责，互相配合，互相制约，以保证准确有效地执行法律。这一原则，是中国人民司法实践的经验总结。按照国际惯例，人民法院、人民检察院和公安机关分工负责，互相配合，互相制约。但是，在后来的司法实践中，逐步出现了一种倾向，即只强调配合，而忽视了分工制约，从而影响司法的公正性。

1979 年制定的行事诉讼法明确规定了三机关"分工负责，互相配合，互相制约"的原则。所谓分工负责，是指在刑事案件中，公安、检察、法院各机关应依法各司其职，各负其责，不能互相包办代替。具体来说，刑事案件的侦察、拘留、执行逮捕等，由公安机关负责；检察、批准逮捕、检察机关直接受理的案件的侦察、提起公诉、出庭支持公诉，由人民检察院负责；审判由人民法院负责。分工负责是公、检、法三机关相互配合、相互制约，以保证办案质量的前提。如果将侦察、起诉、审判集中于一个机关办理，就会缺少监督和制约，就有可能发生种种弊端。所谓互相配合，是指公安、检察、法院三机关在分工负责的基础上通力合作，互相支持，互通情况，充分发挥三个机关的集体智慧和整体力量，共同办好刑事案件。所谓互相制约，是指公安、检察、法院三机关互相监督，共同防止和纠正办案过程中可能或者已经出现的偏差。这是公检法机关内部关系的关键所在。具体来说，互相制约包括3个方面的内容：（1）公安机关与检察院之间的制约关系。公安机关在侦查案件中，认为需要逮捕犯罪嫌疑人时，应提请检察院审查，由检察院决定是否逮捕。公安机关侦查终结的案件，认为应当起诉的，应移送检察院进行审查后，作出提起公诉或不起诉的决定；（2）检察院与法院之间的制约关系。检察院认为被告人的犯罪事实已经查清，证据确实、充分，依法应当追究刑事责任的，应当作出起诉决定，按照审判管辖的规定，向法院提起公诉；（3）公安机关与人民法院之间，一般不直接发生制约作用。

第五节　中国特色社会主义政治制度（下）

一、民族区域自治制度

中华人民共和国是全国各族人民共同缔造的统一的多民族国家，有56个民族，民族问题具有复杂性和长期性的特点。但是，我国民族问题处理和解决得非常好。这要归功于我们党把马克思列宁主义的民族理论与中国实际相结合，创造了一整套有中国特色的民族理论和政策。其中民族区域自治就是中国共产党运用马克思列宁主义解决中国民族问题的基本政策，也是中国的一项重要政治制度。

1. 民族区域自治制度的形成

民族问题是我国革命、建设和改革的重要组成部分。早在新民主主义革命时期，以毛泽东为核心的党的第一代领导集体，就把马克思列宁主义民族理论与中国民族问题实际相结合，经过长期的探索、实践和比较，最终选择了民族区域自治作为解决我国民族问题的基本政策。在1931年，中国共产党领导制定的《中华苏维埃共和国宪法大纲》中，就指出了国内少数民族“建立自己的自治区域”的主张。在1941年，民族区域自治首次以法律形式载入《陕甘宁边区施政纲领》，并明确规定：“根据民族平等原则，实行蒙、回民族和汉族在政治、经济、文化上的平等权利，建立蒙、回族的自治区，尊重蒙、回民族的宗教信仰和风俗习惯。”1947年5

月 1 日，成立了内蒙古自治区。这是新中国成立前我们党的民族区域自治主张的一次重要实践。

1949 年 9 月，有十多个少数民族参加了中国人民政治协商会议第一次全体会议，共同协商建立中华人民共和国。会议通过的《中国人民政治协商会议共同纲领》规定：“各少数民族聚居的地区，应实行民族的区域自治，按照民族聚居的人口多少和区域大小，分别建立各种民族自治机关。”就这样，具有临时宪法作用的《中国人民政治协商会议共同纲领》，把民族区域自治制度作为中国的一项重要政治制度确定下来。

1952 年 8 月，中央人民政府颁布了《民族区域自治实施纲要》。随着民族区域自治全面推行和民族区域自治具体制度的不断完善和发展，先后建立了新疆、广西、宁夏、西藏 4 个自治区，同时推动了自治州、自治县的改建和新建工作。1954 年中国制定通过了第一部社会主义宪法，对民族区域自治制度作了明确的规定，使其通过立法程序在国家根本大法中给予保证。

1984 年 5 月 31 日，第六届全国人民代表大会第二次会议通过的《中华人民共和国民族区域自治法》，对民主自治地方的建立、自治机关的组成、自治机关的自治权、民族自治地方的司法机关、民族自治地方的民族关系等重要问题作出了明确规定，在财政、经济、教育、卫生、社会、体育等方面大大扩充了自治机关的自治权，为民族区域自治的发展提供了法律支持。随后，政府部门依据民族区域自治法，推进我国的民族工作。1987 年 4 月，中共中央、国务院批转《关于民族工作几个重要问题的报告》，明确指出：“切实贯彻落实《民族区域自治法》，是法制工作的一项重要任务。各民族自治地方，应当根据各自的实际情况制订自治条例或单行条例。”1987 年 4 月，中宣部、司法部专门下发了在普及法律常识教育中组织学习《民族区域自治法》的通知。1991 年 12 月，国务院又发出《关于进一步贯彻实施＜中华人民共和国民族区域自治法＞若干问题的通知》，提出了 11 条具体措施。此后，经国务院批准，国家民委于 1993 年 9 月发布施行《民族乡行政工作条例》和《城市民族工作条例》，依法保障散杂居地区少数民族的权益。在地方，一些民族自治地方和多民族省也依据《民族区域自治法》，制订了自治条例或规定。

为了进一步坚持和完善民族区域自治制度，2001 年 2 月 28 日，第九届全国人民代表大会常务委员会第二十次会议对《中华人民共和国民族区域自治法》作了修正。修改后的自治法将民族区域自治制度表述为国家的一项基本政治制度，强调要继续坚持和完善民族区域自治制度，使其在国家和社会主义现代化进程中发挥更大的作用。2005 年 5 月 19 日，国务院又颁布了《实施〈中华人民共和国民族区域自治法〉若干规定》，自同年 5 月 31 日起开始施行。

中华人民共和国是全国各族人民共同缔造的统一的多民族国家，有 56 个民族，民族问题具有很大的重要性、复杂性和长期性。但是，我国民族问题处理和解决得非常好。这要归功于我们党把马克思列宁主义的民族理论与中国实际相结合，创造了一整套有中国特色的民族理论和政策。其中民族区域自治就是中国共产党运用马克思列宁主义解决中国民族问题的基本政策，也是中国的一项重要政治制度。

2. 民族区域自治制度的含义和特色

民族区域自治是在国家统一领导下，各少数民族聚居的地方实行区域自治，设立自治机关，行使自治权。中国的民族区域自治制度有如下三个显著的特色：

（1）中国的民族区域自治，是在国家统一领导下的自治，各民族自治地方都是中国不可分离的部分，各民族自治地方的自治机关都是中央政府领导下的一级地方政权，都必须服从中央集中统一的领导。自同年 5 月 31 日起开始施行。《宪法》和《民族区域自治法》明确规定：“各民族自治地方都是中华人民共和国不可分离的部分。”民族自治地方设立的自治机关即该地的人民代表大会和人民政府，是国家的一级地方政权机关；自治机关行使宪法中规定的地方国家机关的职权，并依照宪法和法律规定的权限行使自治权；各民族自治地方的人民政府对本级人民代表大会和上一级国家行政机关负责并报告工作，都是国务院统一领导下的国家行政机关，都服从国务院。民族区域自治的地方也必须遵守《中华人民共和国宪法》，执行国家法律，坚持四项基本原则，保证中央人民政府的统一领导和国家总的方针政策和计划在各民族自治地方贯彻执行，积极完成上级国家机关交给的各项任务。

（2）中国的各民族自治地方的自治机关有大于一般地方国家机关的职权。民族自治地方的自治机关，即各自治区、自治州、自治县的人民代表大会和人民政府，是按照民主集中制原则建立的国家一级地方政权，除行使地方国家政权拥有的职权外，依照宪法和法律的规定，行使自治权，拥有比其他地方政权机关更大的自主权：

有权依照当地民族的政治、经济、文化的特点，制定自治条例和单行条例。自治条例规定该地民族区域自治的基本问题，单行条例规定该地实行民族区域自治的某一方面的具体事项，都是在本民族自治地方具有法律效力的规定。自治条例、单行条例同一般性的地方性法规的区别，在于地方性法规是不能同宪法、法律、行政法规相抵触，而自治条例和单行条例则没有这一限制。中国现行宪法规定：自治机关可以根据本地方的实际情况贯彻国家的法律和政策；上级国家机关的决议和指示，如有不适合本地方实际情况的，自治机关则可制定单行条例报经上级国家机关的批准，变通执行或者停止执行。

有权根据本地方的特点和需要，自主管理和安排地方性经济建设。例如根据本地方的社会经济发展水平，采取特殊政策和灵活措施，合理调整生产关系，改革经济管理体制；根据本地方的物力、财力和劳动力素质，自主安排地方性基本建设，合理开发利用本地的自然资源；发展本地方土特产品；在对外经济贸易中，享有国家规定的外汇留成等方面的优待享有管理地方财政的自主权。

根据当地情况，自主管理本地区文化教育、体育卫生等事业，自主发展具有民族形式和民族特点的文学艺术，发展民族传统医药，开展民族传统的体育活动。

经国务院批准，民族自治地方的自治机关可以组织本地方维护社会治安的公安部队。

民族自治地方的自治机关在行使职权时，使用当地通用的一种或者几种语言文字，保障本地方各民族都有使用和发展自己的语言文字的自由。

民族自治机关主要由本民族的干部组成。《民族区域自治法》规定：自治区主席、自治州州长、自治县县长，由实行区域自治的民族的公民担任，民族自治地方的人民政府实行自治区主席、自治州州长、自治县县长负责制，分别主持本级人民政府的工作；民族自治地方的人民代表大会常务委员会中应有当地实行区域自治的民族的公民担任主任或副主任；民族自治地方的人民代表中，实行区域自治的民族和其他少数民族代表的名额，根据法律规定的原则，人口较少的少数民族在代表名额和比例分配上有适当照顾，以保证民族自治地方的人民代表大会应有的代表性；自治机关所属工作部门的干部要尽量配备实行区域自治的民族和其他少数民族的人员。

（3）中国的民族区域自治，不只是单纯的民族自治或地方自治，而是民族因素与区域因素的结合，是政治因素和经济因素的结合。上级国家机关在制定各项政策和计划、进行国家经济文化建设时，必须充分考虑各民族自治地方的具体情况和需要，动员各方面的力量予以帮助和支持。

3. 民族区域自治制度的优越性

民族区域自治制度既是党和国家尊重民族情感、尊重各民族主体地位、尊重民族创造精神的体现，又是公平正义、团结互助与共同繁荣在民族发展问题上的反映，得到了各族人民的衷心拥护，符合中国特色社会主义事业的发展要求和全国各族人民的根本利益。其优越性如下：

（1）能够保障少数民族当家作主的权利，形成以自治民族为主、各民族共同管理本地区事务的政治局面。民族区域自治制度是建立在保证民族地方自治权的依法行使、保障少数民族合法权益基础上的，是实现少数民族当家作主、自主管理本民族内部事务的重要途径和制度保障。新中国成立后，党和国家在对少数民族进行科学识别的基础上，依据各地各少数民族聚居人口的多少和区域的大小，确定民族自治地方，建立人民民主政权，广大少数民族翻身解放，成为共和国和自己土地上的真正主人。

（2）能够实现民族地区经济社会又好又快发展，不断提高各族人民群众物质文化生活水平。加快少数民族和民族地区的发展，切实提高少数民族群众的生活水平，是我国民族区域自治制度的根本要求，是我们党的民族政策与其他一切剥削阶级民族政策的本质区别。

（3）能够增进各民族之间的交流交往，巩固和发展平等团结互助和谐的社会主义民族关系。民族区域自治制度始终强调坚持民族平等，加强民族团结，推动民族互助，促进民族和谐，有利于各民族人民把热爱祖国的情感与热爱本民族的情感有机地结合起来，为社会主义新型民族关系的建立、巩固和发展提供了有力保障。

（4）能够有效抵御境内外分裂势力的破坏和渗透，维护国家统一和领土完整。民族问题与国家统一、领土完整、边疆巩固和社会稳定密切相关。民族区域自治制度把国家的集中统一和民族的平等自主结合起来，既坚持了国家政治制度的权威性，又照顾到各少数民族的实际情况；既维护了少数民族的根本利益，又统筹兼顾到各少数民族的具体利益，能够有效地协调民族关系，化解民族矛盾，增强各族群众对中华民族的认同感和归属感。

4. 民族区域自治制度的理论创造

民族区域自治制度体现了民族因素与区域因素、政治因素与经济因素、历史因素与现实因素、制度因素与法律因素的有机结合，实现了我国社会主义多民族国家在民主基础上的高度统一，具有鲜明的中国特色，被国际上誉为解决民族问题的“中国模式”。

（1）创造了多民族国家国家结构的新形式。由于国情和民族状况的差异，世界各国的国家结构形式多种多样，其中联邦制和单一制是两种主要形式。联邦制国家由相对独立的邦、州、省或共和国为单位组成；单一制国家由若干行政区域组成，权力集中于中央机构。我国在解决和处理民族问题上，既没有盲目效仿实行联邦制，又没有简单沿袭中国历史上的单一制，也没有照抄照搬其他国家的单一制，而是立足中国国情，创造性地将民族自治和区域自治有机地结合起来。确立和实行民族区域自治制度，这是对国家结构形式的伟大创造。

（2）创造了多民族国家民族关系发展的新形式。民族关系是多民族国家中至关重要的社会政治关系。处理民族问题的不同制度模式对多民族国家中的民族关系发展产生很大的影响。我国实行的民族区域自治制度，从国家制度层面尊重各民族的差异性和自主性，重视和强调各民族之间相互学习、相互帮助，推动各民族和睦相处、和衷共济、和谐发展，为不断巩固和发展平等、团结、互助、和谐的社会主义民族关系提供了重要保证，这是对民族关系发展形式的伟大创造。

（3）创造了各民族共同繁荣发展的新模式。发展问题是民族问题的关键。能否实现各民族共同繁荣发展，是衡量一个国家的民族政策和制度模式的根本标准。我国的民族区域自治制度，坚持国家帮助、发达地区支援与民族地区自力更生相结合，既努力缩小民族地区与发达地区的发展差距，又努力缩小民族地区内部的发展差距；既支持发展水平较高的民族更好地前进，又着力帮助特困少数民族、人口较少民族、边疆少数民族加快发展步伐；既推进民族地区经济发展和社会进步，又注重民族地区生态建设和环境保护，这是对各民族共同繁荣发展模式的伟大创造。

（4）探索了民主实现形式的新途径。民族问题不仅是一个社会问题，也是一个民主政治发展问题。解决民族问题的制度模式，实质上是一个国家民主政治的一种实现形式，体现着一个国家民主政治发展的程度。我国民族区域自治制度确保了少数民族各项权利得以实现，在国家法律框架下，少数民族有实现权利诉求的渠道。我国《宪法》和《中华人民共和国民族区域自治法》规定，各民族一律平等，国家保障各少数民族的合法权利。在实践中，我国通过设立不同级别的民族自治区域，尽可能使所有少数民族都能享受自治权利，维护本民族的民主权益，真正实现了各族人民群众都能当家作主，都能广泛参与国家和本民族内部事务的管理，这是对民主实现形式的伟大创造。

5. 民族区域自治制度的伟大实践

新中国成立以来，民族地区经历了从落后走向进步、从贫穷走向富裕、从封闭走向开放的历史巨变。我国民族地区从来没有像今天这样欣欣向荣、蒸蒸日上，民族团结进步事业从来没有像今天这样生机勃勃、充满活力，中华民族从来没有像今天这样扬眉吐气、傲立东方。

（1）民族地区经济实力极大增强。过去，人们一提到民族地区脑海里浮现的就是“刀耕火种”“手无寸铁”“羊肠小道”“人背马驮”……但是，仅用了半个多世纪的时间，民族地区就彻底改变了一穷二白的面貌。党和政府实施“西部大开发”“兴边富民”行动等，安排大量财政资金投入，吸引和带动了大量社会资金投向民族地区，一大批解决民众实际困难的项目得到建设，涉及基础设施、农业生产、生态建设、文化教育等多个领域。民族地区 GDP 从 1952 年的 57.89 亿元增长到 2008 年的 30626.2 亿元，按可比价格计算增长了 92.5 倍，年均增速 8.4%。与改革开放初期 1978 年的 324 亿元相比，按可比价格计算增长了 17.4 倍，年均增速 10.1%。

（2）民族地区社会事业成果丰硕。过去民族地区几乎没有现代意义的学校，文盲率非常高。如今普及了九年制义务教育和扫除青壮年文盲。民族地区文化设施条件得到普遍改善，人民群众精神文化生活日益丰富。大批珍贵的非物质文化遗产得到抢救、挖掘和整理。新型农村合作医疗制度实现了全覆盖，地方病和传染病得到有效控制，各族群众的健康水平不断提高。

（3）民族地区各族人民生活根本改善。从大面积贫困到温饱再到总体小康，民族地区人民的生活实现了历史性跨越。在新疆，昔日牛拉犁，今日现代农机具飞奔田野；昔日牧民逐草而居，今日在定居点里过上了安稳幸福的新生活。

（4）民族团结进步事业蓬勃发展。“同心掬得满庭芳”。75 年来，我国的民族区域自治得到扎实推进，法制化建设成效显著，民族区域自治制度被确立为我国的一项基本政治制度，得到坚持和完善。民族团结进步创建活动在全社会广泛开展，民族团结的观念牢牢扎根于千家万户，民族团结进步之花处处绽放。各族人民在长期的生产生活中，同呼吸、共命运、心连心，互相尊重、互相信任、互相学习、互相帮助，平等、团结、互助、和谐的民族关系不断巩固。少数民族的合法权益得到切实尊重和保障，“三个离不开”思想日益深入人心，各族群众建设现代化的热情空前高涨，祖国大家庭的凝聚力和向心力不断增强。在全社会唱响了共产党好、社会主义好、改革开放好、各族人民好、伟大祖国好、民族团结好的时代主旋律。

6. 坚持和完善民族区域自治制度

坚持和完善民族区域自治制度，必须立足实现全面建设小康社会和社会主义和谐社会奋斗目标的新要求。实现全面建设小康社会和努力构建社会主义和谐社会的宏伟目标，需要全国各族人民共同参与；全面建设小康社会和构建社会主义和谐社会的伟大成果，应由全国各族人民共同享有。没有少数民族和民族地区的全面小康和社会和谐，就没有全国的全面小康和社会和谐。要坚持和完善民族区域自治制度，始终着眼于实现全面建设小康社会和构建社会主义和谐社会的目标，最大限度地激发少数民族和民族地区广大干部群众的干劲与热情，最大限度地把全国各族人民的智慧和力量凝聚起来，为夺取全面建设小康社会和构建社会主义和谐社会新胜利提供强大动力。要加大对民族地区的发展扶持力度，转变少数民族和民族地区的经济发展方式，增强发展的协调性，有效开发利用自然资源，抓好环境保护和生态文明建设；加强少数民族和民族地区的文化建设，运用现代科技手段开发利用和保护民族文化的丰厚资源，努力提高少数民族群众的科学文化素质；按照学有所教、劳有所得、病有所医、老有所养、住有所居的要求，加快推进以改善民生为重点的社会建设，全面提高少数民族和民族地区人民群众的生活水平。

坚持和完善民族区域自治制度，必须坚定不移地发展社会主义民主政治。民族区域自治制度是我国社会主义民主的重要体现，坚持和完善这项制度是发展社会主义民主政治、建设社会主义政治文明的重要方面。要着眼于坚持走中国特色社会主义政治发展道路，全面贯彻落实《中华人民共和国民族区域自治法》，逐步建立比较完备的具有中国特色的民族法律法规体系，保证民族自治地方依法行使自治权，切实维护和保障少数民族和民族自治地方的合法权益；要和各族群众政治参与积极性的不断提高相适应，进一步加强民族地区的人才资源开发和少数民族干部队伍建设，重视培养选拔少数民族干部，为坚持和完善民族区域自治制度不断培育和增添新的力量。

坚持和完善民族区域自治制度，必须着眼于维护民族团结和国家统一。国家的统一，人民的团结，国内各民族的团结，既是中华民族的根本利益，也是少数民族的根本利益。坚持和完善民族区域自治制度，必须始终着眼于巩固全国各族人民的大团结，着眼于增强中华民族的凝聚力，坚持国家利益和中华民族利益高于一切的原则，广泛开展民族团结进步宣传教育和创建活动，大力弘扬以爱国主义为核心的中华民族精神，使“三个离不开”的思想进一步深入人心，进一步巩固和发展平等团结互助和谐的社会主义民族关系；必须积极预防和妥善处理影响民族团结与社会稳定的事件，坚决打击境内外敌对势力的渗透、破坏和分裂活动，切实维护民族团结、社会稳定和国家统一的大好局面，为开创中国特色社会主义事业新局面、实现中华民族伟大复兴创造良好的社会环境。

二、“一国两制”

在20世纪结束前，香港、澳门在邓小平“一国两制”方针指引下以和平方式实现了回归，并先后建立了中国仅有的也是当今世界上仅有的两个特别行政区。两地回归开创了政权以平稳过渡形式顺利交接的先例。“一国两制”

是中国政府以和平方式顺利解决历史遗留下来的香港、澳门问题的指导方针，是制定特别行政区基本法和确保特区稳定和繁荣发展的理论基础。

1. “一国两制”构想的提出

“一国两制”构想最初萌芽于党的十一届三中全会前后。早在十一届三中全会召开前，邓小平就阐述了解决台湾问题要尊重台湾现实的思想。1978 年 10 月 8 日，邓小平在会见日本文艺家江藤淳时就指出：“如果实现祖国统一，我们在台湾的政策将根据台湾的现实来处理。比如说，美国在台湾有大量的投资，日本在那里也有大量的投资，这就是现实，我们正视这个现实。”此次谈话透露出祖国统一后中国政府将从实际出发、尊重台湾现实和保护外国人投资的最初思考，这是邓小平同志涉及“一国两制”构想的最早谈话。1978 年 12 月 24 日，中共十一届三中全会发表会议公报，指出“随着中美关系正常化，我国神圣领土台湾回到祖国怀抱、实现祖国统一大业的前景已经进一步摆在我们面前。欢迎台湾同胞、港澳同胞、海外侨胞本着爱国一家的精神，共同为祖国统一和祖国的建设做出积极贡献。”1979 年 1 月 1 日，中华人民共和国全国人民代表大会常务委员会发表《告台湾同胞书》，郑重宣告了中国政府和平解决台湾问题的大政方针，呼吁两岸就结束军事对峙状态进行商谈。表示在实现国家统一时，一定“尊重台湾现状和台湾各界人士的意见，采取合情合理的政策和办法”。就在同一天，邓小平在同美国参议员会面时也明确指出：“台湾的社会制度可以根据台湾的意志来决定。要改变可能要花一百年或一千年，我这样说的意思是指需要很长的时间。我们不会用强制的办法来改变这个社会”。这些重要谈话可以说是“一国两制”构想的最初萌芽。

1981 年 9 月 30 日，全国人大常委会委员长叶剑英发表了《关于台湾回归祖国实现和平统一的方针政策》的谈话，进一步阐明了关于台湾回归祖国，实现和平统一的九条方针政策（简称“叶九条”）。1982 年 1 月 10 日，邓小平在接见来华访问的美国华人协会主席李耀基时说：“在实现国家统一的前提下，国家的主体性实行社会主义制度，台湾实行资本主义制度。”在这次谈话中，邓小平第一次正式提出了“一个国家，两种制度”的概念。1983 年 6 月 25 日，邓小平同志在会见美国西东大学教授杨力宇时，又进一步阐述了实现台湾和祖国大陆和平统一的六条具体构想（简称“邓六条”）。

从“叶九条”到“邓六条”，“一国两制”科学构想的内容更加完备、明确和系统化，“一国两制”方针的大体框架基本形成。

1984 年 2 月，邓小平在会见美国人士时，第一次明确完整地表述了“一国两制”的概念。他说：“统一后，台湾仍搞它的资本主义，大陆搞社会主义，但是是一个统一的中国。一个中国，两种制度。香港问题也是这样，一个中国，两种制度。”同年 5 月，六届全国人大二次会议通过的《政府工作报告》，写进了“一个国家，两种制度”的方针。这一构想，成为以后中国共产党和中国政府解决台湾、香港、澳门问题的基本方针。1985 年 3 月，第六届全国人大三次会议正式把“一国两制”确定为中国的一项基本国策，至此，中国共产党和中国政府用“一国两制”解决台、港、澳问题，实现国家统一的基本方针正式确立。

2. “一国两制”的基本内容

“一国两制”就是指在一个国家内实行两种政治制度。其基本内容是：在一个中国的前提下，国家的主体即大陆坚持社会主义制度，香港、澳门、台湾是中华人民共和国不可分割的一部分，将作为特别行政区保持原有的资本主义制度不变。

（1）一个中国。“一国”是“两制”的前提和基础，实现祖国统一是“一国两制”的核心。“一国”是指一个中国，即中华人民共和国；一个最高权力机关，即全国人民代表大会；一个中央人民政府，即国务院。中华人民共和国中央人民政府是中国唯一的合法政府，只有其才能够在国际上代表中国。特别行政区政府是中华人民共和国的地方政府，不是代表国家的政治实体，对外不能代表中国。中国政府坚决反对任何旨在分裂中国主权和领土完整的言行，反对“两个中国”“一中一台”或“一国两府”，反对一切可能导致“台湾独立”的企图和行径。海峡两岸的中国人民都主张只有一个中国，都拥护国家的统一，台湾作为中国不可分割的一部分的地位是确定的、不能改变的，不存在什么“自决”的问题。

（2）两制长期并存。在中华人民共和国这个统一的国家内，实行社会主义和资本主义两种不同的社会制度，即：大陆实行社会主义制度，港、澳、台实行资本主义制度。1984 年 12 月，邓小平根据当时的情况指出：“我们的政策是实行‘一个国家，两种制度’，具体说，就是在中华人民共和国内，十亿人口的大陆实行社会主义制度，香港、澳门和台湾实行资本主义制度。”在一个中国的前提下，大陆的社会主义制度和台湾的资本主义制度，实行长期共存，共同发展，谁也不吃掉谁。这将是统一后的中国国家体制的一大特色和重要创造。“一国两制”不是一项临时性政策，而是长期的基本国策，五十年不变。邓小平说：“按照‘一国两制’的方针解决统一问题后，对香港、澳门、台湾的政策五十年不变，五十年之后还会不变。”所谓长期不变，要讲两个方面：一是讲中国社会制度的主体即大陆的社会主义制度长期不变；二是讲在统一的中华人民共和国内允许港、澳、台搞资本主义至少五十年不变。

（3）高度自治。香港和澳门已经成为特别行政区，统一后台湾将成为特别行政区。不同于中国其他一般省区，享有高度的自治权。分别拥有在香港、澳门、台湾的行政管理权、立法权、独立的司法权和终审权；党、政、军、经、财等事宜都自行管理；可以同外国签订商务、文化等协定，享有一定的外事权。台湾可以有自己的军队，大陆不派军队也不派行政人员驻台。特别行政区政府和台湾各界的代表人士还可以出任国家政权机构的领导职务，参与全国事务的管理。

（4）和平谈判。通过接触谈判，以和平方式实现国家统一，是全体中国人的共同心愿。中英、中葡两国正是通过外交谈判的途径，成功地解决了香港和澳门回归的问题。两岸都是中国人，如果因为中国的主权和领土完整被分裂，兵戎相见，骨肉相残，对两岸的同胞都是极其不幸的。和平统一，有利于全民族的大团结，有利于台湾社会经济的稳定和发展，有利于全中国的振兴和富强。为结束敌对状态，实现和平统一，两岸应尽早接触谈判。在一个中国的前提下，什么问题都可以谈，包括谈判的方式，参加的党派、团体和各界代表人士，以及台湾方面关心的其他一切问题。只要两岸坐下来谈，总能找到双方都可以接受的办法。鉴于两岸的现实状况，中国政府主张在实现统一之前，双方按照相互尊重、互补互利的原则，积极推动两岸经济合作和各项交往，进行直接通邮、通商、通航和双向交流，为国家和平统一创造条件。

3. “一国两制”的理论创造

某些复合制政体的特点。传统的国家政体有单一制和复合制两种，复合制又包括联邦制、邦联制、合众国及加盟共和国等形式。但是，单一制政体并不仅仅限于中央高度集权的唯一模式。“一国两制”就是对于传统单一制政体的自然超越，是对国家学说和国家政体的一种创造。有人可能认为，“一国两制”在政治学上没有办法得到解释，实际上政治学基本原理本身就认为国家结构具有容纳各种政治现实的功能。孙中山早年虽然在“联邦制”和“单一制”之间作过徘徊，但后来还是选择了“单一制”政体，同时提出了“地方自治”的政治设计。这对于今天的中国人来讲，不能说没有启发。

对于合理解决台湾问题和港澳问题，“一国两制”更是充分吸取了中国近现代政治智慧和宪政思想的精华，尊重因历史原因遗留下来的现实和在此基础上形成的各方利益格局，容纳了目前整个中国（包括中国大陆、台湾地区和港、澳特别行政区）的基本现状，颇有智慧地处理了终止分离状态和合理照顾既有政治资源分布的关系。

中华人民共和国宪法专门增设了相应的条款（第31条），即关于“特别行政区”的条款。也就是说，“一国两制”具有国家法理的基础，具有法律性的效力。这样的宪法性安排，是对传统国家结构的一种突破，已经不同于以一种社会制度为基础的纯粹单一制国家结构，将在一个国家主权之下容纳两种截然不同的社会制度。这必然导致整个国家政治、经济、社会和文化资源的重新配置，包括国家权力的再度分配和体制性格局的二次划分。

从主权与治权的关系来看，“一国两制”的“一国”和“两制”是对于主权和治权的新型安排。当事双方共同拥有国家主权，同样享受国家的尊严和国际地位；而“特别行政区”又单独拥有自己在经济、社会、文化和政治、行政的特殊权利，同时拥有自己处理对外事务的权利（如《香港基本法》和《澳门基本法》均专门列章规定了“对外事务”的权利）。

从已知的情况来看，“特别行政区”的“高度自治权”已经涉及立法权、行政权、司法权（包括终审权）和外事权等基本权项。因此，所谓“特别行政区”，是一种新的政治实体的定位，已经不同于国家其他部分的权力份额和政治、经济、社会及文化资源拥有量（台湾方面不仅可以保留自己的社会制度，还可以保留自己的完整行政系统、军队等。因此，有人把这叫做“完成统一，就地合法”）。

4. “一国两制”的成功实践

香港是1997年7月1日中国恢复行使主权的，从而结束了英国殖民统治长达156年的历史；澳门是1999年12月20日中国恢复行使主权的，从而结束了为葡萄牙殖民统治长达446年之久的历史。1990年4月4日，七届全国人大三次会议通过《中华人民共和国香港特别行政区基本法》。1993年3月31日，八届全国人大一次会议通过《中华人民共和国澳门特别行政区基本法》。据此，香港、澳门先后实行了“一国两制”。香港、澳门回归后的事实充分证明，“一国两制”方针是正确的，是具有强大的生命力的，这为两岸和平统一树立了光辉的典范。

（1）“一国两制”在香港的成功实践

《香港基本法》（又称《小宪法》）基本原则是“恢复主权、制度不变、高度自治、港人治港”。其所包括的内涵，实际就是“一国两制”香港模式的精髓，是“一国两制”在香港问题上的具体实践和运用。恢复主权——主要是处理与英国人的关系，把“英人治港”变为“港人治港”。制度不变——主要是指资本主义制度不变。邓小平同志说，50年不变，50年以至100年也不会变。高度自治——中央不干预属于特别行政区职权范围内的事务，其权力和地位高于其他省市区级政府。港人治港——发扬民主，充分调动港人管理香港的积极性，相信香港人一定能治理好香港。

香港回归后，“一国两制”，港人治港，高度自治，一切运转顺利，比我们预期的还要好。第一，《香港基本法》所体现的“一国两制”方针，在香港得到认真的贯彻执行，维护了香港的繁荣稳定。香港继续了原有的资本主义制度和生活方式，全面行使《香港基本法》所授予的行政管理权、立法权、独立的司法权和终审权，香港居民享有广泛的民主权利和自由。第二，在中央政府和祖国内地大力支持下，广大香港同胞团结奋进，“克服了亚洲金融危机冲击、非典疫情等带来的严重困难和挑战，维护了香港社会大局稳定，实现了经济复苏，香港各项事业取得长足进步”。第三，香港对外交往日益扩大，继续同世界各国、各地区以及有关国际组织保持和发展经济文化关系，继续保持自由港和国际金融、贸易、航运中心的地位。香港的航运业务蓬勃发展，成为第七大航运中心。第四，香港同祖国内地的交流合作不断深入，经贸合作更加紧密和活跃，特别是《内地与香港关于更紧密经贸关系的安排》的签署，使香港与内地的经贸交流进入新阶段。内地成为香港最大的出口市场。

总之，香港回归祖国之后，作为美丽的东方之珠，已较前更加璀璨夺目，这是有目共睹、举世公认的事实。习近平总书记在庆祝香港回归祖国20周年大会暨香港特别行政区第五届政府就职典礼上说："回首香港特别行政区的成长历程，我们可以自豪地说，20年来，香港依托祖国、面向世界、益以新创，不断塑造自己的现代化风貌，'一国两制'在香港的实践取得了举世公认的成功。"这就是事实，这就是结论，香港的明天一定会更好。

（2）"一国两制"在澳门的成功实践

《澳门基本法》是根据澳门地区的特点而把"一国两制"原则具体化和法律化。澳门特别行政区与香港特别行政区所实行的大同小异，有以下几个特点：一是直辖于中央政府，除外交事务和国防事务外，其余都由特别行政区自行管理，实行澳人治澳、高度自治的政策；二是享有"四权"，即行政管理权、立法权、独立的司法权和终审权；三是享有"四自"，即自行确定财政金融制度、自行发行货币、自行维持社会治安、自行制定社会和文化政策及制度，包括教育、文体、医疗卫生、科学技术、新闻出版、劳动保险等各方面的政策和制度；四是享有"四个不变"，即50年内，政治制度不变，经济制度不变，原有的生活方式不变，原有的法律基本不变。与香港一样，50年以至100年后也不会有变，即使有变也会朝更好、人民更满意的方向变。

回归祖国以后，实行"一国两制"，澳人治澳，高度自治，绩效显著，成绩斐然，早已使"澳门社会面貌焕然一新"。第一，澳门特区实施了一系列有效措施，不仅改变了原来的混乱局面，使社会人心趋于稳定，而且使经济形势明显好转，旅游兴旺，投资增加，与内地经贸往来更加密切，经济由"负"增长转入"正"增长。澳门经济早已进入良性循环的新阶段。第二，澳门整体经济形势日趋好转。2002年至2004年，经济增长率连续3年超过10%，2005年虽然稍差，但仍达到6.7的实质增长；失业率由2000年的6.8%下降至2006年6月的3.8%；澳门人均GDP已达到2.4万美元，特区政府的财政收入早在2005年即已由1998年回归前的107亿澳门元增至230亿澳门元。第三，近些年，澳门服务贸易的发展一直快于商品贸易。

由博彩旅游业带动的服务出口，无论是从总额还是增速看都远远高于商品出口，其带来的巨额顺差，完全弥补了商品贸易的逆差。

今后的澳门经济的发展前景仍然被看好。其在大力发展博彩旅游业等支柱产业的同时，将加强与内地大型企业合作，以支柱产业带动其他行业发展；与此同时，加快基础设施建设，并与内地合作发展制造业。相信以后的澳门特区，将会与香港特区一样，继续迎风前进，披荆斩棘，保持持续的稳定和繁荣。

5. “一国两制”与祖国的最终统一

在台湾，许多人原来对港澳实行“一国两制”并不看好，而结果却都取得了成功。于是又改变调门说，台湾不是香港，更不是澳门，“一国两制”不适用于台湾。这样必须回答的一个问题是：“一国两制”究竟适不适用于台湾呢？

回答当然是肯定的。香港和澳门与台湾确有不同，一是这三个地方与祖国内地分割的长短时间不同，香港是156年，澳门是446年，台湾如果从国民党撤离大陆算起，不过61年。二是土地面积和人口不同，台湾土地面积是香港的32.9倍，是澳门的1531.9倍；台湾人口是香港的3.6倍，澳门的51.1倍。三是三地实行的资本主义特点不同，香港实行的是带有香港特色的英式资本主义，澳门实行的是带有澳门特色的葡萄牙式资本主义，台湾实行的则是带有台湾特色兼有日本残余的中式资本主义。四是其直接统治者有英国、葡萄牙和中国人不同。然而三地在主要方面又都是相同的，即都是中国的土地，都是中国领土不可分割的部分，都曾因外国势力以不同方式、不同时间的染指而造成与祖国内地的长期分割，所实行的也都是资本主义制度。

正是基于此，在实行“一国两制”的方式和做法上也会各有不同。就是说，有“一国两制”的香港模式，体现在《香港基本法》中；有“一国两制”的澳门模式，体现在《澳门基本法》中；有“一国两制”的台湾模式，必将体现在未来两岸共同研究制定的《台湾基本法》中。我们绝不可因为三地有共同点，就忽视其各自不同点，生搬硬套地实行同一种模式；但同时，也绝不可能因为三地有各自不同点就忽略其共同点，从而否定“一国两制”对三地共同的基本的适用面。

“一国两制”在香港特别行政区和澳门特别行政区的成功实践，对台湾同胞产生了积极的影响，越来越多的台湾同胞从中理解了“一国两制”的精神和益处。还应指出，台湾问题纯属中国的内政，不同于第二次世界大战后经国际协议而形成的德国问题和朝鲜问题。台湾问题不能和德国、朝鲜问题相提并论。中国政府历来反对用处理德国问题、朝鲜问题的方式来处理台湾问题。台湾问题应该也完全可以通过两岸的和平协商，在一个中国的架构内求得合理的解决。